吉田兼吉先生(1882—1948)
竹内文献の奥伝『神秘術伝』を中心に前人未到の緻密な文献考証を樹立した。享年七十一歳。

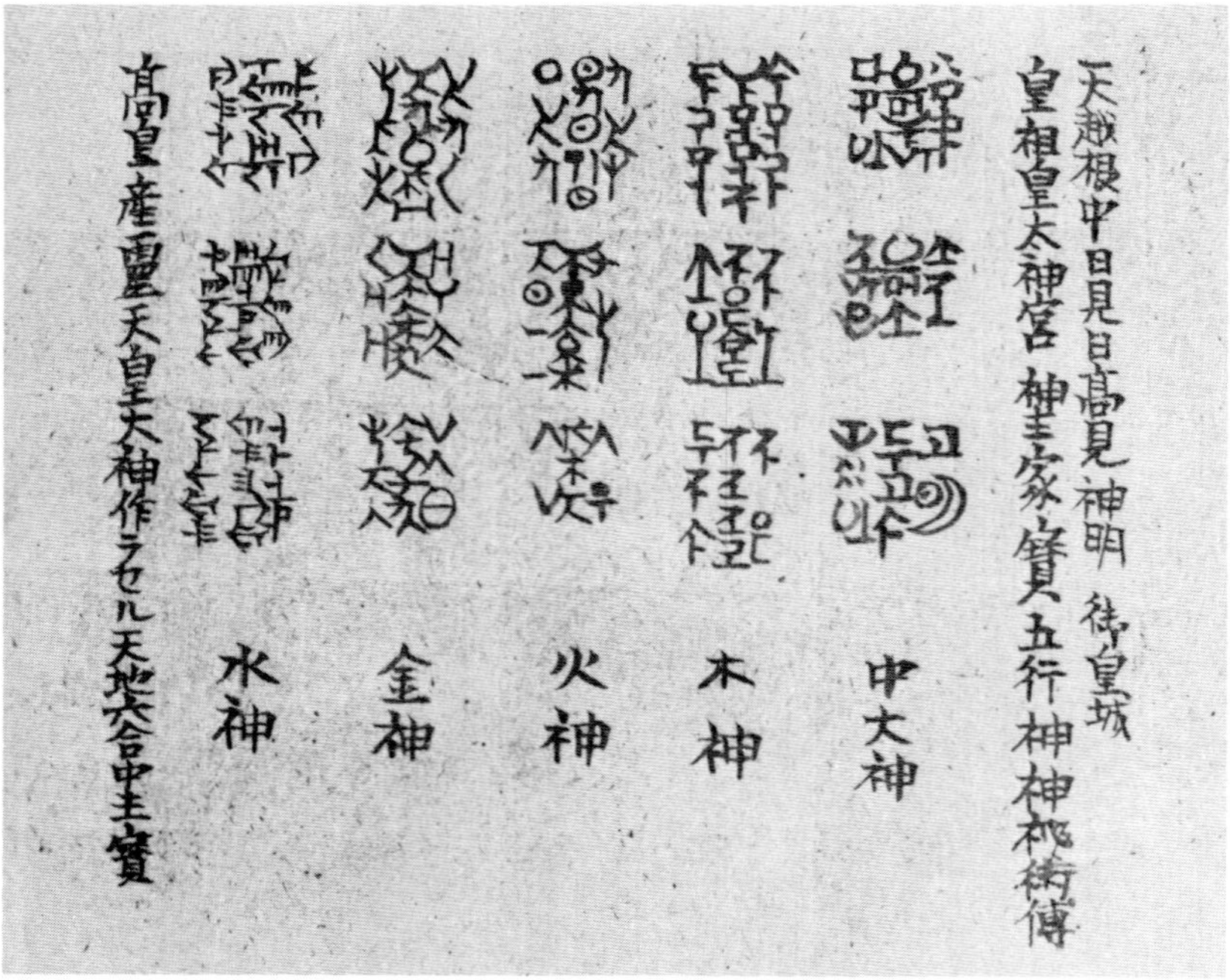

神字にて録された五行神

『神秘術伝』において五行神(アヤノカミ)は、古神道の最も重要な秘術に関連する中核的神格であるという。

［吉田兼吉先生研究資料より］

竹内文献の奥伝『神秘術伝』の片影

『神秘術伝』は、我国太古の易及び神代文字を基礎とした修法等を録した最も深遠な意義を有する古記録であったという。しかし、今日その実物はない。

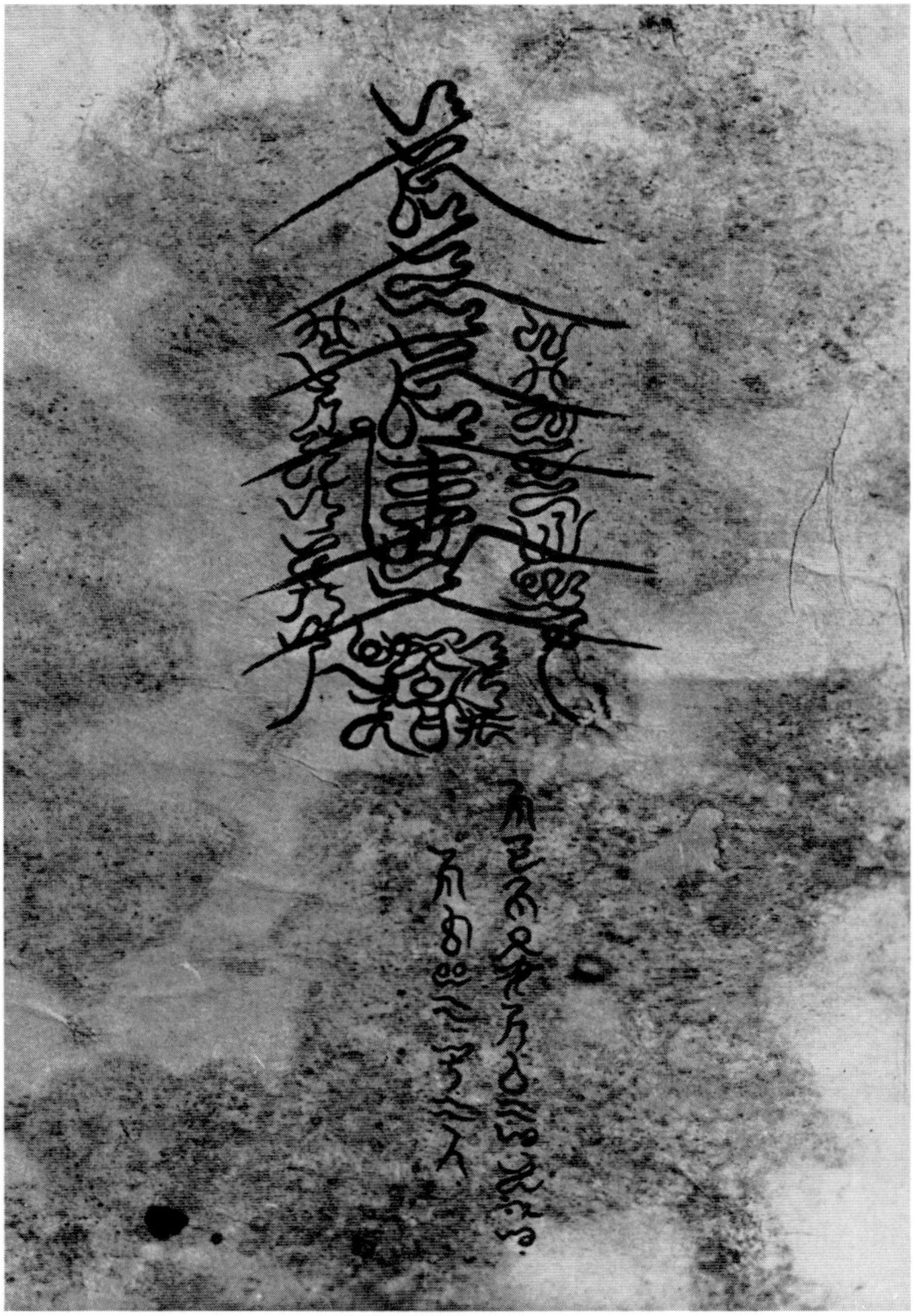

『神秘術伝』中に録されたアヒルクサヒゲ文字

［吉田兼吉先生研究資料より］

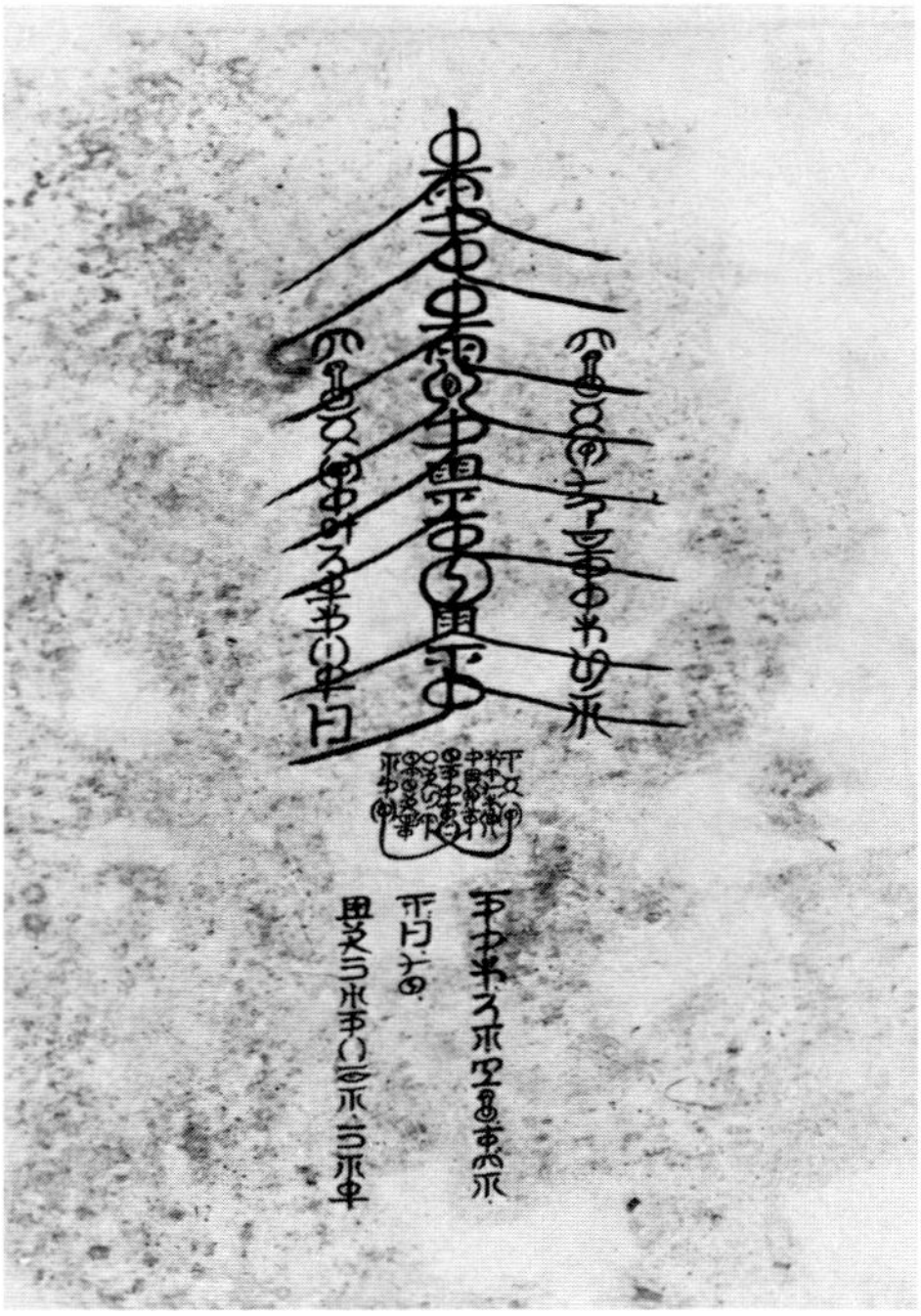

『神秘術伝』中に録された大足彦忍代別天皇御親作神字ヒミヒゲ文字
〔吉田兼吉先生研究資料より〕

待《ハン》ムル南無《ナアモ》釈迦《シヤカ》仏《フツ》
皇祖皇太　神　宮《スミオヤスミラオタマシヒタマヤ》
待《ハン》ムル耶蘇《ヤソ》イスキリスト

守護《マムル》
惟神《カミナカ》ラ
大足《オタラシ》
彦忍代《ヒコオシロ》
別天皇《ワケスミ》・
姫《ヒミ》ヒゲ文字
作《ツク》ル

即位《ソクカ》五年《イツネン》師走《シバツ》
円《マド》七《ナ》日《ヒ》
竹内《タケウチ》惟光《コレメツ》写《ウツ》ス

竹内文献考証

第一巻　皇道と興亜の規矩

吉田兼吉

皇道と興亞の規矩

序文

日本には古來獨特の文化がない所謂日本文化と云はれてゐるのは支那文化と云ふニガリが入れられて始めて出來た豆腐汁の様なものであると一般の學者から說明されて居りますが果してさうでありませうか、私の研究によりますと日本には神代から日本民族獨自の文化があり共文化は統一性を有つた文化であつて個性完成を目的とした泰西文化は元より支那文化とも根本的に相違した文化であり日本民族特異な家の組織も國家の組織も又此國家組織と表裏をなす神社の組織も其他山陵神陵の形、墓標の様式等悉く彼我其類別を異にして居ります、そして之れが相違の根本的淵源を爲すものは實に我日本魂則ち滅私思想でありそれ等の證據が神社や神官の家又は公私の圖書館土中等から今日に於ても神代文字で記されて續々發見さるゝのであります。

吉田兼吉氏は滅私奉公の念に滿たされた篤學の士であります、漢書を基として漢字は日本の神代象形文字を母體としたものだとの意見を樹て之れが研究に沒頭されて居られます、同氏の所論中には尙多くの研究を要するものありと信じますが共聚集された資料中には實に數多くの貴重な資料を包含して居るのであります、吉田氏は共集められた資料を日本神代史又は日本神代文化研究者の便宜に供しやうとの趣旨の下に聚錄編述されました、此編述に際し私にも何か所感を記せとのことでありますから思ひの儘を記して序文に代ふることにしました。

昭和十四年十二月　日

神代文化研究所理事　田多井四郎治

自序

本書に聚錄したる資料は、日滿支の文化系統を知る上に於て最重要の資料なりと思惟す、依つて之れが資料の內容研究は之れを後日に讓り不取敢現に手許に聚錄したる資料を一應整理し其儘多數研究同志に之れを配布し以て共同研究をしやうと云ふのが主たる目的である。

興亞新生命の誕生には、日滿支を結ぶ精神的結束が第一義であり、その精神的神髓の上に總ての文化、總ての政策を樹立すべきである。思想的な確乎たる根源を持たずして、儀禮的和親や、外觀的發展は決して永遠の興隆策でないのである。聖戰の目的は領土よりも物資よりも精神的共鳴と共指導とにある。要は東亞民族を奴隷的桎梏より開放し互に相携へて八紘一宇の大道に邁進するにありと信ずる。

混沌たる世界の不安を一掃し、侵略、戰禍の難より救ひ、眞に宇宙生物の和合彌榮を計るの途は、造物主を欽崇し、八紘一宇の大旗幟の下に歸一し、天地位し萬物育すの哲理の下に、各々人類本來の天職を盡す以外に途がないと確信する。是れ私が宇宙本來の生命たる此の哲理の解說を目標とし、この史料を綴れる所以である。

昭和十四年九月五日

茨城縣磯原町

吉田兼吉

注意事項

支那事變の解決、興亞の偉業の要諦は、支那民族の將來の指導方針と、猶太問題の對策にある。兩者その一途を誤れば、今次大犠牲を拂つた聖戰の意義が、全く水泡に歸するのみならず、努力して反つて隣地に强敵を養生するに等しい。

聖戰の目的は、支那民族の絶滅にあらず、猶太財力の排斥にあらず、要は彼等民族の本來の使命を達成せしむるにある。即ち、支那民族を建國精神に還元せしめ、伏羲神農の示せる規矩を達成せしむるにあり、猶太民族をその傳統精神たる、神の選民に還元せしむるにある。造物主欽崇の大精神の下に、日滿支は一元强化せられ、配するに猶太民族の財力を以てすれば、造物主の直統に依る世界統治の實力が具現せられ、八紘一宇の大根元が樹立されるのである。之れ興亞問題に局限せず實に世界對策の基本であると思料する。

此問題の鍵は、皇國の國體を明徵し、造物主、即ち天神以來連綿たる　日本天皇の天職を宇內に識らしめ、宇內の蒼生をして天人地和合彌榮の皇道に浴せしめ、地上人類をして宇宙本來の大道を步ましむるにある。聖戰の意義、實に茲に存するのである。

予は、此の理想の下に、眞僞未だ決し難きも、參考として竹内文献の精神を採つた次第である。文献の原本は神代文字であり、明治三十三四年の交、御嶽教管長鴻雪爪の飜譯に係る寫本の復寫を採つて資料とした故、多少の誤謬はあるかも知れない。

一、「皇統何代」との文字は原本にはないが、支那との年代對照の便法とし、予が適宜に附けた文字である。皇統の尊嚴を傷くると思はるゝ向は、此文字の抹消を御願する。

二、「天皇」の文字は、原本は「スメラミコト」であるが、明治十年七月、東京中外堂、金花堂發兌、大分縣士族吉良義風の「上記《ウヘツフミ》鈔譯」に則り、予が書いたものであるが、不穩當と思はるゝ方は、原文の「スメラミコト」に御訂正を乞ふ。

三、天皇の御芳壽に何億萬歳、とあるは他に解釋があるかと思はれる。萬を尊《ミコト》、千萬を天皇《スメラミコト》といふ意味もある。此點の研究を後日に讓り、原文の儘を揚ぐる事とした。

四、一九三頁より二〇四頁までは版組を終つた後、研究資料としても時期尙早なるに氣付き、之を全部削除して印刷した點、御諒承を乞ふ。

五、支那古文書の訓點句讀に甚だ誤謬多く、校正の不備御容赦を乞ふ。

六、本稿は研究の結果を發表するものでなく、今から同士各位と共に、内輪にて研究する爲めに資料を綴つたに過ぎぬ、そして、神代文字や、寫眞の謄寫が困難な爲め、凸版を造り、序《ツイデ》に印刷に代へたのである。部數は同士に頒つ必要な丈けに止め、各位と共に調査研究の上、正確な點を突き止めてから、世に公表する希望である。

右の諸點は特に御注意を乞ふ次第である。

目次

緒言

太古研究會　吉田兼吉

左記の支那古文書と參照し、竹內文献の精神を以て、わが皇道と、支那の儒學、並に支那に於て說かれし耶蘇教とを比較對照するに、皇道は儒學並に耶蘇教の源流たりとの結論に到達するやうに思はれる。

輓近、世上盛に惟神の道、祭政一致、日本主義、八紘一宇、皇道精神等の文字を羅列し、且呼號する事が恰も時代の風潮の如くなり誠に慶賀すべき傾向ではあるが、その內容を窺ひ見るに、その多くは內容全く空虛で、毫末も皇道が說かれてゐない。その說く所の多くは、或は儒學を借り、或は佛教を引用して論述され皇道本來の姿に就ては少しも言及されてゐない。甚だしきに至つては、神、佛、儒、三者の混淆が卽ち惟神の道であるかの如き主張を爲す向もある。爲めに却つて、皇道精神を紛らはしくするのである。果して然らば、惟神の道とは儒、佛に倚依するに非ずんば、取り立てゝ述ぶる所なき程、內容の貧弱なものであるのか。日本臣民は、佛、儒、耶は勿論その他總ての宗教につき信仰の自由を許されてゐるが、その教義とわが天祖肇國以來の惟神の道とは、其根本思想に於て桁が違ひ、同日に論じ得ないものと予は信ずるのである。

人、動もすれば皇道を宣明し、神道を顯揚する事は、他の諸宗派と摩擦を起す恐れがある。非常時總動員を要する今日、日本國の內部に於て思想的混亂動搖を招致するが如き動機を作るは憂ふべき事である、一切の宗派結束して圓滿に國難に處すべき時代であると主張する者もある。明治維新當時卽ち明治三年明治天皇の賜りたる祭政一致、惟神大道宣揚の勅語も、中間に於ける學者や僧侶の爲め斯くの如き理由の下に、一般庶民に徹底せず、中間に於て遮斷されて了つたものと思はれるのである。

然しながら、現下に於ける世界の宗教界を見るに、何れも暗夜に於ける星の如く、光燭不足の爲めに行き詰りの狀態にあるのは、爭ふべからざる事實である。世界大動亂の原因は玆に潛在するものと思ふ。此千載一遇の秋に當り、永らく神秘的に秘められた惟神の大道と、靈統の眞姿を闡明し、赫々たる太陽の如きその光輝を放てば、地上の蒼生期せずして之を仰ぎ、玆に全人類を通じての一大光明となり、世界は之れに依つて救濟されるものと確信するのである。天地開闢の初頭より地上に運命づけられた此の大義が闡明されずんば、世界を擧げて此の混沌たる不安陰鬱狀態を、永遠に繰り返す以外に途がないのである。

亡國敎といはれる佛敎は、日本に來て興隆を見、今日に於ては佛敎としての世界の權威國の觀がある。之れ日本に渡來の後、日本僧に依りて神の靈光を迎へ、日本精神を織り込んで精練された故である。然しながら日本に於ける佛典中、日本人の織り込んだ精神を扣除したならば、殘る處は誠に寂寥を感ずるではないか。儒學の國支那は、建國精神たる儒學を棄て近代の浮動する淺薄な思想を採つて大局の推進力とし、今や自滅に瀕してゐるが、儒學は日本に入りて益々熾んにして、國運の隆然たる毫も之に依て害されないのは、之を助勢伸張せしむる、日本固有の大精神が、神代の昔より傳はつて居り之れが活力となつて居るからである。

耶蘇教國と稱せらるゝ歐米諸國は、その形式的偉觀を寺院や祭儀の上に呈してゐるが、精神的に於てはその何物もなく、唯だ社交上の一種の儀禮に過ぎない觀ある、世界に於ける信徒中、日本信徒のみ獨り精神的のある物を有してゐる有樣でないか。此の一切の宗教を包擁し、發達せしむる靈力の潜在が、固に神國日本たるの所以である。同時に、之れ世界大改造後に出發する準備の爲め、世界の總ての宗教が、その總本山たる神秘靈妙なる神國日本に召集された形態にあるのは、決して偶然でないと信ずる。

本稿、惟神の大道に就ては、儒學と、耶蘇教と、皇道並に日本神代文化とを比較對照するを主眼とした爲め、玆では取り立てゝ述べないことにする、尤も次項で詳述するが予は一切の宗教の根源を爲すものは實に我惟神の大道にあると信ずる。唯だ各國の宗教に於ては、皇道の一派道を捕捉してその眞髓となし、布教の方便上之を順逆兩樣式に說いたに過ぎないものと思ふ。此方便遂に物質的利益に結びつけ、或は凡衆の恐怖心を利用したものが實に各國の宗教であると思ふのである。

今や全世界に渦卷ける天軍、魔軍の戰鬪は、肉彈戰となり、經濟戰となり、思想戰となり、その禍亂は暫し已まざるべきも、之れ新世界建設の一陣痛にして、勝敗の數は自ら明白である。やがて造物主の神意に叶ふべき新時代が迎へられるのである。世界宗教の總本山たる天國日本に參籠中の各派教徒は、此の際一切宗教の神髓たる惟神の大道に照合し、各派徐ろに教義を再檢討し、各々その本來の使命を發揮し、改造後の新世界に向つて萬遺算なき活躍の素地を準備すべきである。又、その希望に向つて速に第一歩を印すべきである。同時に又、世界一切の宗教を超越せる祭政一致の大義に依り、混沌たる世界を救濟せねばならぬのである。

竹內文献に就て半端の研究者は、『竹內文献世に出てなば、世界の歴史を覆すべし』と、する者あるも、予は斷じて左様に思はないのである。目下の場合その眞僞を斷ずる事は早計であるが、果して竹內文献が眞なりとせば、文献を基準として古き史料を世界に求め、從來の歴史との連絡に就て考證し、歐州方面に於ても東亞に於ても古き出土品並に古代聖書關係書籍は勿論其他儒學の根本義並に世界太古の文化をも再檢討し、之を綜合し以て冷靜に編輯せば、極めて合理的に世界の歴史は是正され、補修され得るものと確信する。此の事業の遂行に依り、始めて今日尙一般に諒解されて居らない、明治天皇の仰せ、則ち「皇祖皇宗の偉業」と云ふ御辭もわが「國體の淵源」も玆に的確に明徵せらるゝのである。

參考資料

支那古文書目錄

一、正續補正金石萃編唐駝書（碑文等の編輯）　一函、二函、三函、四函、計四函

一、金索校經　山房成記印行　前函、後函、計二函

一、仿原本影印古籀拾遺　掃葉山房發行　一冊

一、說文古籀補　四冊入　一函

一、說文古籀疏證　六冊入　一函

一、說文古籀三補　二冊入　一函

以上は北支より送附されたる分。

別に參考書として、

一、殷商貞卜文字考　一冊　宣統二年　羅振玉

一、眞道自證　二冊　天主降生一千八百六十八年冬
主教亞弟盎郎重准慈母堂藏板

泰西耶蘇會主　沙　守　信　述
馬　若　瑟
同會　赫　蒼　璧校訂
顧　鐸　澤
值會　利　國　准

一、說文經斠　澂園叢書　善化楊廷瑞子杏譔
一、說文逸字　遵義　鄭　珍　子　尹記
湖南經濟書堂校栞

參考資料の年代

本稿に修めた資料中之を最も古代のものと認むべきは、

金石索總目

であり、その時代を識る爲めに左にその內容を揭ぐ。

金索一　鐘鼎之屬　商至元

金索二　戈《クワ》《ホコ》戟《ゲキ》《ホコ》之屬　商至後梁

量度之屬　秦至元

金索三　雜器之屬　漢至元

金索四　泉刀之屬　三皇至元　外國錢附

金索六　鏡鑑之屬　漢至元　日本國鏡附

石索一　碑碣《ケツ》之屬　三代至西漢

石索二　碑碣之屬　東漢

石索三　碑碣之屬　漢武梁祠畫像上

石索四　碑碣之屬　漢武梁祠畫像下至三國

石索五　碑碣之屬　晉至元

石索六　瓦甎之屬　周至唐

以上の如くである。

説文古籀に關する資料は、殷商時代の遺物と認むべき出土品を蒐集したものが最も古いものである、その他は遥かに後世のものと思料さる。

金石萃編に編纂された資料は驚くべき程豊富であるが、何れも後世のもので、全く現代の漢字が完成された以後のものである。然し、その内容に依り支那文化研究上絶好の資料たるを失はない。

全般を通じ、何れの編纂者も、支那の太古に於ける漢字以前の古代文字に就ての智識なき爲め、古代文字より漢字完成に至る迄の變遷に就て考慮せず、現在使用する漢字に近きものを採つて漢字の字源なりと誤認し、之を編修するの方針を執つた爲め、最も大切な資料を惜氣なく捨てゝ了つたのである。古い大篆を捨て、新らしい小篆を採つた如きも其一例と見られる。

支那の學者が此の編修上の誤つた方針に禍ひされ、太古の文字、又太古の字源より漢字に變遷する迄の中間にある文字等は悉く顧る所なく、從つて文字變遷の沿革に就ての檢討は不可能となつたのである。加ふるに秦火の災は此の字源、並こ文字の變遷、文化の沿革等を識る事を一層困難ならしめたものと思はれる。

然しながら、全篇を通じて靜觀すれば、その間に、往々古代の皇國の文字が發見され、その神代文字を支那の學者が如何に取扱つたかゞ判明するのである。また、皇國の五十一字神字を一括して一字と爲し、之れに「重文」なる名稱を附した事の如きもある事が判明する。又、編修者が、かく〳〵の如き文字は採入せずと記し、その形狀を描寫叙述した事に依り、支那古代の文字の字源たる皇國の神字を編修しなかつた事も明瞭してゐる。

此の諸書籍の編修に當つた者が現在の漢字に餘り遠い文字として捨てた資料、並に繪畫と誤認して採らなかつた像形文字を、更に神代文字に認識ある學者の手に依つて、再檢討をなすならば、本稿に解說する以上の、絶好の資料を得らるゝでないかと思ふのである。今後、その方面へ更に手を伸ばして、研究を進め東亞太古の文化を探り、興亞建設の新文化の資料に供することを希望する。皇國の神代文化の壯嚴にして雄大なる、之を說かんとも口及ばずわが心頭に浮び來る所のもの書かんとするも筆運ばず、又、現時局下に予のみ獨占して研究すべき資料でない事を悟り、廣く同志の研究資料として提供する事を急いだ爲め、解說も編修も全く整はざる點を御諒承願ふ次第である。誠に感想の半ばを表示する事の至難なるを恨むのみである。

神籠石

福島縣石城郡平市在にあり

竹內文献に依れば太古支那の祖神を勸請せる處として傳ふ

將來研究の俎上に上るべき史跡と思料するが故に玆に掲ぐ

古代の日鮮支の關係

竹內文献には、

太古に於て支那に皇國の皇子の子孫天降りて祖神となる。

と記録されてゐる、之れは竹內文献のみの記録でない。

『日本後記』に曰く、

太同四年二月辛亥。（神倭五十一代平城天皇即位四年。紀元一四六九年）（僧空海、唐より歸朝は太同元年）

勅。

倭漢總歷帝譜圖に、天之御中主尊を標として始祖と爲し、魯王、吳王、高麗王、漢高祖命等の如きに至るまで、其後裔を接し、倭漢雜糅、敢て天宗を垢す。愚民迷執して、即ち實錄といふ。宜しく諸司官人等、所藏を皆な進ら令め、若し情を挾んで隱匿し、旨に乖いて進らさる者有らば、事覺はるゝの日必ず重科に處すべし。

とあるを見れば、『倭漢總歷帝譜圖』に支那民族が皇國の後裔であると記述されてゐた事が明白である。漢武梁石室畫像に就て見るに、伏羲氏、祝誦氏、神農氏、黃帝氏、帝顓頊高陽、帝俈高辛、帝堯、帝舜、夏禹、夏桀の

十王の像畫は第二層にあり、その上の第一層、卽ち屋辟之小頂に、

畫下兩猰神人趺中坐其中上、又、人首龍身、人首鳥翼云々。

とあり、支那の學者が之を難解とする所であるが、此の『倭漢總歷帝譜圖』並に、竹内文献を共に參照して解決さるべき問題であるまいか。

日本書紀の一書に曰く、

素戔嗚男尊、天岩屋戸の變後、高天原を逐はるゝや、先づその子五十猛神、別命大屋《ヤツ》比古神と共に、新羅に至り曾尸茂利《ソシモリ》の處に居たまひ、乃ち興言《コトアゲ》して曰く、「此地は吾れ居らまく欲りせず」遂に埴土《ハニツチ》を以て舟を作り之に乘りて東に渡り、出雲の簸《ヒ》の川上に所在《アル》、鳥上の峰に到ります、時に彼地に人を呑む大蛇あり云々。

曾尸茂利《ソシモリ》は朝鮮語にて「牛頭」の義、江原道春川府の牛頭山かといふ學者もある。

鳥上峰は出雲と伯春の國境にある、俗に船通山といつてゐる。

大八《ヤツ》比古命は（亦名、五十猛命、五十言主命《イソコトヌシ》、五十言音命《イソコトネ》）八意思兼命の養子で、大國主命を教へ子とした知謀の神である。

又、一書に曰く、

然る後、素戔嗚尊は熊成峰（忠清南道公州鶏龍山？）に居り、紀伊國に渡し奉る、然して後に熊成の峰に居る、遂に根の國に入り給へる事、云々。

根の國とは天越根國卽ち今日の越前、越中、越後を總括した古代の地名でないか。

越根國の牛頭山も尊の住み給ふ所である。牛頭山は越根國上新川郡にある。

『豐前風土記』及『續日本後紀』に依れば瓊々杵尊の御父、天忍穗耳命が新羅より豐前に來り給へる形跡あり。

と記錄にある。

古事記、及、日本書紀の一書に曰く、中に、
天忍穗耳命が仁仁杵尊の降臨以前に、一たび此國に降臨ありしに云々。

とある。

『新撰姓氏錄』に、
神武天皇の御皇子稻飯命は新羅國王より出で新良貴《シラギ》氏の祖となりたまへり。

とある。日、鮮、支の血族關係は太古より繫がる緣因があるではあるまいか。

竹内文献に日本が祖國で、支那がエダクニ卽ち分家であるとの記錄は、愼重に再檢討を要す點と思ふ。

日露戰爭當時、濱名寛祐氏が從軍中滿洲に於て發見し、爾來その寫しを得て研究すること三十年、尙ほ解し得なかつたのであるが、書中の固有名詞が悉く日本語なるに氣附き、そこに始めて大意を解し得るに至り、昭和九年に『契丹古傳詳解』として出版されその序文に於て原本たる『神頌叙傳』に關し左の如く述べられてゐる。

遼則ち契丹國の太宗の代に、太宗の母、古頌を遼西の名山に得て、之を神廟に進め、自ら其の古韻を探つて之を琴に上せた際、遼國の左次相、耶律羽之なる者、爲めに『神頌叙傳』を作ると傳へてゐる。而してその第二節を現代文に譯せば、

「恭しく惟ふに日祖の天氏靈《アメウジフ》、大神靈女《ウカルメ》、東大水《シウミ》（東海の義）淸白穗波《スサホナ》（淸き海水）に滌《ス丶》き（禊の義）淸悠の氣（神氣）の凝る所、日孫《カミ》（神）內に生る」

とあり、次に第三節にある所を現代文に譯せば、

「日孫《カミ》名は天神東大國皇靈《アメミ・シウクシフ》、須佐《スサナ》（淸白の義）の神子《ミコ》と云ふ、日祖之に乳し、高天使鷄《コマカケ》（天高原の使者）に命して、載せて降り臻らしむ。是れを神祖と爲す。蓋し日孫《カミ》とは讀んで戞勃《カミ》の如く、高天使鷄《コマカケ》とは讀んで、胡馬可兮《コマカケ》の如し。辰沄繾翅報《シウクシフ》とは、其の義、東大國皇《シウクシフ》と言ふが猶《ゴト》し」

とあり、更に第三章と第四章を綜合すれば、スサナミコの族が萬方に蔓延《ハビコ》り、太靈廟《フトヒ》、高麗宮《コマヤ》を設け、國を東大國、族を東大神族《シウカラ》と呼び、民を國神族《タカラ》と稱し、皇《キミ》を尊んで東大國皇靈《シウクシフ》と謂ふた事が明かである、然れば此の神《ミ》子《コ》、神孫《ミマ》が四方に國を建設なさつた事が窺はれる。

次に第五章に依れば、或は云ふ神祖、名は圖已曳乃訶斗《トコヨミーコト》（常世命《トコヨミコト》）、東大須佐神《シウスサカ》と號す、初め蹙父の陰《カゲ》に降り、玆に肇めて肅愼《シウシ》あり、軼綏之宮《アシノヤ》に居る、載《スナハ》ち還《マ》た肅愼《シウシ》あり、是れを二宗と爲す、別に神統を嗣いで東冥に顯はるゝ者を、天東大須氏《アシウスジ》と爲す、其の後、寧義（瓊杵《ニギ》）氏、名を五原、諸族の間に著はす、と述べてある。

トコヨといふ神代文字の意義に就ては、竹内文献の現代文には萬國の意義に譯されてゐるが、是等の史料及び史實に就て更に研究を進むれば、日本は世界の祖國で、人類も文化も日本に發祥し、鮮、満、支は同祖の族である結論を得られるものと思ふ。

支那國系圖上の祖神と現實土着の祖神との區分

竹内家所藏の支那國に關する系圖より見れば、支那は世界の大祖國たる大日本帝國の神代に於て、皇統第二代造化氣萬男天皇の皇子、盤支那弟王民を以て祖神と崇むべきものとなつて居る。即ちわが萬世一系、天地開闢以來の天統たる皇族の後胤となつてゐる。

而して、更に文献を檢討すれば、

皇統第二十六代武鸕草葺不合天皇御即位七十八萬二千歳六月《ミナツキ》五日、盤古《ヘク》ヲ支那ノ國祖《クニオヤ》トシテ詔アラセラル

とあり、盤支那弟王民の神は系圖上の祖神にして、勅命に依り支那國を總督し、時々現地に天降りて人畜の繁殖、建國の基礎を肇《ヒラ》き、世襲して子孫に傳へ、盤古氏の時代勅命に依りて現地に土着し、永住の地として定められ、現實の祖神とならせ給へるものと推定されるのである。

太古以來の支那の文化、文字、思想、人類學上より檢討し、日支兩民族の血族的關係、緣因關係即ち同文同族關係を明かにし、精神的に相結びて興亞の大業に邁進する上に於て之れが研究は重大問題である。

左に竹内文献に記錄された、支那祖神並に系圖の大綱を揚ぐ。

竹内文献拔萃

アジチ祖《オヤ》

皇統第二代造化氣萬男天皇
造化氣萬美皇后

盤支那弟王民
盤支那黃美王民

盤那王民《ミトソン》
支那《アジチ》葉《ハイ》夷《タイ》氏

支那葉夷唐古氏
支那國ヲ產ル祖ナリ十五氏

北京氏
山西氏
湖廣氏
福建女氏
貴州髙氏

南京氏
河南氏
江西周氏
廣東氏
四川平氏

山東古氏
陝西幸氏
浙江人氏
廣西三氏
雲南金氏

天國ノ磐城
盤唐王氏
神籠石神宮ニ住居ル磐城國ト云フ

盤古氏

天皇氏兄一萬十四歲死ス
地皇氏弟八千二百歲死ス
弟
十人男四人女六人氏
藥師《マシナヒ》シ

人皇氏四萬五千六百歲死ス
有巢《ユソウ》氏三萬六千二百歲死ス
弟
燧人氏弟
五萬一千百十歲死ス
六人女四人男弟二人

天國の天皇不合五十六代五十七代五十八代天皇ノ大前ニ參朝シテ拜禮シ
支那國ヲ治世親子十七世治世千五百十二年

伏羲氏　千九百八十二歲死ス
藥師ト云フ不老石南食シ天國ノ石南ニカゲル

- 庖儀氏
- 女媧氏
- 共工氏
- 太庭氏
- 柏皇氏
- 中央氏
- 歷陸氏
- 驪連氏
- 赫胥氏
- 尊盧氏
- 混沌氏
- 昊英氏
- 朱襄氏
- 葛天氏
- 陰康氏
- 無懷氏

天國天皇不合五十六代天津成瀨男天皇即位八十三年ケサリ月籠十日詔シテ支那國ノ國令《タケル》伏羲氏神農氏ヘ
醫術《マシナイ》藥師ヲ教シム教官任ズ二名支那國ヘ渡行クオ命ズ
不老石南ヲ食シ山東國ニ住居ル

醫術　天體骸居主彥命
二千三百十一歲神幽

藥師 天少名彦居彦命
二千三百六十一歳神幽

神農氏《タイ》
治世八世 五百五十一年
藥師ト云フ
千五百十一歳ニテ死ス
天國ノ不老オ食シ
山東國々令

帝承氏
帝臨氏
帝則氏

炎帝氏
帝百氏
帝來氏
帝襄氏
帝楡氏

治世六世四百八十三年
千九百三十一歳死ス

黃帝氏 ― 少昊金天氏 ― 顓頊高陽氏 ― 帝嚳高辛氏 ― 帝堯陶唐氏

少昊金天氏 治世八十四年
顓頊高陽氏 治世七十八年
帝嚳高辛氏 治世七十一年
帝堯陶唐氏 治世九十九年

北京國ニ住居ル

治世五十一年　治世十七世四百四十九年　治世三十世六千五十四年　治世十二治治世三百六十二年

帝舜有虞氏——夏《カノ》禹《ウワウ》氏《タイ》——殷湯王氏——周《シノ》武《ブ》王《オ》氏《ダイ》——宣王氏

天國ノ不合七十一代百日臼杵天皇即位七十六年シハツ月籠三日詔シテ支那國令任ズ周宣王氏元平元年トシ二年ヨリ私ニ宣帝ト改シ

天國ノ天皇不合七十三代
狭野天皇生ル
治世十一年
西周幽王氏

天國ノ天皇不合七十三代狭野命
改名神倭磐余彦天皇即位
元年唐治並五十一年支那國
東《トン》周《シ》平《ベ》王《オ》氏《タイ》
唐國ト名付ル

不合七十一代百日臼杵天皇即位二百十五年ミナツ月籠三日詔シテ支那國令ニ任ズ系圖、國圖《クニヅ》ヲ造リ、彦五瀬命、狭野命、天越根中主命、天越知主命、神幸神主命、副署シテ皇祖皇太神宮ニ納祭ス

とある。

太古の日支關係

歐羅巴の學者に依り、支那の太古を識らんとするは愚の骨頂である。支那の建國と歐羅巴の建國は全く年代に於て何百萬年かの相違あり、殊に英國の如きは最も新らしく出來た國であり、いはゞ腫物の如き存在の國であり、聖書の一句節にすら見出す事の出來ない國である。

支那に於ても太古に於て祖神を欽崇し、造物主に對する感謝の日を送つてゐた時代は、和樂幸福、財果豐饒、理想的の安住が得られたのである。後世に至り崇祖敬神の念に背き、老莊の如き虛無思想、孟子の如き民主論に禍せられ、次で佛教に溺惑さるゝに至り、私に天位を偸まんとする徒輩續出し、禍亂相踵ぎ良民は爲に塗炭の苦に陷り、道義亂れて國粹總て亡んたのである。

唐、漢時代、形骸的文化大に揚れる如くなるも、太古以來の精神文化は全くその影を止めず、文字の字源に於ても、太古の歷史に於ても、全く爲政者に依て煙滅されたのである。而して微かに太古の面影を止むるものとしては、漢時代の壁畫の如きものあるも、之を伏義に就て見るに、下半身は龍狀を爲して全人格を具へたる人類とは思はれないやうに描かれてゐる。唯だ、黃帝時代に至りて伏羲時代の遺業を悉く改造した事が記述されてあるに依り、辛ふじて伏羲も人格を具へたる人である事が推測される位である。況んや、伏羲の壁畫の上段に描かれてゐる、人皇九頭、五龍の如きに至つては全く判斷がつかぬ筈である。かく迄支那の太古を煙滅された事は誠に遺感である。支那の考古學者が太古の姿を捕捉せんとするも、爲す能はざるを長嘆してゐるが、予も感を同ふする者である。

試みに、竹内文献に依り、重立ちたる太古の日支關係の點のみを掲ぐ。

御斷り。文献は目下手元になく、文献を寫せる知己の手記又は反古中より撰んで綴つた爲め多少の誤謬は免れまいと思ふ、精査の上再訂の意なるも不取敢手元の草稿を掲ぐる事とした、御含み置を乞ふ。

支那國祖神

皇統第二代
造化氣萬男天皇
造化氣萬美皇后
├─盤支那弟王民
　盤支那黄美王民
　├─盤那王民《ミットソン》
　　支那葉夷氏
　　└─支那葉夷唐古氏
　　　支那國ヲ産生ル祖ナリ

造化氣萬男天皇、皇子、盤支那弟王民、御誕生あり、磐城國神籠石（福島縣石城郡平市外神籠石）に住み、その王子盤那王民、支那葉夷氏を産み、共に支那國令として趣き、支那の祖神となる。

詔して、御弟妹の住み給ふ所の國名を、御弟妹の御名を以てし、それ等の萬國を支《エダ》國と名付け給ふ。

天皇、世界御巡幸、常陸大津港に唐歸り遊ばさると傳ふ。

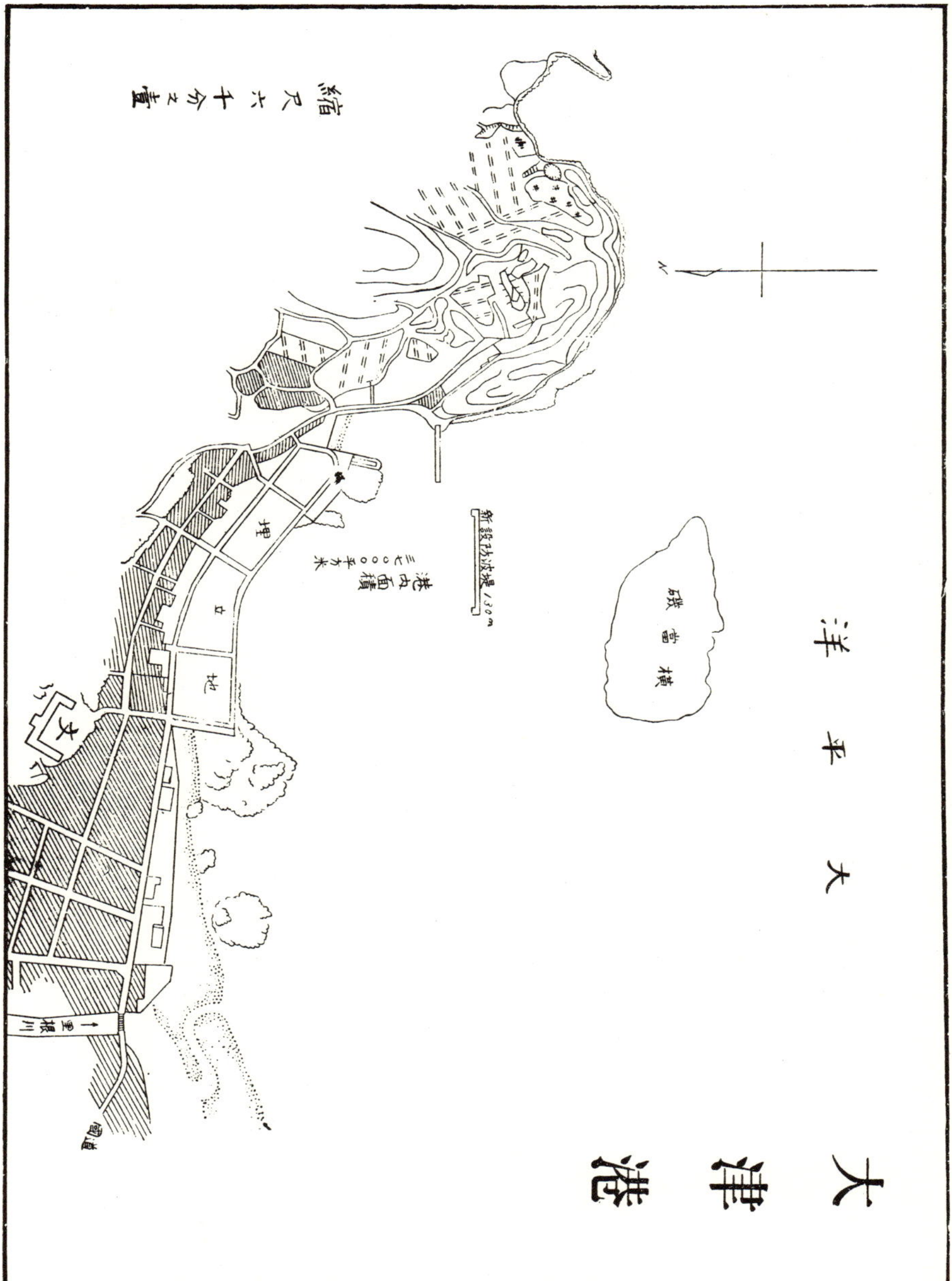
大津港
太平洋
横當磯
縮尺六千分之壹
新設防波堤130m
港內面積
三七〇〇〇平方米
埋立地
里根川

大津港の古代を偲ぶ

圖は最近築港の爲め、茨城縣土木課に於て作製した實測圖である。海底の測量は差當り工事の施工に必要な小部分のみの測量に過ざず、之を大規模に測量すれば、別箇の圖面が出來ると思ふ。

現狀を以てすれば、極めて小規模で、竹内文献にある太古に天皇唐歸りの地として、外國廻航の船舶寄港の如きは、夢想だもされないのである。然し、大津港を中心とし附近二里位の地點までを精査すると、太古に於ては東京、松島間に於ける、最も廣い港灣であつたかとも偲ばれるのである。

此の地圖には入れてないが、大津岬と磯原町天妃山沖を結んで考察するに、天妃山沖約十丁位の地點に、通稱坂下見と稱する磯がある。海が荒れると今日でも浪を折るからよく判る。その磯が北方大津岬に向つて一直線に、延々として約一里に亘つて延びてゐる。

大滓岬の横當磯と、此の天妃山沖の坂下見の磯と、その間に點々として散在する磯が、太古に於て島であつたとすれば、陸地と此の島嶼の包擁する港灣の面積は、實に廣大な約二千六百萬坪の面積となるのである。

此附近一帶の地質は、軟弱な水成岩である。大津岬と天妃山の中間にある二ツ島に就て見るに、その一ツの島は上部が浪に洗はれて了つて、基礎の磯が汐干に首を出すのである。殘つてゐる一ツの島も、波打際が浪に嚙まれて下部に大きな空洞を生じ、島の周圍の皮だけが殘つてゐる狀態である。若し强い地震でもあれば崩壞するのでないかと思はれる。地震がなくとも千年を經過せば自然に浪で破壞されて了ふかと思はれる。即ち、横當磯も、天妃山沖の坂下見と稱する磯も、太古に於ては島であつたものであるが、かくの如く浪に洗はれたものかとも思はれる。さすれば、その以前に於て、大港灣を爲してゐた時代があつたとすれば、天皇世界御巡幸の唐歸りの地點として絕好な港灣であつたと思はれる。

此の港灣の中央部の眞北に當り、最高部が唐歸山である。神社があるが、後世に祭つたので祭神も異つてゐる。その附近に貝塚らしいものがあり、海運の器具その他航海用の廢品を埋めて祭られたものでないかと思はれる。

比の港灣は明治から大正にかけて、年々惡くなり、町民の生活も困難になつた、大震災の年に私か縣會議員に當選し、翌年から築港を起工し、以來年々工事を進め、今日では相當の漁獲高を擧げ、人口も增加し町も繁榮してきたのである。

大津港から約十里程北方の平市の近在に、支那祖神を祭る神籠石がある。

皇統第三代　天日豊本黄人天皇

即位三十億萬歳詔して大海原乗舟造知尊、天豊舟乗知主尊、天日龍舟工知主尊に、海川舟を造らしめ大舟八艘、小舟十六艘造りて萬國御巡幸。

註　父天皇皇子、五色人祖神として萬國に天降り、統治の任に當らしめ給ふ。

天皇、自身天の浮船に乗り、阿支胃州の鎮江御着、保定に御臨幸、支那盤那王氏、天皇大前に『御膳』に『唐味』して献じ奉る。

天皇詔して支那國主に命じ給ふ。

天皇御宇に、地球に大變動大り、土の海となる事數百度に及ぶ、萬國及萬物、悉く全滅す、玆に、天皇皇族三百九十七名を率ひて、天浮舟に乗り、秋津根大臺原峰より、天日球の國に登らせて、大難を逃れさせ給ふ。

後、皇子、皇族三百九十名を、神國及び支那《アジナ》國に天降り坐し、天豊神人檀木《ダンツク》王命を檀君檀京本に、支那盤唐王氏を支那南嶺に天降し給ふ。

皇統第四代　天之御中主天皇

天豊禁厭建彦尊、天豊醫師《マチナイ》主尊等六名を萬國に派し敎へしむ。

天皇詔して、萬國の根盜将大蛇《ネゾクカシラオロチ》、盜人《ノヒト》、禍《マガ》黑人、窓禍《マトマガ》、討伐の爲め、皇族、大臣、百官、五色人王、支那黃人盤唐王民外、萬國の民王達を御皇城に御召喚、大命を發す、夫々國王と爲す。

皇統第六代　天目降美身光天皇

即位八億五千萬歲ウベコ月十一日、詔して、自身萬國御巡幸、支那國廣東御着、支那葉夷唐古氏、天皇大前に早刻に參朝し、天皇詔して國主を命ず。

天皇、天浮舟に乘り、天竺占城《テイシロ》に天降。

皇統第七代　天相合主身光天皇

即位二十億萬歲ケサリ月二十六日、詔して萬國御巡幸、世幸男、皇子、皇族、御巡幸、支那南嶺、雲南、臨幸す。

支那國人、早刻に、天日天皇大前に、大樂を奏す。天皇大前に、盤唐王の子、盤、萬兩人拜禮し、天皇詔して盤、萬王を支那國守に任す。

天皇、天竺ニマラヤ山ヒ天降り。

皇統第十代　高皇産靈天皇

即位二十五萬年八月十日、詔して、萬國御巡幸、檀君國高城郡長陽山に、天日天皇天降り、檀木尊、並に、支那國盤禮功尊、五色功尊、定尊者三十二名、其一族政長二十六百名、天日天皇大前に參朝し、大樂舞奏す。

天皇、詔して五色人王に命ず、三十二名の尊者、民王に命ず。

天皇、全萬國御巡幸の後、即位五十五萬年九月六日、檀國海岸より木舟に乘り、天日國の奇日根日向白井津來《クリ》濱御安着。

皇統第十一代　神皇産靈天皇

即位七十億三千年三月二十五日、詔して、萬國五色人の政法《マツリ》コトを定め、

一、萬國の五色人よ、天國と、皇祖皇太神宮神主に背くなよ。

一、天國の天皇、萬國に今先代に、天皇氏民王《テンノウタイミツトソン》を造りぞ、天國の天皇に背くなよ。

一、天國の神託に背くなよ。

一、天國の祖神、五色人の祖神ぞ、拜禮神心せよ、人に妨ぐるな。

一、天國の敎に背くなよ、人に害禍するなよ。

一、天國の天皇と、神主と、神國の神子氏《カミノミヽ》を五色人よ敵仇にするなよ、負るぞ、死るぞ、潰るぞ。
一、汝を產の父母に背くなよ。
一、天國の天皇造りし法政方教と親に背くなよ。
一、他人の男女《ヲトミ》を取るなよ、人の物を、ヒキマキ、イキハギ、サカハギするなよ。
一、人にウソをツクなよ、人のする事害禍するなよ、すると天罰あるぞ、堅く法政を守れよ、背くと潰るぞ、病魔に合ぞ、萬災難に合ぞ、貧乏になるぞ、萬事負るぞ、萬人仇敵不和合になるぞ、死るぞ。十代先代迄天罰あるぞ、必ず背くなよ、背かぬ人こそ、君に忠義達す、天賦天然の無極く、勝幸福德、長壽子孫々在寶立身、高名開運を身に付、神籠守護あるぞ。
と、布教せらる。

皇統第十四代 國之常立天皇

食器類を造り、萬國に敎官を派す。

即位五十億萬歲三月十七日詔して萬國巡幸し支那順天夫天壽山に天降り、詔葉夷王始め十五名、天日天皇大前に參朝奏樂す。

天皇詔して國守に任す、天皇天浮船に乘り、天竺黑嶺天降り。

皇統第十七代　角織天皇

即位七十億萬歳六月七日、越根能登高州山に萬國五色人令《タケル》、支那邦令兄弟、黄能氏《コンノウタイ》、盤王氏《バンノタイ》、義皇氏、支那天竺摩加黒尊者等百七十八名來朝、天皇の大前に參朝拜禮し、五色人王五色旗を奉持す、天皇、祭主となり、五色旗を皇祖皇太神宮に奉納あり。

天皇、五色人等に暇を賜ひ、草木根の宇久井濱より唐に歸らしむ。

即位七十五億萬歳、十一月十日、詔して、支那國に國令《クニタケル》を置く法定め、十五名の住居る所を國の名に、名付くるを、天國天皇詔して定めて、國の圖を造らしむ。

天國に祭る。

五色人神幽《カミサリ》し、體骸靈《カハネタマシヒ》を祭る社名を定め、

御靈宮《ミダマヤ》、神　祠《タマシヒアツマリ》大宮社《オヤシロ》と定め祭る。

神祠　靈宮堂《タマヤドウ》

―支那葉夷唐古氏《アジチヘイカラコタイ》―

―北京氏

南京氏
山東氏
山西氏
河南氏
陝西幸氏
湖廣氏
江西周氏
浙江人氏
福建女氏
廣東氏
廣西三氏
貴州高氏
四川平氏
雲南金氏

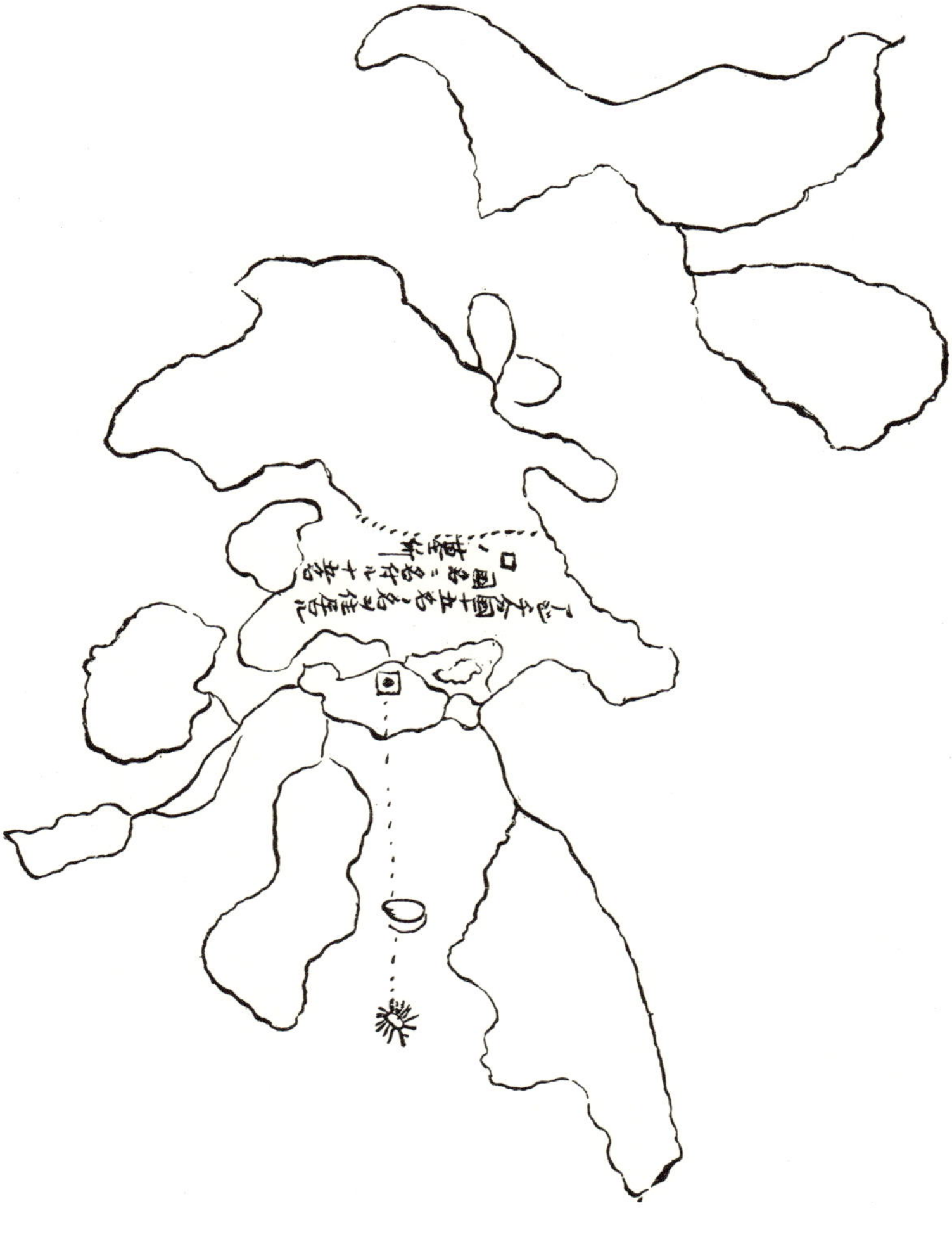

廣西氏
福建氏
廣東氏
浙江氏
江西氏
湖廣氏
陝西氏
河南氏
山西氏
山東氏
南京氏皇室
北京氏皇室

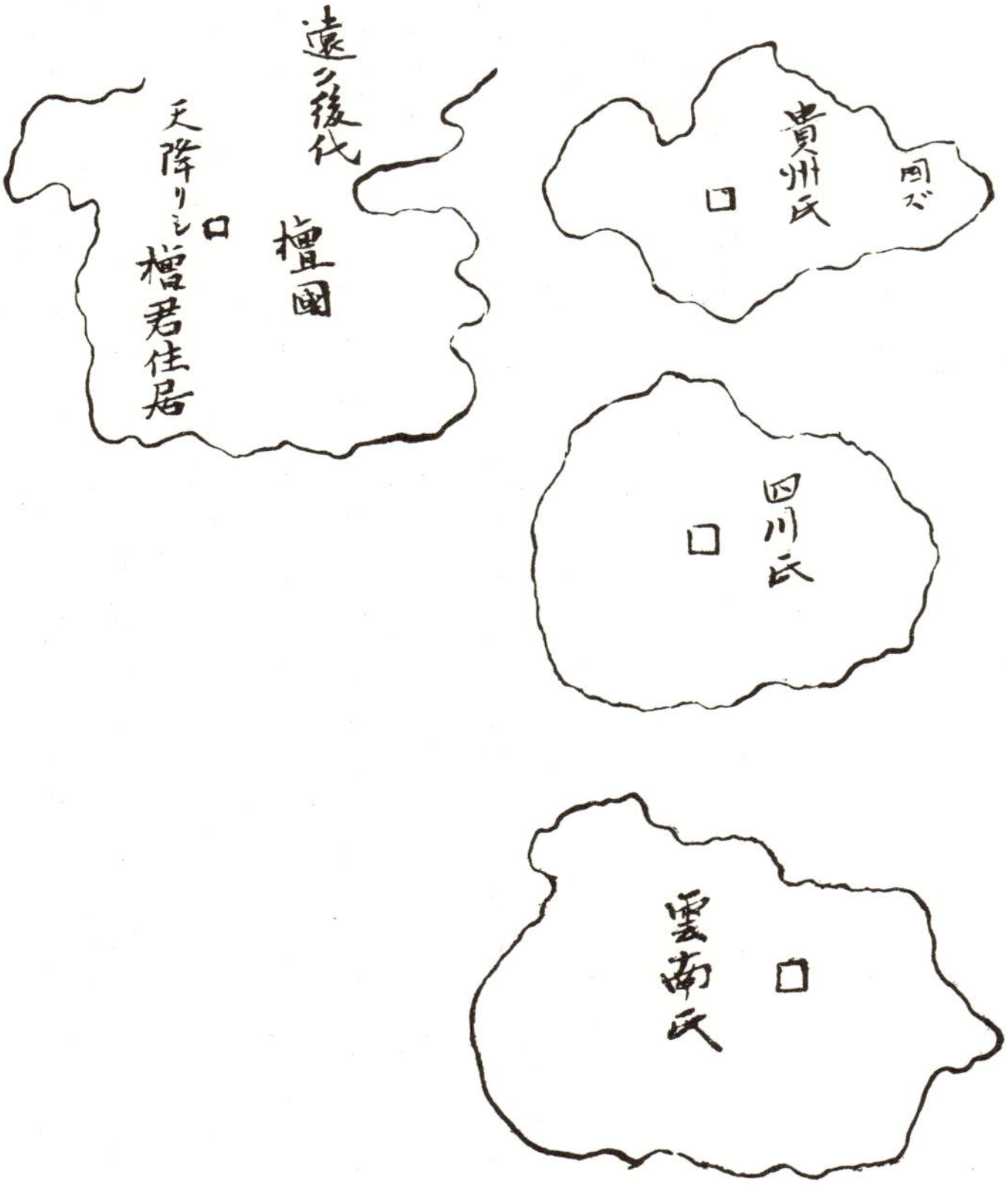

古代の日鮮支の關係

皇統第二十一代

伊邪那岐天皇

伊邪那岐天皇、ヨモツより御歸朝、筑紫阿波岐原にて御身禊秡し給ひし後、御神勅に依り皇祖皇太神宮に大祭禮乞願を爲し、本殿、前殿、及び四方位の鳥居を御造替あり、天皇祭主、萬國五色人王三百八十三名、參朝拜禮、大樂舞し歌ひ奉る。

皇統第二十二代

天疎日向津媛天皇

萬國政法定め、即位五十億千萬

年二月より蠶養《マユコ》、糸綿糸、穀物類十四種、公畠、公田作り海魚《ウナ》漁しむ、海川野山、開く。
ネヤキ法を敎へしむ、鍋釜食器を「ロクロ」もて造り、其法を萬國へ傳ふ、酒を造らしむ、味噌造り、家屋作らしむ、糸にて綾を造り、男女衣暑裳《キヌアツサカウリ》、寒裳《サムサカウリ》さえす、米粟《コメシガク》を製す法を發見す、醫師《マシナイ》禁厭法なせる、主のアクマ祓除明除守、天皇自身行ひ給ふ。

弟、速進男尊、荒し、姉天皇、怒らして天に昇り、日球國の齋殿に隱れ、萬國の政、常闇となり、群臣、天日球の齋殿前に集りて乞祈祭、弟速進男命の所業を惡みて、伊邪那岐天神ひ乞祈、天皇怒らして、罪になせて支那《ハタナ》國へ流さしむ。

進男命、天《アメ》の支檀國《イダタングニ》神人《カミヒ》天降り、千檀木根に降り、檀君國と名付る、アツトキスタン國王カブイル尊、ボハラ王子タン美女主に合し、

婚媾坐津

進男檀君尊─┬─檀林君───檀赤朴───檀朴
　　　　　　├─檀南君
　　　　　　└─檀西時スタン君アフストキスタン國祖となり

進男命、三名の子に□□□□に任命す、我ら天日國《テンゴク》ひ歸る、姉、天東國、天竦日向津比賣天皇なりと語り歸京

す。

天皇、即位七十億萬年七月七日歸朝、天皇ひ奏上す、天皇詔して、汝の子檀朴君を檀國王に任ず、檀南君をカレスト國王に任ず、檀西時スタン君を母の國のアフストキスタン國王に任ずと命令す、進男命喜び受て、三王子に命ず、子喜び受けし。

進男命、三王子に別れ、我、今より天津日國ひ登り行くと云ひて、唐歸へる。

皇統第二十四代 天仁仁杵天皇

即位八十萬歲二月六日、詔して萬國を天空中浮舟、及び、岩楠舟に乘りて御巡視し、百姓の寒暑を凌ぐ方敎へしむ。

即位百十五萬歲九月九日、檀國京城道より、尙道金門より、天越根中國不思議の水門に唐賀《カラカ》居《イリ》港といふ。

皇統第二十五代 天津彦火火出見天皇

即位五十萬歲四月十七日、詔して萬國巡幸、天皇、天の空中浮舟、岩楠舟三十二艘造りて乘り巡視、蝦夷の八幡岳天降り、日高綠豐居山御臨幸、支那黑龍江ウドスキひ天降り、支那キヤフタ賣買城御臨幸、支那守任す、三十名集り來り、天日天皇大前に大樂奏す。

歸途、支那雲南に天降り、國政法敎へしむ、南昌御臨幸。

皇統第二十六代　武鵜草葺不合天皇

天皇、十六光條日章菊型紋定め、日の丸旗定め、臣法連《シメナワ》紋（五七桐紋）定め、日繼天皇以外に付る事を禁止、祖大日神の神勅に定め、即位七十五萬歲六月五日、天國道路奧岩木山大宮ひ、支那生盤古氏來りて、天國天日天皇大前に參上し、拜禮す。

詔して、盤古氏、汝の祖居る道路奧內の南方盤城《ヒナタホツ》の國に生居る、神籠石に居る、後、改めてカゴイシといふ、盤古謹で拜禮す、並に、越根皇祖皇太神宮拜禮す、天皇、詔して、支那國王命令す、盤古氏支那へ天降り。

天皇、即位百三十萬歲二月六日、詔して、萬國御巡幸。支那上海水門へ天降り、五色人居る、アチラソチラを改めて、アジアヒト國と名付け、ヨモツ國、改、ヨウロツパと名付る、アメクリ、アフタリ國と云ふ。

ヒナタイビルス國、ヒウケイビル國、全國を御巡視御還幸。

即位百七十七萬歲九月十日、天皇大前に支那邦天能氏、參上拜禮す、天皇、詔して、天能氏を支那國王に命令す、天能氏、私くしに改め、天皇氏とす。

即位百七十九萬歲十二月十六日、支那國地能氏、天皇大前に拜禮す、天皇、詔して、支那國王に命令す。地能氏、私くしに地皇と改め私す。

天皇、即位百八十萬歳二月二十六日、天越根中日見日高見神明光池上の皇祖皇太神宮参拜、大祭禮祭主す、御皇城山根大宮、天皇大前に支那國人能氏、拜禮す。天皇、詔して、支那國守に任ず、人能氏、私くしに人皇氏といふ。

皇統第二十八代
不合第三代　眞白玉眞輝彥天皇

即位八百年六月十五日、詔して、支那國祖盤カラミ干靈を神籠石皇祖皇太神宮分靈と合せ祭る。

皇統第三十七代
不合十二代　彌廣殿作天皇（紀元前一九、八六五年御即位）

支那國大臣の子二十八名、支那國王に任ず。

皇統第三十八代
不合十三代　豐明國押彥天皇（紀元前一九、三一六年御即位）

天皇即位九十五年四月十七日、詔して、萬國御巡幸、伏木水門より支那の琿春に天降り。

皇統第四十代
不合十五代　臼杵天皇（紀元前一八、四七八年御即位）

即位六十三年二月二十四日、萬國御巡幸、黑龍江のブルカ水門へ天降り。

皇統第四十一代 不合十六代 産門眞幸天皇（紀元前一八、一二六年御即位）

即位百十年六月六日、詔して、萬國御巡幸。

皇統第四十五代 不合三十代 天津少名大汝彦天皇（紀元前一六、四八八年御即位 一六、〇四〇年御退位）

即位□□□□年詔して萬國へ御巡幸、五色人、五音、言語差別《ケチ》、アヂチノ支那文字音、又、年號月日を教しむ不知《フチ》火《ホ》彦《ヒコ》尊、白玉折命、外二十名大教官に任ず。外に教師二百十一名、萬國へ行渡り教へしむ神となす。

皇統第五十代 不合二十五代 富秋足中置天皇（紀元前一四、六三三年御即位）

即位百七十一年四月二十三日、詔して、皇子皇女三十二尊、イダ國へ行き、形假名文字、アヒル文字を五色人に教官に任ず。

皇統第五十一代 不合二十六代 種浙彦天皇（紀元前一四、一七四年御即位）

即位八十二年二月一日、詔して、萬國御巡幸、跟隨せる臣僚三百十七名中、百十一名を各所の長官に残し給ふ。

皇統第六十七代
不合四十二代　鶴舞媛天皇（紀元前八、七九二年御即位）

即位五十八年十一月十六日、詔して、萬國へ豊彦幸尊、天文萬國言知命六十四名に、巡行命ず、萬國の王民《ミットソン》に神代文字、アヒル文字、草文字、像形假名文字、像スケ文字、紙造り、墨造り、竹筆造りを教官、政治《クニマツリ》教官、天空浮船、大海原空浮船造りて乗り教官に任命あり、教官萬國に巡行す。

皇統第七十二代
不合四十七代　大庭足媛天皇（紀元前七、六四九年御即位）

即位六十八年一月二十日、詔して、萬國御巡幸、支那西藏托克札倫に天降り、唐の王五十三名拝禮す。

皇統第七十三代
不合四十八代　豊津神足別天皇（紀元前七、三四七年御即位）

即位百八十七年七月五日、詔して、萬國御巡幸、アジア唐イダ國大同に天降り。

皇統第八十一代
不合五十六代　天津成瀬男天皇（紀元前五、〇一一年御即位）

即位八十三年二月三十日、詔して、支那國令伏義氏、神農氏へ、醫術《マシナ》藥師《イシ》、敎へしむる教官任じ、二名支那國へ渡行すべきを命ず。

醫術　天體骸居主彥命　二千三百十一歲神幽
藥師　天少名彥居彥命　二千三百六十一歲神幽
神農氏　藥師といふ、天國の不老を食し、
治世八世　治世五百五十一年
千五百十一歲神幽
山東國令たり
伏義氏は支那國令
治世十七世
治世千五百十二年なり

皇統第八十二代
不合五十七代　天津照雄之男天皇　（紀元前四、六九二年御即位）

即位二十一年四月、天地大變、土海となる、五色人全部死す。

即位八十二年二月二十六日、詔して、萬國御巡幸、支那奉天に天降り、天皇大前に、伏義氏、神農氏、參朝拜禮せる所を奉天城といふ。

皇統第八十三代
不合五十八代　御中主幸玉天皇（紀元前四、一三二一年御即位）

即位百一年三月十五日、詔して、天越根中國日見日高見赤池上神明、皇祖皇太神宮、本殿、前殿、境内、神の社を替造り、大遷宮、御皇城山、大宮より遷宮、祭主天皇、皇后宮、自身祈祭、大祭禮し、萬國の王、アジチ唐支那王伏義氏、神農氏來朝拜禮す。

伏義氏、神農氏、兩氏居る所を伏氏木《フシキ》水門といふ、居ること三十六年目、アジチイタナの國天津に歸京し、所を天津と名付く。

歸國に際し、天皇、伏義氏、神農氏に『天津金木』を賜ふ。

註『天津金木』は周易の本《モト》なり。

大祓詞に
『大中臣天津金木乎《ヲ》、本打切末打切氐《テ》、千座《チグラ》乃置座《オキクラ》仁置足波志氐《オキタラハシテ》、天津菅曾乎《スガソヲ》、本刈劉《モトカリクチ》、末刈切氐《テ》、八針《ヤハリ》仁、取辟《トリサキ》氐、天津祝詞《アマツノリト》乃太祝詞事乎《フトノリトコトヲ》、宣禮《ノレ》、如此《カク》、宣波《ノラバ》』云々
とは周易の本をいふ。
天津金木は八角《ヤハリ》なり、八卦のとなる。

皇統第八十四代
不合五十九代　天地明玉主天皇（紀元前三、八五〇年御即位）

即位六十五年一月十三日朝、皇后糸玉姫命へ憑神に依り、神幽《カミサ》る體骸《ムクラ》を葬る法定め、

四ツ靈遷祭

荒魂《アラタマ》は體骸《ムクラ》に付けて葬る事
奇魂《クシタマ》は天神日の國へ葬る事
和魂《ニギタマ》は子孫家に傳ふる靈牌に靈遷祭す
幸魂《サチタマ》は皇祖皇太神宮へ神に合せ百日目靈遷祭す
天然祭の神に葬ることを、先の世代々に神幽體骸を神に葬ることを、堅く守れよ
民等よ、五色人よ

峯に風葬祭　地埋《マイソウ》葬祭
水葬祭　火葬祭

に、體骸を四つ法式に葬ること定め

即位六十五年四月二十二日、詔して、上下民等、及び、五色人へ敎へ傳ふこと定め、支那國の國令伏義氏、神農氏へ敎へ傳ふ、更に皇子を敎官とし、即位百三年一月二十八日、天皇、世界御巡幸の砌、各地に殘して敎導の任と爲す。

皇統第八十七代　不合六十二代　天豊足別彦天皇（紀元前二、九二五年御即位）

天皇、即位百三年一月六日、詔して、棟梁皇祖皇太神宮、本殿、前殿、別五社、替造り、大遷宮、天皇祭主、萬國の五色人民王《ミツトツン》二十五名、五色人民八千名にて、大樂舞歌、賑ふ、御皇城山の大宮の北方の空に、大樂舞の形顯はる、五色人王ひれ伏して拜す。
皇子、皇女、三十一名、萬國、又、ヒウケ國の平《ミド》に降る。三百二十六名、諸官に任ず。

皇統第八十八代 不合六十三代 **事代國守高彦天皇**（紀元前二、六八八年御即位）

即位二百六十年、神農氏に支ジチ文字教へしむ。

皇統第八十九代 不合六十四代 **豊日豊足彦天皇**（紀元前二、三三九年御即位）

皇子二十一尊、皇女四十三尊を、萬國の紙墨ヒラカ文字教官に任ず。
天皇、即位四十三年一月二十九日、詔して、萬國御巡幸、即位百三十八年五月八日、アジチ國の黒龍マレンスクより、天越根中ニキヤの水門へ唐歸る。

皇統第九十三代 不合六十八代 **天津日高日子宗像彦天皇**（紀元前一、二一七年御即位）

天皇、即位百三十八年三月十七日、詔して、萬國御巡幸、アジチ支唐《イダカラ》天津より、天越根中フシキの水門に唐歸り、呉羽大宮ひ臨幸し仙洞となす。

皇統第九十四代 不合六十九代　神足別豐鋤天皇（紀元前九八〇年御即位）

天皇、即位五十二年四月五日、詔して、萬國御巡幸、アジチ支那唐國、ヨモツロハ國、オロネツ水門依り、天皇、即位百五十八年三月十四日、越根ウラの岩船水門唐歸る。

即位二百年三月十六日、ヨモツ國より、モオセ、ロミユラス來り、十二年居る。

（周武王氏、治世十二世、三百六十二年）

皇統第九十六代 不合七十一代　天照國照日子百日臼杵天皇（紀元前〇、三一一年御即位）

即位二十一年、天國及び萬國、大災度に土海となる、天國、天越根、狭依信濃、道路奥暖國なるを、寒く變る。

天皇、即位七十六年十二月二十三日、周宣王氏を支那國令に任ず、周宣王氏、元平元年とし、二年より私しに宣帝と改む。

天皇、即位四十三年十二月二十七日、詔して、萬國御巡幸、天浮船、海原船、川ノ浮船に乘りて巡幸す。即位百三十三年三月一日、ヨモツ國トリコドスト水門より、天國日本の秋津根大和生駒宮仙洞とす。

天皇即位二百十五年六月二十三日東周平王氏を支那國令《クニタケル》に任ず。

天皇、系圖、國圖を御造り遊ばされ、彦五瀬尊、狹野尊（後に神武天皇）天越根中主命、天越知主命、神幸神主命副署し、皇祖皇太神宮に納祭。

皇統第九十八代 神倭一代 神武天皇

紀元前百七十一年御誕生。紀元前六十年御即位、即位百三十六年三月十一日神幽。御壽二百四十六歲。一

即位元年、東周平王氏の治世五十一年、支那國を唐國と名付く。

天皇即位三年萬國御巡幸せんとす、二月より大洪水土海となり御中止遊ばさる。

天皇、詔して、天越根中、皇祖皇太神宮、神主神勅、十六文字守、身にして、即位四十九年（紀元前一二）二月二十六日、萬國御巡行。思兼佐田彦命、大土雷主命、道臣命、味日命、外八十名御供し、道路奥、陸前桃生女川水門より、アジチカモカ、キチギンスク水門より、沿海州巡幸あらせられ、黑龍江、蒙古、バミル高原、ヨモツウラルスク、キエフ、エタリア、スイタン、カメルン、アビシニア、ガララ、アラビ、オマイン、スル、天竺カラト、デイリ、バトナ、バルマ、シヤム、高原各地に御巡幸、福州御巡幸、與化水門より、即位七十一年五月十一日、空門厚狹水門へ御安着。

天皇、アイウエオ五十一字造らせ給ふ。

註　上記の神字は大體此の文字を骨子として編修されてゐる、

皇統第百二代
神倭五代　孝昭天皇（觀《ミ》松《マツ》彦《ヒコ》香《カ》殖《ヱ》稲《シマ》尊）

即位五十三年四月二十一日、詔して、ヒウケエヒルス、アラスカ、テライ水門より、蝦夷根室水門に御安着、十勝日の神祭り。

皇統第百三代
神倭六代　孝安天皇

天皇、即位二十三年二月十八日、詔して、天下萬國御巡幸。神武内種彦命、埴大土船守命、白羽鳥浮船命、外七十八名供し、速日唐津水門より、三韓慶尚南道、次日村水門へ上り、三韓、奉天、蒙古、カウカシヤ、イスバニア、アフリカ、天竺、オセア、ラリヤ、ボルネオフリヒン、マニラ水門より、即位五十二年八月二十日、遠津海伊豆竹田水門御安着。

皇統第百九代
神倭第十二代　景行天皇

勅使武内宿禰

大足彦忍代別天皇（景行天皇）即位二十一年（紀元七五一年）二月二十六日、詔して、東方、及び、北陸、蝦

夷、支那、ヨモツ、ヲリト、エヒルス、萬國を巡廻することを命令、武內宿禰、謹みて御受、巡廻する仕度に取り懸る。

（その間東北地方を巡廻したるもその記錄紛失せり）

卽位二十三年（紀元七五三）三月十五日、改めて、天皇大前へ御參上、言上して十七日に大中臣大楯臣命、ト部大狹山命、大伴武日命、物部トチ根命、人民富足命、別無官、八十二名連れ、大和出發す。天越根中國、皇祖皇太神宮ひ參拜、五月三日自身祭主して、大祈願し、皇祖皇太神宮の不思議の、文字の守、全部身につくる。

道路奧の今別の水門より、六月十五日、海原の大浮船に乗り出發す。天浮船三舟造り持ちゆく、支那國《アジチクニ》へ七月八日、支那國コルフコイ水門に着してより巡廻し、神代に支那國に、天國の天神と、支那國祖《オヤ》盤古氏以下、代々靈を祭る所を（奉天といふ）拜禮し、次に、天國の萬國祖《トコヨクニオヤ》の、皇祖皇太神宮の分靈を、天國の天皇、不合三十三代淸之宮媛天皇、卽位百五十一年（紀元前一一、二九〇年）二月一日、詔して、自身萬國御巡幸の際、支那國へ天降りて、此地に太神宮を勸請し奉り、此地を天津と名付け給ふ。其神殿を拜禮して、支那の和帝氏に面會し、其他官人三百八十三名に別れて、正定、大原、蘭州、青海亭、都克を巡廻す。

天竺スリナガル、パトナ、プチ、ベラ、ベルシ、アシラス、シナイ、ダルチン、サマラ、ムワンサ、ヌヤサ、セナ、ツリ、ベザニ、ピヘ、バニア、イバダン、ベイラ、マヒレト、フエズ、マラガ、フラスナント、イラプチヒ、パガ、モスクヴア、サマラ、オムスク、パイカル、レナ河イサツカヤ、オホタ河アルカ、キチギンスク水門より舟乘り、エヒルス國ノテライ、ユイコン河サイクル、エドモントン、ツルス、イリ、ハンゴル、ヒナタエヒルスマツリン、パラ河パラ、バラ河バルマ、バラナ、ラフタラ、サンチヤゴ、ラパト、バナフ、メキシコ、ウレス、タマコ、ハゼルトン水門より舟乘り、オセア國クロイドン、アルベリ、ゴイライ、ノルサム、パリト河バンジ水門まで巡廻す。

アンナサイゴン着し、高州、福州、登州水門より、天國の白日別筑前宗像水門へ安着す。

即位五十年（紀元七八〇年）十月三十日、二十八ケ年目、總大將武内宿禰始め、大伴武日命、物部十千根命、大中臣大楯臣命、人民富足命、卜部臣狹山命、無官八十二名安着す、早刻に秋津大和日代宮に參上、言上し、天皇、大に喜び給ふ。御言あらせられ、早刻に、天越根中國、皇祖皇太神宮ひ參拜禮拜し、自身御禮祭主し、即位五十一年（紀元七八二年）八月二十一日棟梁之臣と賜ふ。

註　日本武尊、皇太子の御身を以て、筑紫の熊襲及び東征征討に向はせ給ひるは、武内宿禰が、萬國巡廻中の事變なり。日本武尊熊襲征定は、即位二十八年（紀元七五八年）御薨去は即位四十三年（紀元七七三年）にて、富禰の歸朝はその七年後なり。

武内宿禰御靈牌の裏面に記されたる支那資料

竹内家系圖四巻と、竹内家累代靈牌が、家宅捜索後警察に於て紛失されたるは、裁判所に上申したる通りである。

茲に昭和十年七月御神勅に依り、竹入巨麿氏、謄しを取り、一部分を別に秘藏しありたるに依り左に掲ぐ。

謹、神托に依り、武內改竹內詔賜ふて竹內神主家代々位牌寫し。

天國天越根中、御皇城山ホト宮ミト宮皇祖皇太神宮、別祖太神宮、毎日守神三十七神社の神主竹內家御先祖より御位靈牌を文字位牌形正直に御寫し奉祭。

昭和十年六月十五日、十六日、十七日、七月一日、二日三日毎日朝一時より、天照皇太神樣、神武天皇樣、八幡神樣、モセス王樣、モオゼロミユラス王樣、イスキリス樣、身形現はれて、必らず早く寫取りて秘藏すべしと神托あり、昭和十年七月七日より、御祖先樣代々の御位靈牌寫し始め、十月末迄に位牌寫し。

とあり、その寫本の一部を拔萃して左に掲ぐ。

武內宿禰御靈牌の裏面

（表は神代文字なり）

神倭十一代イソサチ天皇（垂仁天皇）即位二十四年チヂ奧ノ「ヤレコ」ノ松ケ崎ミナトニ來リ。イスキリス。

十二代大足彥忍代別天皇（景行天皇）即位十一年イスキリス天空、百十八歲死ス、墓所館ニ葬ル。

モセス王、武藏阿夫利加山に來り、阿夫利神祭。

モオゼロミユラス王、能登寶達ニ來リ、葬リ神明ノ三塚ト云フ。

神倭九代オホヒヒ天皇（開化天皇）ヒツギ十年ナヨナ月、能登神代川《カクミ》ミナトニ來リ、唐國ノ王子、武手來リ、天國東國、政治學《マツリゴトマナビ》ニ來リ神主屋主忍雄親王ノ弟子入門ス、天皇、詔シテ親王オ、十三年（紀五一六）ムツヒ立五日、唐國ノ大王ニ任ス。改唐國大王屋主忍雄親王ト云フ。同年イヤヨ月立三日ニ、唐國ノ武手、改、武帝氏、建武六年ニ唐國大王屋主忍雄親王ヒ、武帝氏ノ使來リ。

神倭十一代イソサチ天皇（垂仁天皇）ヒツギ四十九年ウベコ月、天國能登神代川ミナトニ東漢光武氏來リ、神明皇祖皇太神宮神主武雄心親王ノ弟子、國政法學《クニマツリホマナビ》ニ來リ、天皇、ヒツギ五十二年ケサリ月立十日、詔シテ、神明皇祖皇太神宮神主王親王、アジチ唐國ノ大王ニ任官ス、同年カナメ月、光武帝氏願フ、唐國王氏ニ命ズ、唐國へ歸京後、東漢光武帝氏トナリ、東武元年トシ、三年目、ナヨナ月圓六日天國ノ「フシキ」ミナトへ、唐國光武帝國ヨリ、唐大王武雄心親王へ、使來リ。

武內宿禰遺言ヲ

紀竹內玆寢　謹筆記ス

註　キリスト來朝當時の我國情は、今日學者の想像する如き、貧弱なる日本に非ざりしもの〻如くである。
以上は原文によらず飜譯文を轉載したのであるから誤りないことを期し難い計りでなく、原文に於ても愼重に研究の要あるものと認める。併し之れを以て取るに足らぬものとして研究もせずに一蹴し去るが如きは吾人の取らざる所である。

『天林行』に記する所に依れば、

今より二千五六百年前、即ち神武天皇御即位の頃、齊の管仲

註　紀元前二十五年、齊桓公立ち、管仲齊に相たり。紀元十八年、管仲死す。

山東省泰山に登り、神庫を檢閲したる時、七十餘王の遺物保管せられ、その內無懷氏に始まり、伏義、神農、周成王まで十二王名判明したるも、他の六十餘王の名知るに由なかりき。

とあり、太古に於て日本の神々の一の行在所であつたろふといふ觀察をしてゐる。之れ王の名の知る由もなきは、日本の神代文字で書かれた爲めであつたと想像される。

と記載されてゐる事は大に參考として研究を要する點と思ふのである。

古代の印度

太古はチユラニヤンと稱せし人種國を爲せしも、上古アリアン人の移住するに及んで、年歴を經るの久しき漸く混合して、今は殆んど其形跡だも認めざるに至れり。

印度史家の唱導する所に據れば、アリアン人の初めて此地に移住を試みしは、耶蘇紀元前三千年の頃にして、之を印度歷史の第四紀なりと稱すと雖ども、此時代の歷史は概ね荒唐無稽の記事のみにして、一の信ずべきものあらず。

單だカレイイユカ(印度語にて第四紀の意)時代以後の變遷のみ稍や信憑すべきが如し。然れども、固より正確

と言ふを得ず、現に彼の紀元（耶蘇）前一千三百年代の著作に係れる、メスーの二書の如きに至りては、反復論究して遺す處なく、且共立論頗る高尙にして、一見當時の文明の狀況を洞察するを得べしと雖も、其後、數百年の間は、國内四分五裂して史家各好む所に偏し、別に完全なる國史を遺す者なかりし故に、此時代の歷史と雖も亦未だ全く信憑するを得ずと云ふも、敢て誣言にあらざるなり。

以上述ぶる如く、各國共に中古以前の事蹟は、史の據るべきなきを以て、古今の史乘を參酌して、其の大略を叙するの外なきが故に、時に誇大の放誕に似るものあるを保し難きなり。（以上、世界大年表記述）

此のアリアン人に就て、バチエラ博士曰く、

人類學上から見て、アリアン人、コーカシア人、アイヌ人は歐洲人と同じ、白哲人種に族する。と述べてゐる。アイヌ人は天孫民族たる日本の奴隷たる天狗《アイヌ》である。古文献から見て、大土人《オホトコジン》といはれ、低地に居住する賤族であつた。

此の大土人は歐洲にも居ると傳へられてゐる。研究すべき事である。

日本の神代文化を泉源とせる

伏羲の文化事業

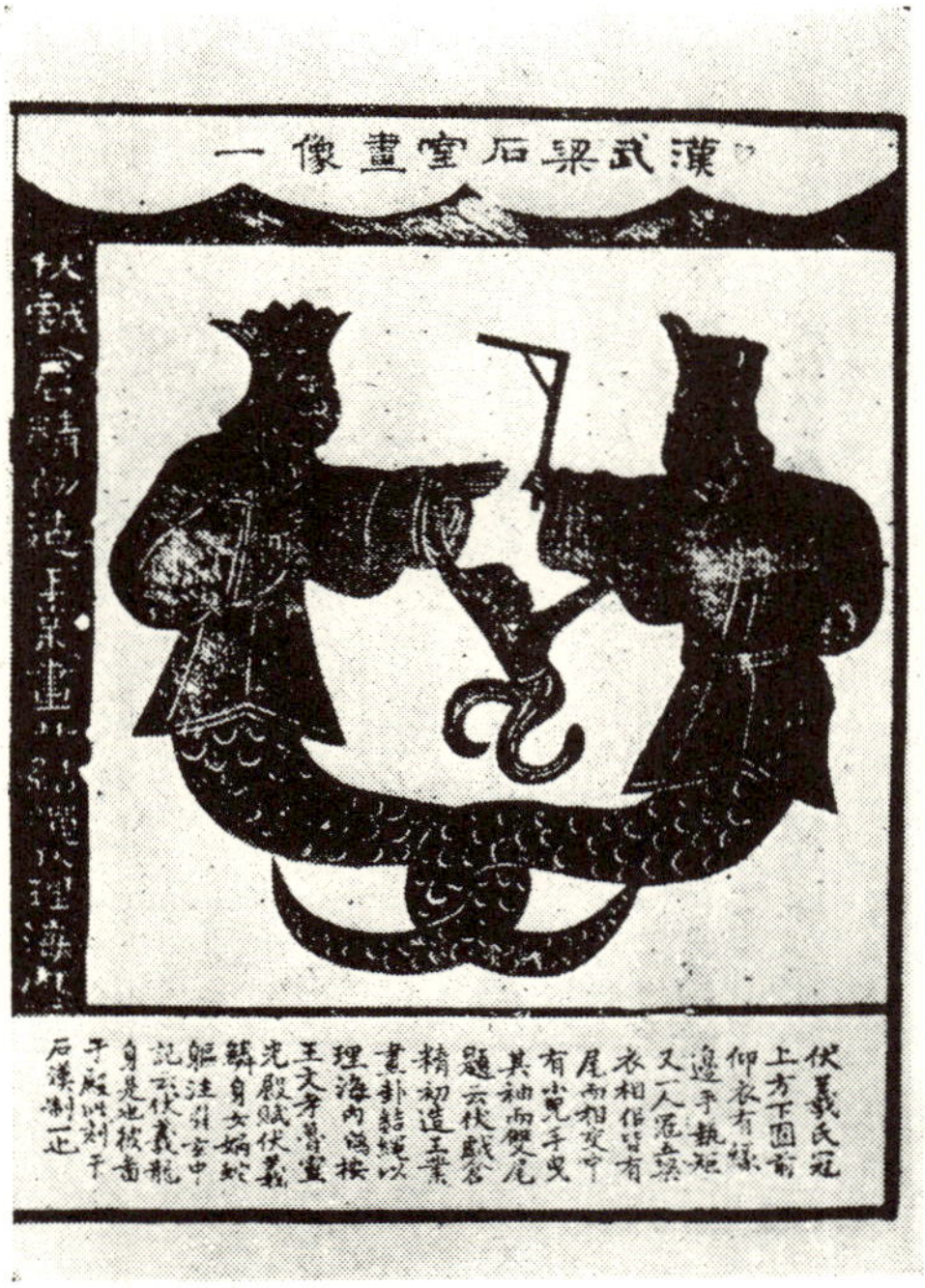

金石索三

漢武梁石室畫像　一

伏羲。倉精。初造二王業一。畫レ卦。結繩以理二海內一。

一、伏羲以前に就て

盤古氏、天皇氏、地皇氏、人皇氏、有巣氏等の年暦、事蹟、邈然として古今の史乘、一つも據るべきなきが故に其眞僞を詳に爲す能はず、依つて天皇氏、地皇氏の一萬八千歳、人皇氏の四萬五千六百歳とある治世暦の如き固より信ずる事が出來ぬと歴史家は述べて居る。

燧人氏、天下を治す、木を鑽て火を出し、以て民に火食を教え、始て結繩の政を作す、と傳へてゐるが、日本に於ては何百萬年か以前の神代から火食してゐると傳へられてゐる。

人類が原始時代に於て、火を得た喜びは一通りでなく、神に之を感謝する爲め、神前に火を捧ぐる慣例となり、之れが古神道の一樣式として今日に傳はつたのである。

結繩の政とは、繩を結びて數を傳へたものでなく、皇國の神代文字たる、結繩文字五十一字を以て、通用の文字として政治を行つたものである。

竹內文献に、天國天皇、鵜草葺不合五十六代天津成瀬男天皇（紀元前四、六九二年御卽位）大前に參朝拜禮し、支那國を治む、親子十七世、治世千五百十二年とある。

二、伏　羲　氏

世界大年表に曰く、
自皇紀前二二九三年戊申
至同　　二一七九年辛卯
陳に都す、始て書契を作り、以て結繩の政に代ふ。又、琴瑟を造り、八卦を畫し、民に佃漁嫁娶の設、初めて行はる。在位百十五年。

或曰く、自皇紀前二〇、四四六年。

至同　二〇、三三七年。

とある。歴史の年代に就ては全く見當がつかないやうである。

漢武梁石室畫像は、實物を實體とする寫眞でなく、漢時代の支那人の伏義觀が、此の畫像に依て表象されたものと思料される。故に之を分析的に解剖して、評釋する事は無理であるが、是に依り伏義時代の易學、王業、八卦、文字が窺はれ、伏義が規矩を示し、以て海內の理とした內容實質が肯かれるのである。畫は支那の祖先が尙ぶ龍に因んで、皇國の蛇踊文字を基礎とし、それを神秘的の人形と爲し、伏義の面影を現はしたものと思はれる。按ずるに、倉精の精とは、神心根元の力、萬物生育の氣、即ち皇國の古神道の五行神の神德、生成化育の司神を祭る五行の意と解せられるのである。倉の字は日本の古式に解釋すれば、倉は納めるの意味であるが、支那に於ては之を創めるといふ意義に用ゐた文字と思はれる。

竹內文献に依れば、五行神には初の五行神、仲の五行神、末の五行神と、三樣に御祭りされてゐるが、初の五行五柱神の中央土神は、皇紀第五代天八降王天皇で、筑波山陽峯に鎭まりますとあり、常陸式內鎭座本記、筑波山神社の項に、人體氣化の初神、萬物生成の根源五行の初神といふ意義がある。伏義の倉精とは、日本古神道の五行神祭祀の理を以て、經國の大本とした事が認定される。

而して、結繩文字（次章に全文を掲ぐ）を以て當時の文冶と定め、王業も、八卦も、此の五行の原理を採り、宇宙の眞理、天地の公道を明かにし、以て規矩を庶民に示したものと思はれる。說文古籒疏證の『莊珍藝先生傳』に

以₂易結繩₁伏羲畫₂八卦₁作₂十言之敎₁。

とあるは此の間の消息を明かにしたものである。十言之敎とは、卽ち五行を基本とする十干の意味である。皇道の天地八紘の意である。卽ち八紘一宇の理である。五行神の初神を祭る筑波山に於て、親鸞上人が八紘天地を稱して十方世界と唱へたのは、皇道の此の原理に依るのである。日蓮上人も八紘一宇の理を稱して十方世界となし、十界の本尊と崇め、大陽日神、大陰月神を始め、天照大神以下幾柱かの神々を御祭してゐるのである。

伏羲は惟神の大道に學び、嚴乎として十方に位し、一刻も止まざる宇宙公運の神秘の核心に觸れ、之れを以て經世の大本としたのである。支那の儒學の原理が、わが皇道に彷彿たるは此所に原因するからである。

三、伏羲と女媧

金石索

左石四　第三層

伏羲氏手執ㇾ矩。女媧氏手執ㇾ規。

畫は兩人にて、矩、規を示すの狀をなしたものであるが、その騰寫を省略した。

矩は規はの形である。

その解說に曰く、

伏羲氏。見二前圖者一。再此幅金石志一。以爲下一人執レ矩向レ右。一婦人執レ器向レ左不知卽伏羲氏女禍氏上也。列氏曰、伏羲。女媧。蛇身兩人面有二大聖之德一。元中記云。伏羲龍身。女媧蛇軀。文選注云。女媧爾三皇也。此畫伏羲手中執レ矩。女媧所レ執者規也。」矩所二以爲レ方八卦用一レ之。規所二以轉員太極用一レ之」考工記曰、規之以レ眠二其圜一。萬之以レ眠二其匡一也。矩卽今之曲尺。規卽今之㞢弓匠人爾常用レ之。

文選注、考工記を一括して解說すれば、

矩は方を爲し、八卦之を用ゆ。

規は轉員太極之を用ゆる所以。

規は之れ其の圜を眠るを以て也。

萬之れその匡を眠る也。

とある。方又は匡（方正）は五行、十干の理の如く、一切事物の格律である。天地四方の世界の基準であり、その位置、その節度、その天分を嚴正にし、社會の秩序は保たれるのである。君臣、上下、老若、その位を正しくするに自ら基準がある。春夏秋冬の四季正しくして、始めて生成化育の行程も亦正しく運行するのである。天地位し萬物育すとは此の理を云ふたのである。皇道は此の理の圓滑にゆく事を祭るのであり、八卦は之れに則つたものと思はれる。

轉員太極といひ、圓といふ事は、天體の公運である。宇宙の攝理である。天神の神勅に依りて宇宙萬物創造せられ、天神の神勅に依り宇宙は公運し、萬物は新陳代謝して、寸時も停屯しないのである。卽ち大自然の循環である。

之を皇國の肇國の姿に見るに、諸々の天神の神勅に依り宇宙は創造せられ、天體公運の大法が定められ、萬物生成化育の理も立てられたのである。同時に宇宙森羅萬象の統整歸一は、地上唯一神の靈統神に限るとの格律を、神定め給ふたのである。宇宙の森羅萬象は悉く此の天の攝理により生を亨け、命を保ち、彌榮えて、之を永遠に傳ふるのである。而して、造物主は、五穀草木、鳥獸を繁殖せしめ、總て人類の爲めに供へ給ふたのである。故に、無用な殺生は嚴に之れを愼むべきも、人類の之を利用する事は天神の定め給ふ所である。卽ち宇宙一切の生物は、此の課せられた運命に律せらるゝのである。

玆に、天地開闢と共に、天地《アメツチ》を治ろし召さしむる爲に、諸々の天津神達、神謀りに謀り給ひ、四方の地中《クニ》、わが大日本帝國を安國と鎭め給ひて、無極の天統を天降し給へる所以である。此の天神《アマツカミ》の大神勅を拜せる靈統神は、宇宙創造の聖旨に副ひ奉る爲め、宇宙森羅萬象の和合彌榮を正しく護り、永遠に傳へ給ふ爲めに、天神地祇を祭り、天神皇祖《アマツカミスメミオヤ》の神勅を拜受し、祭政一致の政治を御執り遊ばさるのである。

宇宙の靈統神たる日本天皇の天職《アメマツリ》は之れである。世界の統治者と稱する民王、又は帝王と稱する者、忽ちにして起ち、忽ちにして倒れ、浮沈極りなき間に、獨り皇統の萬世一系なる所以、實に玆に存するのである。皇國に於ては、天神皇祖、極を立て統を垂れ、列皇相承け、之を繼ぎ、之を述ぶ、春秋星霜幾百億「祭政一致、億兆心を同ふし、治敎を明かにし、風俗を上《タツト》び、日夜怵惕、天職の或は顚ることなきやを懼る」と、明治天皇、明治三年の御勅語中に仰せられたのは、地上唯一人の靈統神として天職に對する御軫念の程を仰せ出されたのである。

故に、天職天皇は自我に墮せず、全く私を滅して、惟神の大道に御精進遊ばされ、天神皇祖の權化、造物主の化身として、宇宙本來の使命を達成せられ、宇宙本來の姿を萬世に傳へ給ふ大御心を以て、歷代《ミヨミヨ》御宸襟を惱ませ給はるのである。即ち、

(一) 造物主の惠みに依り、受造者として生を享けた、一切の宇宙森羅萬象をして、各々その本來の天職を發揮せしめ、各々萬物の靈長として與へられたる特權、天惠と及その位とを守り、互に犯す事なく、犯さるゝなく、人類も森羅萬象も、規矩を守りて一切の抗争摩擦を避け、總ての公運を圓滑ならしむることを旨とすべきである。至上は之を御見守り遊ばされつゝあるのである。

(二) 現人神は、苟くも生あるものに對し一視同仁、無私博愛、寛容天よりも廣く、民を稱するに、公民《ヤホミタカラ》の詞を以てせられ、禍津心《マガツココロ》の輩《ヤカラ》と雖も、罪の子として除外する事を遊ばされず、曲れるを正しきに匡め、濁り

穢れるを、清々《スガ〳〵》しき心に導き給ひ、天下四方《アマノシタヨモ》の地《クヘ》には、罪といふ罪はあらじと、科戸《シナト》の風の、天の八重雲を吹き放つ事の如く、朝《アシタ》の御霧《ミギリ》、夕べの御霧を朝風夕風の吹き掃ふ如く祓ひ給ひ、億兆の庶民をして、齊しく天神の御光、天神の御惠を仰がし給ふのである。

神代に於ける貢《ミツギ》の記錄を見るに、宮中の經費の如きは、足る事を以て足れりと爲し給ひ、初なる物の章《シルシ》のみを御納めになられたのである。四方の民草は感謝奉恩の爲めに捧げ奉らんとする、宮中に於ては足るが故に採らずと仰せられる、庶民は若し貢が納められずんば、鳥獸と等しくなるを憐み給へと嘆願する、玆に税吏と庶民總代の押問答の記錄も神代には多々見えて居る。仁慈の御德は獨り仁德天皇のみの御事でない、神代歷代天皇の御仁德、民草の爲めに大御心を碎き給ふ御仁德は、神代史の總てゞあると申上ぐるも過言でない。日本天皇は選擧に依る御當選にあらず、武力に依て人民を御征服遊ばされたのでもない。神武天皇の御東征を以て單なる武力行使の如く解する者ありとせば、そは歷史を知らざる者の譏語のみ、實は大震災後の復興狀況御視察の爲めの御巡幸であり、その際、併せて惡吏、不逞漢を御懲戒あらせられたのである。

(三)　現人神は、宇宙本來の姿の嚴守と、使命達成上の障碍となり、森羅萬象生成化育の障害となる者に向つては、先づあらゆる策を盡して指導敎化さるゝのであるが、萬一頑迷不靈、之れに應せざる時は、涙を揮つて斷の一字を用ゐ、之に天誅を加へて膺懲されたのである。是れ日本皇室に於ける三種の神器の寶劍は、世界の安寧幸福確保の爲め、降魔の聖劔たる所以である。

萬國《トコヨクニ》の棟梁《オムヤ》、は皇國の造物主の靈統を繼ぎ給ふ天職天皇が、宇宙の蒼生に代り、日夜怵惕、此の大任に當らせ給ふのである。生を造物主に享け、枝國の分邦王たる者、此の天職天皇に奉仕するの道なかるべからず、伏義は日本に留學し、日本天皇より分邦王たる印綬を授けられたのであることは後章に詳述する。皇國に於ても、太古に神と庶民の中介の職として大中臣がある。伏義も神勅を受けて分邦統治の王道を確立し、皇道に順應する事となつたものと思はれるものである。

耶蘇教の教王セーゼも、シナイ山に於ける第一回の十戒は、人民が承服しない爲めに打ち砕いて了つたのである。而して日本の皇統第九十四代葺不合第六十九代神足別豐鋤天皇の卽位二百年、天皇の勅許を得て第二回のモオゼ十誡法を開いたのである。十誡法には、表十誡、裏十誡、眞誡の三種あり、十誡法には種々なる法則はあるが要するに五色人《イロヒト》はその分邦の憲法に從はねばならぬ、然し、分邦の憲法制定には、天國日本の憲法に反する法規を定めてはならぬ、と誡められたのである。伏義の王業を造つたのは之れと同一の關係に依るものと思はれる。

伏義の示された規矩は之を小乘的に見れば寸尺であるが、之を大乘的に見れば、天理人道の規矩、天地開闢萬物創造の意義、日月循行、地球公運の大法、無極の天統、天人地和合彌榮の祭政であつてそれこそ宇宙の大道、人類の遵守すべき規矩である。伏義の王業とは、支那全土の人民を完全に統治し、靈統神に仕へ奉るの意義と解すべきである。

皇國太古寸尺の起源

皇統第四代天之御中主天皇の御宇、皇子天日八意木根工知尊は寸尺を考案し、手首から臂までの長さを以て一尺と定め、之れが寸尺の始めであり、又、笏《シヤク》の始めであると、竹內文献に傳へてゐる。

次で、皇統第二十一代伊邪那岐天皇の御宇、天御食《ミケ》持《モチ》神、亦名、手《テ》置負《オキオイ》神が曲尺、並に墨壺を發案せられ、墨壺の水糸は、蓮の莖の筋から採つて製した、マンダラの糸を用ゐた、と傳へてゐる。

當時の日本は溫度が高く、蓮の葉が各地に繁茂して居り、天疎日向津媛天皇《アマサカリヒニムカイツヒメスメラミコト》、亦名、天照皇大神は、マンダラの羽衣を召されたと傳へてゐる。マンダラの羽衣は、同じく蓮の莖の筋から製したもので、衣類として丈夫で糸には光澤あり、頗る優美なものであると傳へてゐる。後世・釋迦が蓮のマンダラの衣を着た事は、天照太神の羽衣に見習つたものである。

蓮から墨壺の水糸を採つた天御氣《アメノウケ》持《モチ》神を稱して、木挽の祖神として崇めて來たのである。その孫弟子に、大工の祖神、工師《タクミシ》神、彥狹知《ヒコサチ》命が生れ、大工の技術を爲したと傳へられてゐる。左官職の祖神、塗師神の生れたのは、その後である。按ずるに、太古の日本は溫度高き爲め、防寒の設備は餘り必要でなかつたものと思はれる。古文献にも、皇統第九十六代天照國照日子百日臼杵天皇、即ち神武天皇の御父天皇即位、二十一年地穀大變度以前は、雪の記錄見當らず、大地變以降、日本の溫度俄かに低下し、日本が世界統治權を失つたものゝ如くである。

伊邪那岐天皇の御代、天疎日向津媛尊の神殿、日の若宮御造營の際、天御氣持神、工師《タクミシ》彦狹知命が建築の任に當つたのである。屋固め祭りには木挽の神が上席に着き、工師が下座につき祭る事になつてゐる。史家中に神武天皇時代に、始めて柱建ての神殿が營まれたと主張するのは誤つてゐる。

家造の大國柱は天の御柱、惠比壽柱は國の御柱に型取つたもので、太古より數文字《カツモジ》は、神宮、宮殿の建築圖に、柱建てに印す文字で、一二三四五六七八九十百千萬億兆京の十七字目がンであると傳へてゐる、ンは天地祭政《アメツテマツリゴト》の括りである。

寸尺の意義は、伏義以前、何百萬年かの昔より日本に於て用ゐ來つてゐる。寸尺の小乘的意義と、大乘的意義に就ては前述の如くである。

歷史の傳ふる伏義

一般の歷史の傳ふる所に依れば、伏義は始めて書契を作り、以て結繩の政に代ふ。又、琴瑟を造り、八卦を畫し、民に佃漁嫁娶の設、初めて作らる。在位百十五年。

太昊伏義氏より無懷に至る十六世。曆數未詳。

一、庖義　二、女媧　三、共工　四、太庭　五、柏皇　六、中央　七、歷陸　八、驪連

九、赫胥　十、尊盧　十一、混沌　十二、昊英　十三、朱襄　十四、葛天　十五、陰康　十六、無懷

書契を作り、結繩の政に代ふ、といふは結繩文字に代ふるに別種の神代文字を使用した事である。

ヒルト博士曰く

伏義は結繩文字に代ゆるに、波斯人の用ゆるキープ文字に似通へる一種の像形文字を以てしたり云々

と、像形文字使用を主張してゐる。

樂器に就ては日本に於ては、祭典又は御即位式には必らず太古より使用するの例であり、鳥獸が歡喜して鳴き囀づる音響に似せて、各種の樂器が作製され、各種樂器の發する種々の音響の調べを整へ、旋律を附し音樂を奏したとある。又、天皇世界御巡幸の際は、各地の民主が大前に旅情を慰め奉る爲め、歌舞奏樂したとある。

常陸式内鎭座本記、筑波山神社の卷に於て

昔時、天照大神、父母の二神を慰諭せんとし、こゝに山上に登りて筑を彈ず、水波の曲に至り、鹿島の海潮逆騰。着山《ツクヤマ》の頂を涵《ヒタ》し、故に着波山と號す、云々

とある。古文献にも音樂や樂器に關する資料が澤山にある。

易に就て

大辭典に載する所に依れば

易の八卦　河圖

河圖

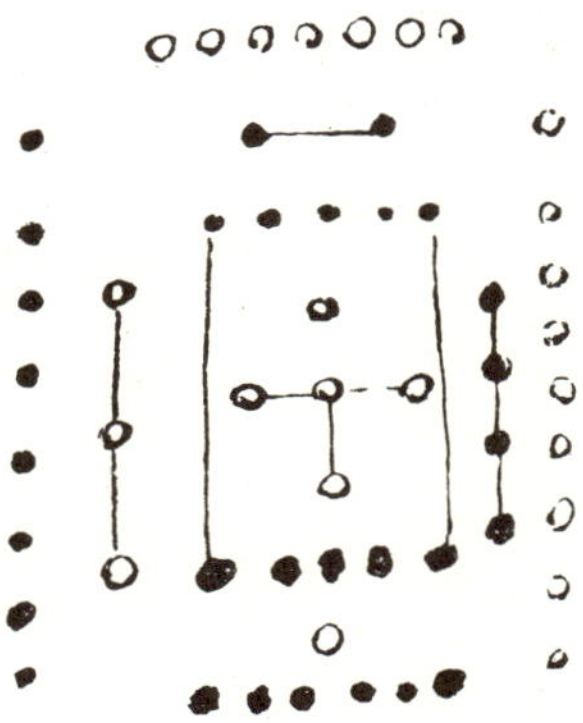

洛書

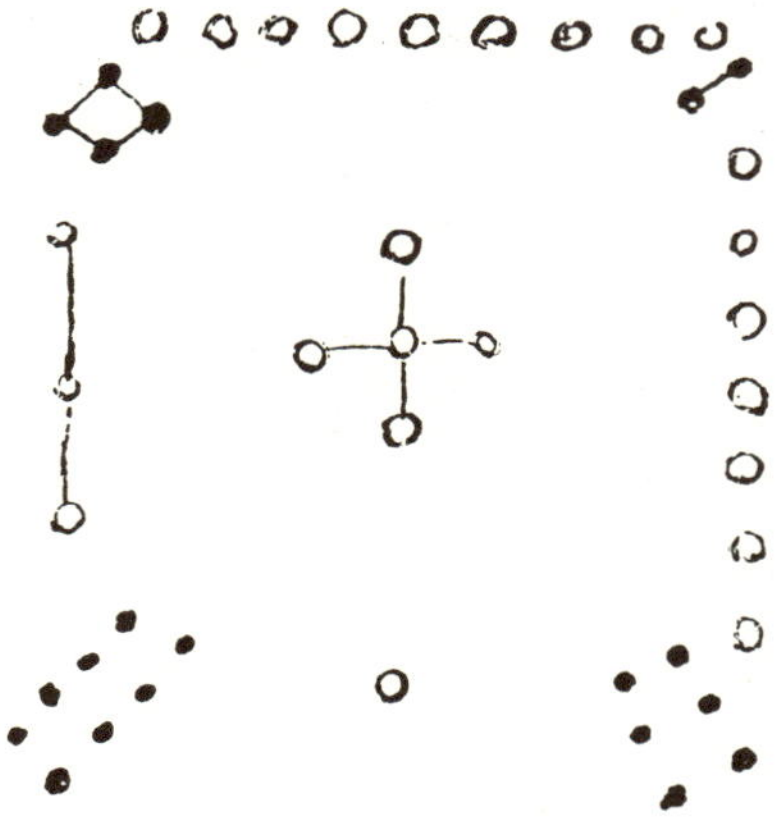

昔、伏義氏の時、黄河に龍馬ありて載せ浮びしと云ふ圖。孔安國云。

河圖者、伏義氏王二天下一、龍馬出レ河、遂則二其文一、以畫二八卦一

洛書者、禹治レ水時、神龜負レ文、而列二於背一、有レ數至レ九、禹遂因而第レ之、以成二九類一。

洛書參照。河圖洛書。周易と洪範九。疇との根本となる圖書にして即ち數理の祖なり。○は陽にして天に屬し、●は陰にして地に屬す。○は天一にして●●は即ち地二になり、其餘之に準ず、易經「河出レ圖洛出レ書聖人則レ之。」

とある。黄河に龍馬あり、載せて浮んだと云ひ、或は龍馬河に出で其文に則ると云ひ、或は神龜文を負ひ、背に列んだ數が九つあつた、之れが八卦の根本として傳へられてゐる。が、之れは易八卦の起源と龜卜の占の混淆

したものである。

併し、何れの記録も、その原理は伏義之れを獨創したものでなく、參考資料を基本として、考案したものに過ぎないこと明白である。

龍馬、又は神龜の說は、新らしくもあり、又、不完全な易、八卦の根底を爲す。正しい易は五行を基幹とし八方位より出でたもので古代からの一定の樣式があり、宇宙に通ずる正確な易である、支那に於ては龍馬神龜の傳說を信じ、五行、十干を用ゐて居るが正しい意味からいへば、八方十干が易で、龍馬神龜は占である。

龍馬神龜の說は、神代といつても新らしい。即ち皇統第二十四代天仁仁木天皇の御宇、皇子火明尊、亦名、火遠理尊、改名、彥火火出見尊、鉤を求めて龍宮、即ち現時の琉球へ神龜に召されて御出發、大綿津見神より豐玉姬の外、潮滿玉、汐干玉を奉られ、火明尊は神龜に召され、豐玉媛命は龍馬に召され、無事御凱旋遊ばされた。

皇太子火須勢理命は、位を火明尊に讓り、臣として御仕へになられた、火明尊は玆に天津彥火火出見天皇として第二十五代の天統を繼がせ給ふたのであるが、之れ神龜の吉祥に依るものとし、爾來、龜甲を焚き龜裂に依りて占を爲す事の濫腸となつたものである。支那に於ける占卜は之れを主としたものと思はるゝのである。然し、竹內文献に依れば

皇統第八十二代葺不合五十七代天津照雄之男天皇、即即八十二年二月二十六日、詔して萬國御巡幸。

即位〇〇年十月二十八日ヨロツパ國、ロマニア、バラロヅよりアヂチ支那奉天に天降り給へば、伏義氏、神

農氏、大前に參朝拜禮し奉る所を奉天城といふ。
天皇即位百五十一年三月十五日、天越根中日見日高見赤池上神明皇祖皇太神宮の本殿、及び境内の神の社を造り替へ、天皇皇后祭主となり大遷宮祭を行ひ給ふ。萬國の王とアヂチ支那王伏義氏と神農氏、參朝拜禮す。伏義氏神農氏、居る所を伏氏ギノ水門といふ、居ること三十六年目、アヂチイダナ國の歸國せし所を天津といふ
伏義氏、歸國に際し天津金木を賜ふ

とあり、天津金木の八角《ハリ》の理より。八卦を考案したものと思はる。即ち皇道の根本原理より、易八卦が生れたものである。易學を根底とした儒學が、皇國の皇道と似てゐるのは此の故である。

八角の天津金木、並に左の九宮神祭の様式が八卦、九星の根源を爲したものと思はれる。

神代日本の粋を採れる支那文化

（イ） 日本神代の暦法

太古より一ケ年三百六十四日、四ケ年毎に閏あり。
一ケ年は十二ケ月にして

一《ムツヒ》月《ツキ》　二《ケサリ》月《ツキ》　三《イヤヨ》月《ツキ》　四《ウベコ》月《ツキ》　五《サナヘ》月《ツキ》　六《ミナツ》月《ツキ》
七《フクミ》月《ツギ》　八《ハヤレ》月《ツギ》　九《ナヨナ》月《ツキ》　十《カナメ》月《ツキ》　十一《シブル》月《ツキ》　十二《シハツ》月《ツキ》

とし、一ケ月を

月立《ヅキタチ》　十日

月圓《ツギマト》　十日

月籠《ツキコモリ》　十日

の三十日と定む。

（ロ）四　季（四隅）

コノメハル（春）

クニアツナツ（夏）

タナツアキ（秋）

コネノフユ（冬）

（ハ）四　方　位

ヒガシホ　東

ヒナタホ　南

ヒニリホ　西

ヒウケホ　北

備考

支那に於ては月を上十五日、下十五日と二分して輸入したのである。

（二）　五行《イコウ》神の神徳

五行《イコウ》不動神として祭る

世のあらゆる猛悪災害を祓い、人畜五穀草木に至るまで、總て生物の生成化育、天人地和合彌榮を得させ給ふ御神徳である。國土安穏の守護神である。

中央土神　天地を貫く永遠無極の靈統神の意である。天の氣を地に降し、地の氣を天に昇し、能く天地の氣を通和し、萬物の生成化育を司る神徳の神。

北方水神　位第一位の司神、陰氣を司り食し肥大し、長命を司る神徳の神。

南方火神　位第二位の司神、陽盛溫熱を司り、成長を司り、甘味、色彩を添へる神徳の神。

東方木神　位第三位の司神、一陽を惠み、氣の司神、心の發動の司神、彌榮の神徳の神。

西方金神　位第四位の司神、血肉を守り永遠に保たしむる司神、世の安泰平和を司る神徳の神。

四季を五行より見れば、春は東、夏は南、秋は西、冬は北に當る。

五行は四方天地絶體不動の宇宙の基準である。六合は四方天地である。

弘法大師が、絶體不動の原理から、五行を採つて不動尊を考案したのも之に基くのである。

五行とは中央の高御座に於て、天地を貫く靈統《ヒツギ》の現人神が、天神《アマツカミ》、皇祖《スメオヤ》を祭り、四方位の人畜五穀草木、生成化育の司神を祭らせ給ふ御姿。天人地和合彌榮御祭政の御姿と拝し奉るのである。

又、造物主の直統として、天地を統べ治らせ給ふ靈統神の天統御登極の祭式、即ち御即位御大典に際し、高御座の四方位に

東方に青人民王男女三十二名乃至三十六名
南方に赤人民王男女三十二名乃至三十六名
西方に白人民王男女三十二名乃至三十六名
北方に黑人民王男女三十二名乃至三十六名

參朝拜禮した姿であると拜し奉る。
御即位式に五色人の參朝を缺く事となつてから、五色の幣旗《ニギテハタ》を建てゝ之に代へたとある。黑は紫を以て代用された。之れが後世、高御座の四方の高欄に、五色人の人形を調刻し、五色人參朝の式に代へ、その後、五色人の調刻に代へて、式典の樣式を整へる爲め、五色の唐草模樣を調刻する事となり、又、三十二鱗の人魚の旗に代へたと傳へてゐる。

聖書に見る
『金の祭壇』
『祭壇の四隅に聲あり』
等の事は、此の高御座から起つた御姿を、彼の土に傳へられたものゝ加くにも思はれる、太古耶蘇敎の敎義か

ら、支那に於ては、造物主、即ち天主欽崇を說き、二氣四元之行、即ち五行を說いてあると解釋してゐる。而して耶蘇教と古儒學が一致してゐると說いてゐるが、此の二つの流れは何れも皇道の分派と思はれるのである。

支那の古への儒と、耶蘇教の關係に就ては後章に之を述べる事とする。

（ホ）　支那の五行解說

支那の儒學は勿論、文化の根本は五行に出發して居るのであるが、一般書籍で學術的に述べるには多く十干、又は十二支を用ゐてゐる。而して學問の根本が五行を基本とする割合に、その解釋が徹底してゐない。即ち

水曰㆓潤下㆒　水の低きに就て總てを潤ほす性なり。
火曰㆓炎上㆒　火の炎えて上るをいふ。
木曰㆓曲直㆒　木の性、或は之を曲げ、之を直とするを得。
金曰㆓從革㆒　從革は從ひて革《アラタ》むる也、金は熱を加へて柔かにせば、自由となる也。
土爰稼穡　土はこれ百穀の種を下し、培養する事を得。

と解說し、その自然の常性に從ひ、功を爲さんとするのである。自然の本性をよく明かにするのである。更に此の五行から、鹹苦辛酸甘の五味を生ずと說き、五行に配せられた水火木金土の性より生ずるものと考へてゐる。然し五行の性能から見て、その解說が秦火の災に依り、明徴を缺くに至つたものと想像されるのである。

支那古文書を閲見し、古文書に横溢する、五行、十干、十二支の精神と、右の解說と對照するとき餘りにも物

足らぬ感があるのである。

(へ) 八　方　位

	八方位	風の方向	
ヒウケホ	北	北風	ヨゼ
ヒトアホ	丑寅	丑寅風	ヨコゼ
ヒガシホ	東	東風	コゼ
ヒタミホ	辰巳	辰巳風	イコゼ
ヒナタホ	南	南風	マゼ
ヒサリホ	未申	未申風	ヤマゼ
ヒニリホ	西	西風	ナゼ
ヒイルホ	戌亥	戌亥風	アナゼ

八紘とは之れに出發するものか、八は彌である、彌榮である。支那は此の八方に中央を加へ

東　甲《キノエ》

東南　乙《キノト》

南　丙《ヒノエ》

南西　丁《ヒノト》
中央　戊《ツチノエ》、己《ツチノト》
西　庚《カノエ》
西北　辛《カノト》
北　壬《ミヅノエ》
北東　癸《ミヅノト》

とし、十干といふのである。之れが十言の教といひ、八卦の基本となつたのである。

（ト）支那の八卦

支那に於て、河圖に龍馬ありて載せ浮ぶ、又は、洛書に、禹治レ水時、神龜文を負ふ、而して背に列し、數あり九に至る云々とあるも、龜卜は卦卜にあらず、占卜である。故に、河圖、又は洛書の主張は根據が薄弱で、八卦は十干を基本としたものと推定され、古文献にある、葺不合五十七代天津照雄之男天皇即位百八十七年（紀元前五〇六年）伏義が天皇より授けられた皇道の本義、祭政一致の精神に則り、八角《ヤヘリ》の天津金木より考案した事が正實と思はれる。

而して八卦は、東西南北の四方位の外に、乾、艮、坤、巽を加へたものと思はれる。

（チ）九宮神祭

皇統第十三代天之常立男天皇九宮神祭る法を御定めあらせられた。之を圖解して示せば次の如くである。

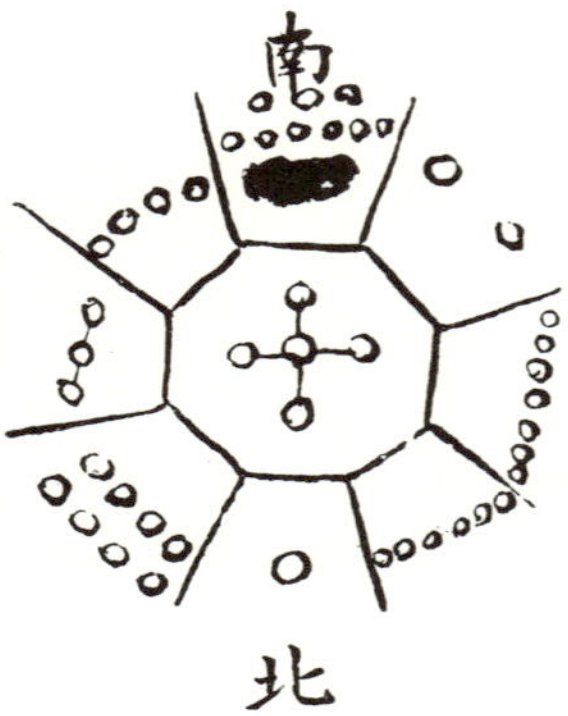

天之常立男天皇の御代、豐葦原瑞穗國名始とあり、參考に揭ぐ。

又、算木に用ゆる所は總て龜卜文字で、左に揭ぐる所は神代文字で龜卜文字五十一字中の神字である。

乾　兌　離　震　巽　坎　艮　坤

遺憾に思ふのは、竹内家所藏の神秘術傳に右の事實が詳細記錄されてゐるのに原本紛失し共の所在今尙不明にして、詳述する事の出來ないことである。又、伏義氏三十六年間の留學中、收得したりと思はるゝ易の資料は悉く、古神道中より抽出したものと思料する。

（リ）十　二　支

皇統第三代天日豊本黄人皇主天皇の御代に、皇族中より天下十二方位に、十二神を天降し給ふたのである。即ち

天津ヒトネ命
天フクラム命
天トラヒコ命
天ウマレヒコ命
天タツル命
天ミノリ命
天ウマミ命
天イロドリ命
天サルトリ命
天トリ主命
天イヌル命
天キル主命

の諸神が、十二方位に天降られたのであり、これが十二方位の起源である。而して之を左の十二方位に御定めになられたのである、而して此の十二方位の名稱が、自然に宇宙森羅萬象生成化育の理法を表はしてゐるのであるところで支那に於ては之れを黄帝の時下に示すが如く、悉く鳥獸を以て現はした爲め、天國の生成化育の理法が、根底から覆さるゝに至つたのである。

ネイムト	(ネ、根)	子
フクラ	(ウシ、生氣)	丑
トビラ	(トラ、扉)	寅
ウマレ	(ウ、產)	卯
タツヒ	(タツ、立)	辰
ミノリ	(ミ、實)	巳
ヒヒウマミ	(ウマ、甘)	午
イロドリ	(ヒツチ、彩)	未
ヒサレ	(サル、去)	申
ヒトリ	(トリ、採)	酉
イル	(イヌ、入)	戌

備考。歳の支干。

皇國の十二支の生成化育の理と、土、水、火、木、金の五行神の神德とを照合し、その歳の運勢が判斷される。そして一巡還すれば六十歳、卽ち一還曆となり、曆は玆に革《アラ》たまる。

黄帝の名獸を以てする十二支では、歳の正しい運勢は判らないが、優秀な神族に比し、理解し難い低級俗惡な分邦民族に知らしむる方便として、黄帝は十二の名獸に變更したものと察せられる。日本が吉備眞備の時代に、深遠な神字に代ふるに、漢字を以て凡俗に理解し易からしめたと、同一手段かと思はれる。詳細は改めて述べる事とする。

エキ　（エ、納る）　亥

之れを太古以來、十二方位に用ゐ、同時に歳の支干にも用ゐてきたのである。

前京都帝大總長狩狩亨吉博士は、『フクラ』が歳の支干中にあるを知らず、日本太古に暦法、支干の整つた文化の存在、世界文化の源泉たる神代文化の存在を知らず、徹底的に日本神代文化存在を否定し、たるのみならず、神代文化を云々する者に對して、言語同斷の罵倒を浴せてゐる。

又、竹内文献に就ては一回も實見したる事なきに拘らず、蒙古の大將と僞稱せる大山師前田吉成の僞造物を竹内文献なりと誤認し、大膽にも竹内文献は全部僞物なりと、思想特輯號に堂々四十五頁の大論文を掲げ、更に之を小册子と爲し、各宮家へ迄配付したのである。

而して此の事狀を知れる鱸正藏、村井二郎氏は博士の暴狀に憤慨し大いに難詰して謝罪せしめ、終に詑證文を取つた由である。

皇國學界の最高權威者を以て任ずる狩野博士の如きの士が、進んで皇威を宣揚すべきに拘らず、毫も神代文化を研究せざるのみならず却つて、世界に誇るべき資料を得て研究する愛國の志士に對し、冷笑罵倒をあびするが如きは輕率の極みであると思ふ。

（ヌ）伊邪那岐天皇時代の十二文

伊邪那岐天皇時代に御定めになつたといふ十二支は

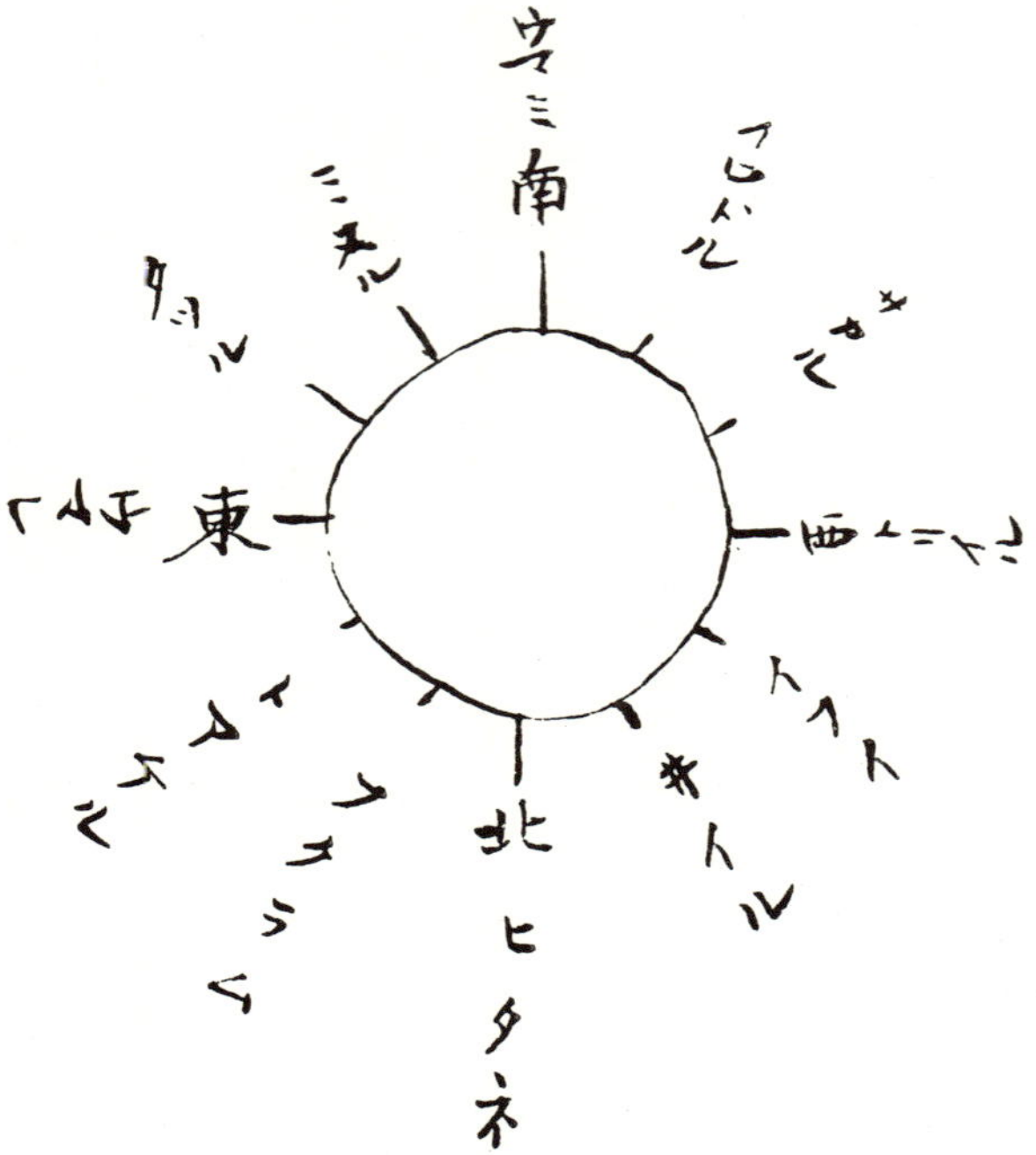

當時の十二支を現はせる連合《ツレ》文《モジ》の一例を擧ぐれば左の如きものである。

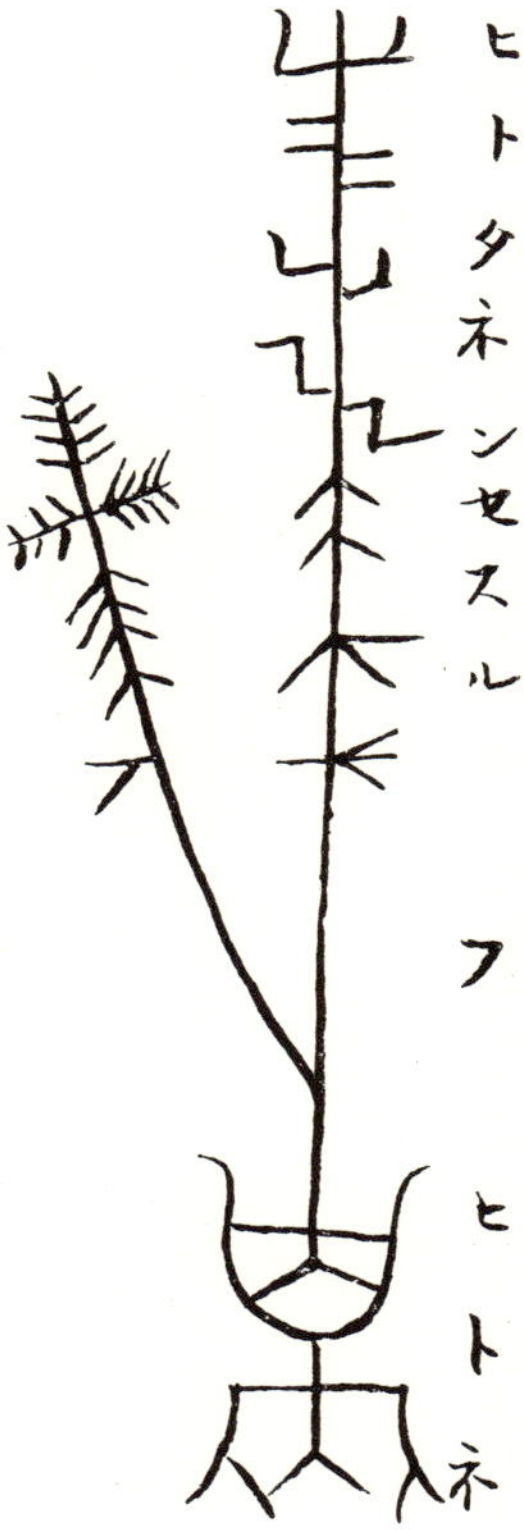

右の文字は幾字をも組み合せた文字であるが、十二支中の「ネ」の一方を現はしたもので、此の様式の文字は十二方位に配されてゐる。

(ル) 十六方位

一、ヒウイホ
二、ヒムアホ
三、ヒアケホ
四、ヒカシホ　東
五、ヒタツホ

六、ヒイタホ
七、ヒタミホ
八、ヒナタホ　南
九、ヒイロホ
十、ヒコシホ
十一、ヒサリホ
十二、ヒニリホ　西
十三、ヒイルホ
十四、ヒコネホ
十五、ヒトツホ
十六、ヒウケホ　北

北中央は日の神の御座。

（ヲ）　八卦十二卦、十六卦

八卦は支那に於ける略式で、十二卦までトし得るが、皇國の根本は十六卦が正しいと、竹内文献には記してある。之れに依れば支那には卦の根本義が正しく傳へられなかつたのである。

神代日本に於ては算木八本を用ゐ、十六卦まで占ふ事が出來たのである。十六卦は十六方位から出發してゐる。日本は天津靈統神の御國で、宇宙の中心の太陽國として十六方位の支國を司る國である。皇統第二代造化氣萬男天皇時代十六方位の國々に天降らしめ給へる神々を勸請されてある。十六光條の日章菊型紋を羽衣につけ、天皇の御紋と定められた事も、十六卦と關係ある事である。

天のハバカの皮を三枚、裏と表に合はせ八意思兼命が、天疎日向津媛尊、後に天照皇大神と祭り奉る大神の天齋殿隱れの方位を占ひたるは、神代に於ても遙かに後世の事であると傳へられてゐる。依て十六卦は太古に於ても上代からあつたものであると傳はつてゐる。

支那で占卜を以て吉凶をトする易八卦は、皇國に於て造つたものでない、即ち皇國古神道に於ける易は祭政一致の式典、兵法の奧義に關するもので、占卜以上の重大な意義を有するものである。目下裁判所に保管する竹内文獻中吉備津彥命の兵法の卷を見れば、その大要が判る、併し、尤もその一字々々を現代文に譯するも、直にその理義を知る譯にはゆかぬ、恐らく現代學者で右の文献を解き得るものは一人も無からうと思ふ、此の點は改めて詳述する事とする。

（ワ）　日本のト占の時代別

日本に於ては太古神代より諸種のト占の法行はれ、神武天皇以後に於ても盛んであり、降つて近世に迄行はれ來つたのである、而して最も重立つた樣式としては

一、太古　天のハワカの皮を主として用ゐた、太占は神代に行はれ
二、卜筮　を以て卜したのは應神、仁德、一條天皇時代に行はれ
三、石占　丸石を以て占つたもので、景行天皇時代に行はれ
四、歌占　短冊歌を木弓にて射、吉凶を判斷したるもので之れも同時代に行はれ
五、橋占　安部晴明は橋を見て吉凶を判斷したりといふが、此事の盛んなりしは一條、堀川天皇時代であつた

（カ）法術と『ン』の字

聖書に見ゆるキリストの神通力と稱せらるゝ不思議の法術、佛教の奇術、等科學者より不可思議に看らるゝ事の殆んど總ては、わが古神道の術から採つたものである。

而して、古神道の術事《シドコト》と神代文字は、殆んど不可分といふ程密接な關係にある。故に神符、神璽は神代文字でなければ神の感應なく、拜する價値がないと傳へられてゐる、神變不可思議の忍術を遣ふ者が、指先きにて虚空に何か文字を描く如きは、神字を書いて神の感應を受けるのであると傳ふ。故に神道修業者は神字を尊び、之を後世に傳ふるに一點一畫たりとも丁重に取扱つて來たのである。

殊に、『ン』の一字の如きにあつては、

天地《アメツチ》

神と人
日と月

と、各種類の意義が含まれて居り、日本の古神道に於ては諸外國に於ける如く「文字は單なる符牒」だといふ樣な觀念を以て神代から扱つて居ない、重大な意議ある神字《カナ》として傳へてきたのである。

佛教に於ても、盛んにンケンソワカ。ンアチチヤーソハカ。ンアボチヤーソワカ。アピラウンケンソワカ。等と唱へて術事を使ふ際に神助を仰いたのである。その内容の一二を解剖して見ると、

ン、アチチヤーソワカ

とは、大日神を始め天地の神々を唱へ奉り、一切の神力を添へて貰ふ法術《ノリシド》である。又、

アピラ　ン　ケンソワカ

とは、月神を唱へ奉り、神力を添へて貰ふ法術である。「ン」の一字は實に深淵な意義を有するのである。

空海が神道の神歌祝詞四十七音字を採りて、『佛讃いろは歌』を編み「ン」の一字を加へて四十八字としたるは、彼が神道研究に依り此の重大意義を體得してゐるが故であると思ふ。

伏義氏時代に文字として使用されたものは、左の諸種の外、平田篤胤先生の神字日文傳に見ゆる各種の像形神字であつたと思はれる。

(ヨ) スメル文字

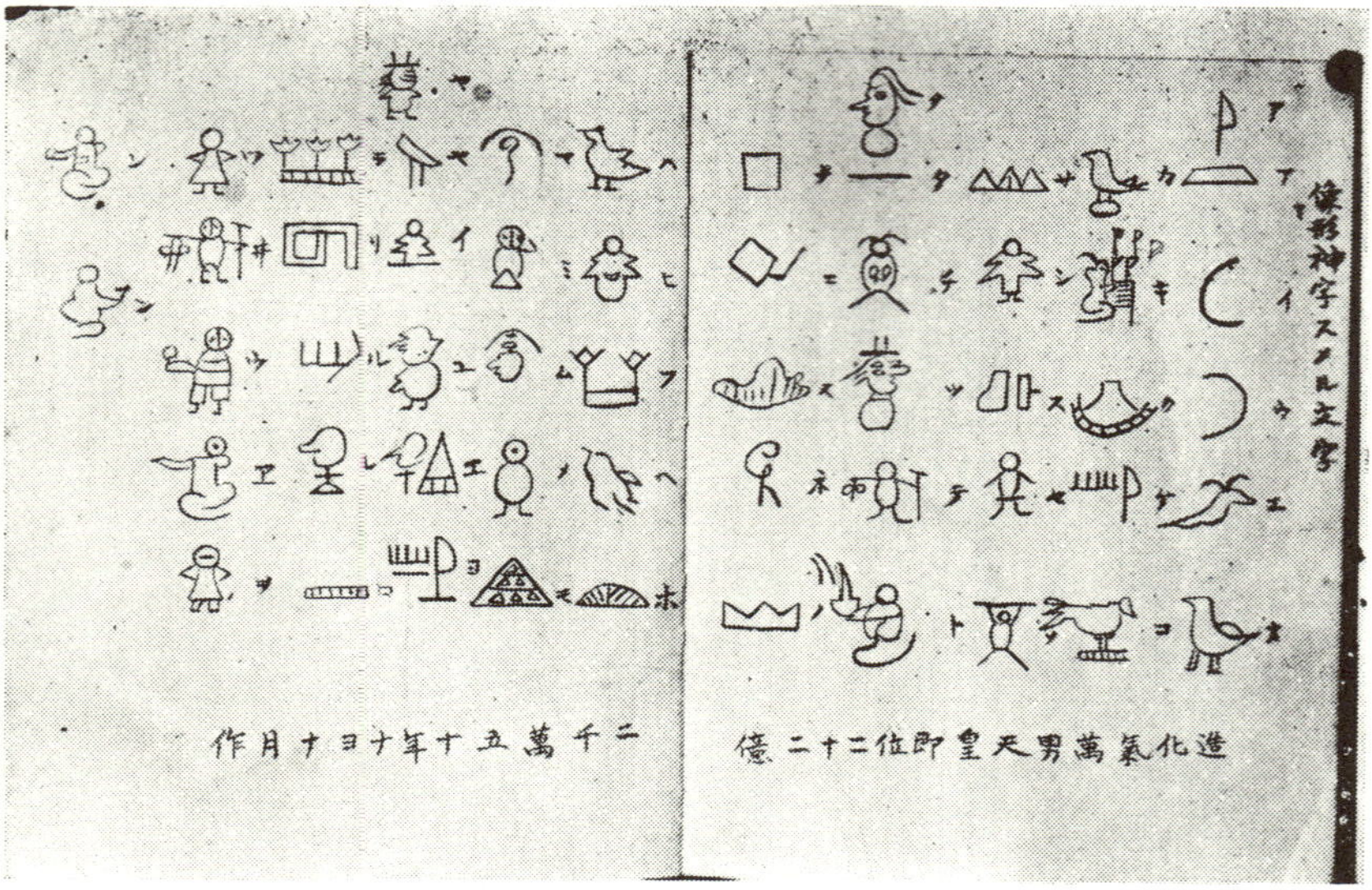

(タ) 結縄文字

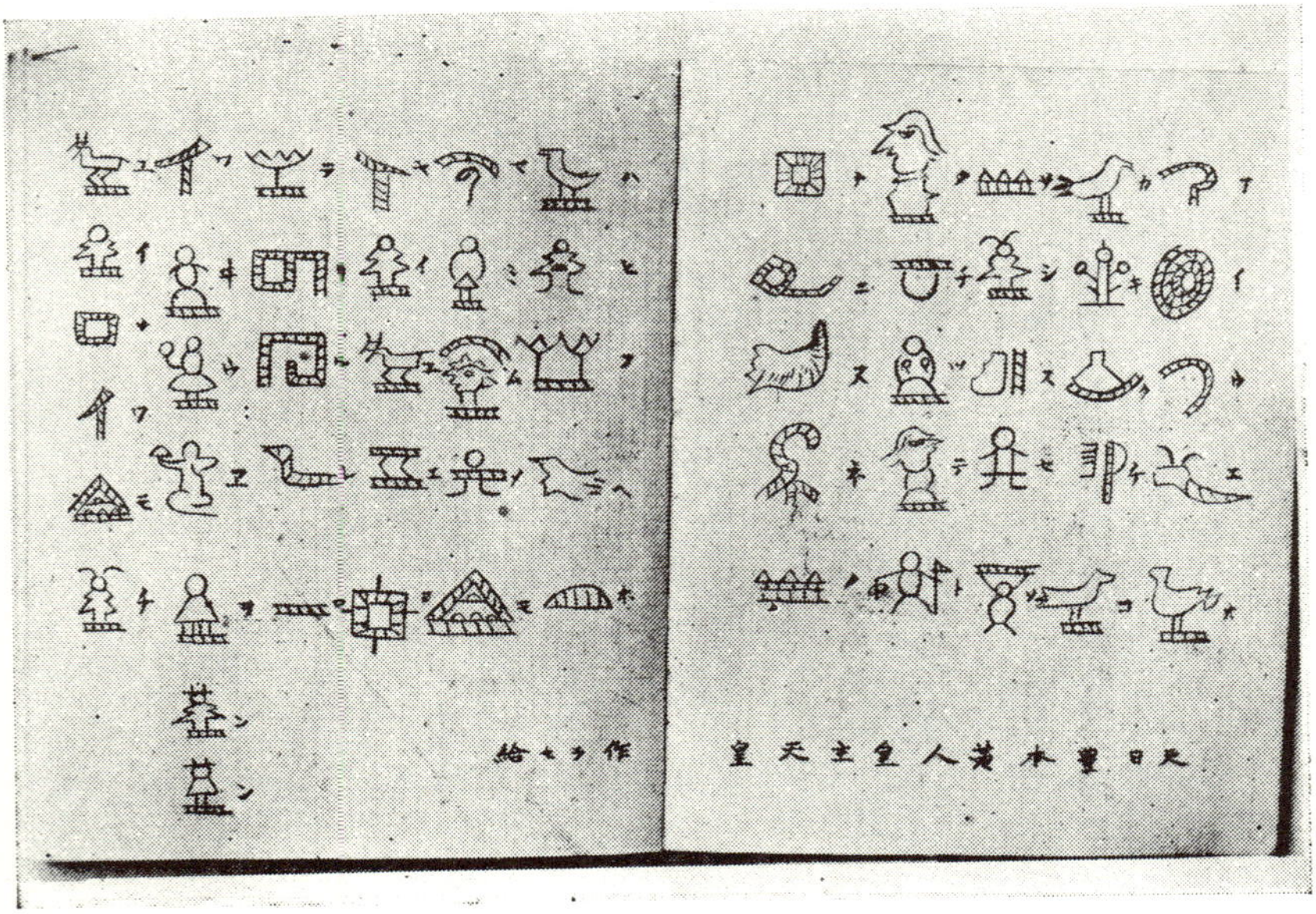

（レ）　埃及のスメル文字

エヂプトのピラミツトより出土せるスメル文字である。字體に於ては變化せる如くなるもその字格を破らず。エヂプト文化は皇國文化なるの證である。

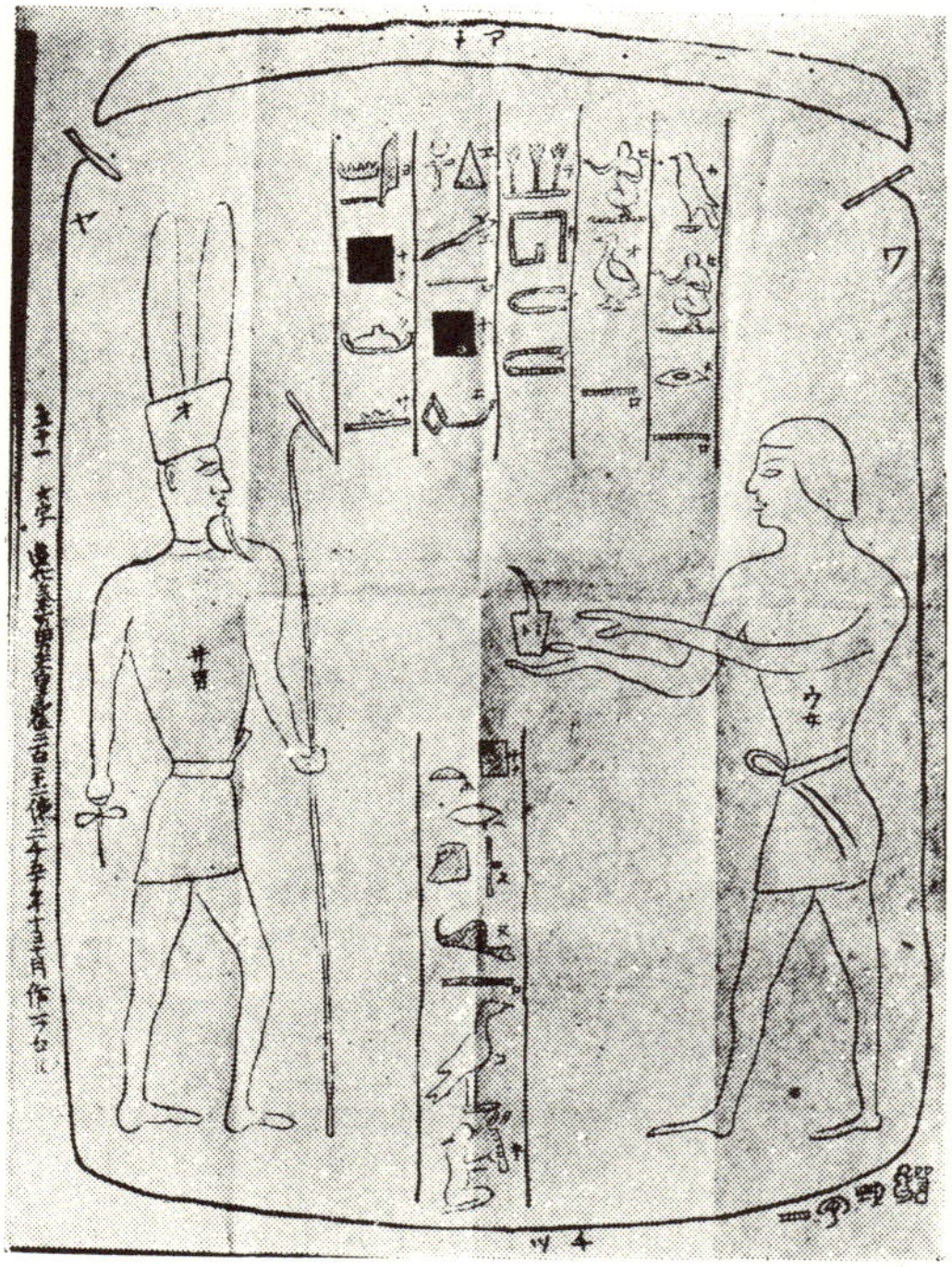

（ツ）楔木文字

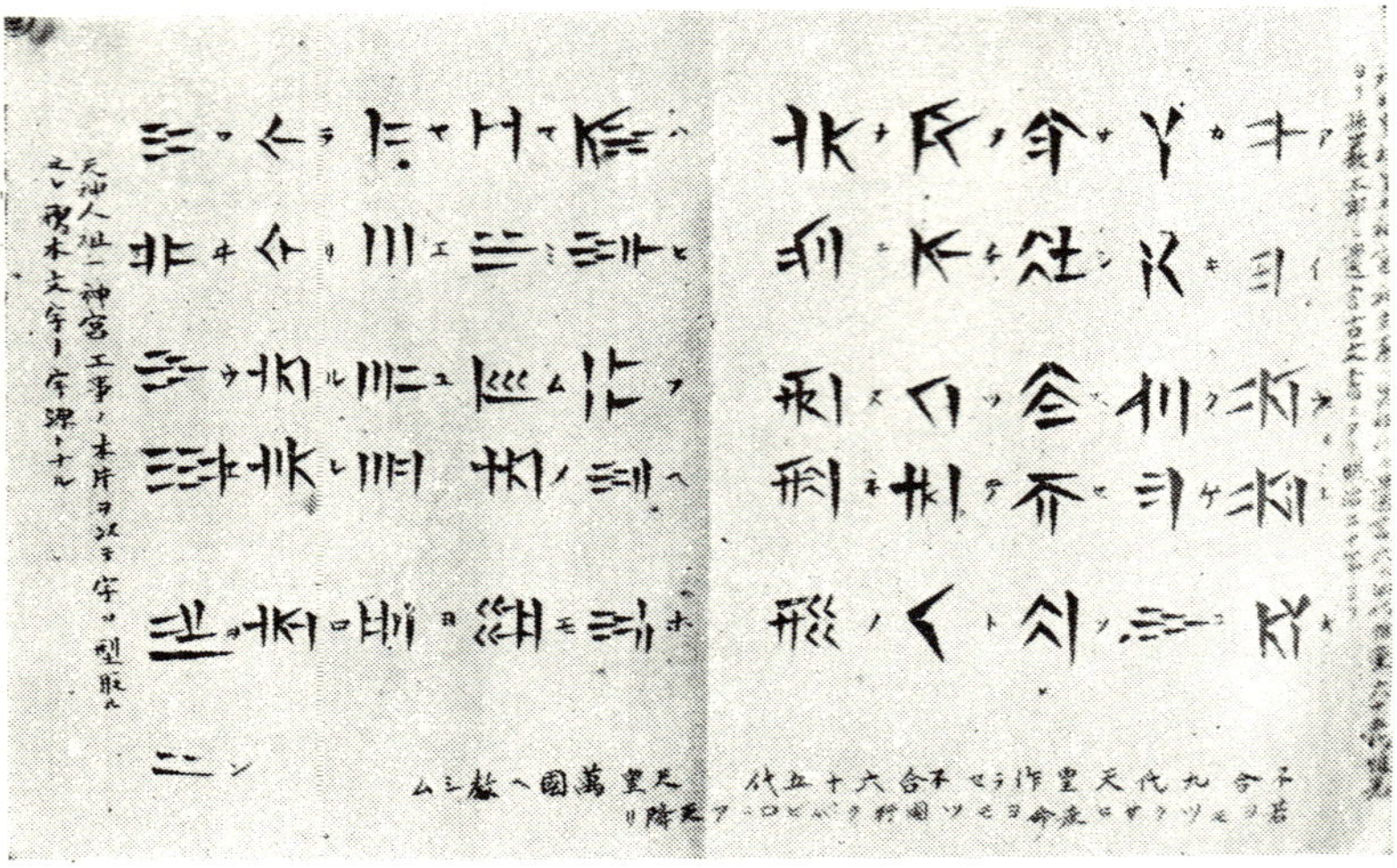

（ツ）龍體文字

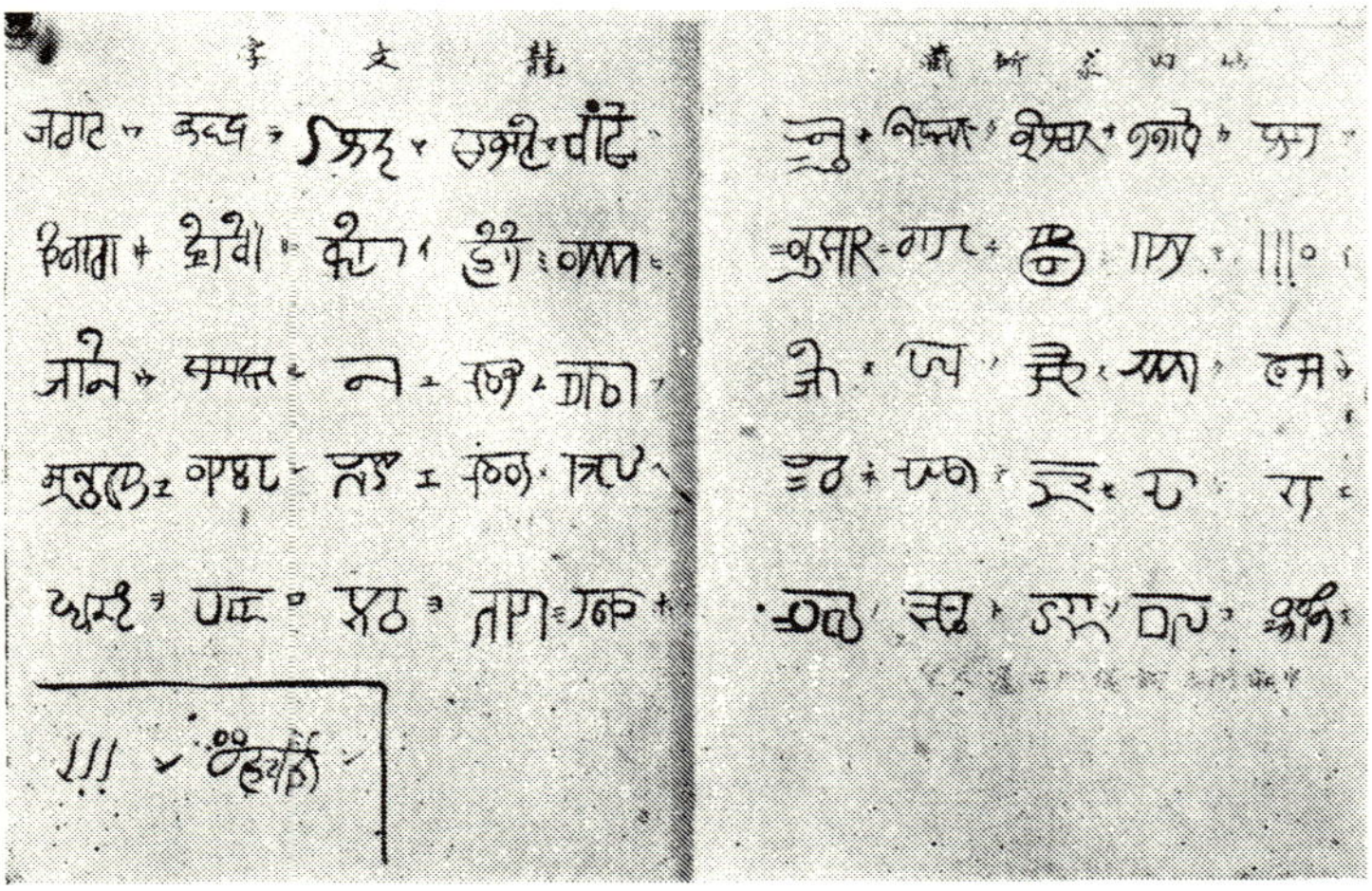

（ネ） 印度の龍文字

昭和十四年三月二十六日報知新聞正午版

竹内文献に依り

山根菊子女史の解説

聖者の像は基督

山根女史の發見

二千年前の日本の龍文字を印度では既に使用

二月二十八日付正午版に『お釋迦様か基督か、聖者の繪をめぐる話題』といふ記事を掲載したが牛込區原町三の一一著述業山根菊子女史が『あれは確かにキリストですわ』と本社へ飛込んで來た、同女史の說によると

（一） 鼻の格好がユダヤ人である　（二）釋尊はひげを生やしてゐないのに肖像畫は生やしてゐる　（三）釋尊ならもつと耳が大きくなければならぬ　（四）釋尊は生れた時から斷髪したことなく頭のてつぺんで束ねてゐるが、肖像畫は斷髮である　（五）頰の骨格、眼がキリストに相違なし

更にこの肖像畫がインドの岩窟中に發見されたのは、奇蹟でも何でもないと、次のやうに力說する

キリストが十四歳から十九歳までインドに滯在した事實は明治時代の末にロシアの某博士がインドの古寺院で調査して突きとめ、自國で發表せんとしたがニコライ主に迫害されて佛國へ亡命し、フランス語で『殘されたキリスト』なる著書を出版してゐる位です、恐らく肖像畫はインド在住當時の『若き日のキリスト』と思はれます、割に老けて見えるのは修業中でやつれてゐるからでせう。

問題の肖像畫

最も興味深いのは、この繪の下に誌されてある奇妙不可思議な文字を判讀したことだ、同女史に従へばこれは神代の大昔、我國に用ひられた神代文字の一種で龍文字と名づけられるものであり、飜譯すると次のやうになる

タミルンソ
サマリンヤ
カシヲ
オスラエ
ウハユウ
イヌイキ
アニヤワリ
12×12{23

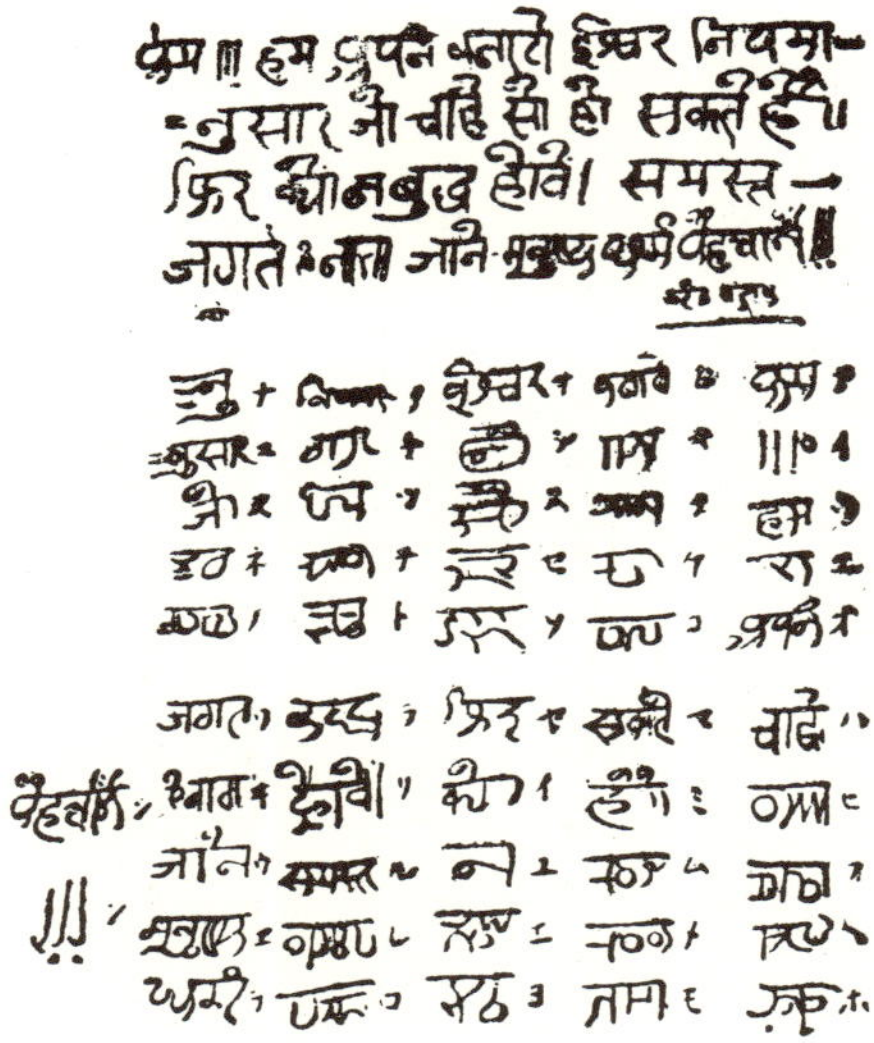

女史は感慨に堪へないやうに瞼をうるませて語を繼ぐ

この伏字をいかに解釋するかは斯道の大家にお任せします、私も解釋上の意見をもつてはをりますが、發表は差控へます、とにかくこれで二千年前に日本の神代文字がインドで使用されてゐた事實も判明し、民族としての誇りを感じます〔凸版上は聖者の像の下にある龍文字、下は龍文字の四十二音〕

金幣及び幣

太昊伏義氏金幣

幣は神の姿を形採りたる「ミテクラ」の意である。龍文字に倣つて飾としたものである。金幣は財寶を神に捧ぐるの意か、支那は龍を尊ぶ、龍文字を尙ぶと共に、龍は時に雲の意もあり、東方の神人、飛龍に召して天地間

太昊伏羲氏金幣

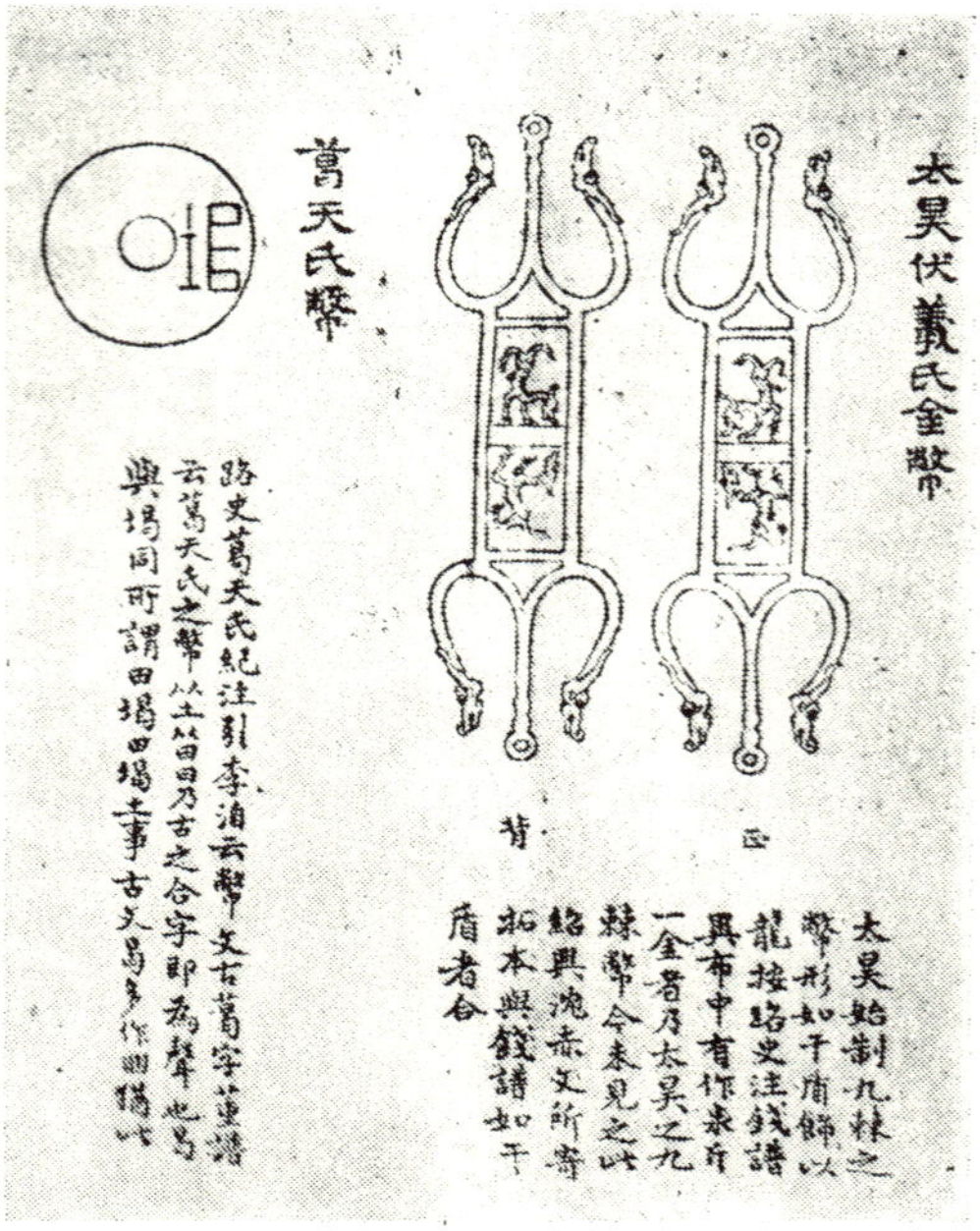

を上下し、時に來つて道を垂る。日本天皇に對する神代支國民族の觀念の發露乎。

何れにしても、神代日本の皇威と神字文化の影響を偲ばしむるものと思ふ。

赤、白、黑、青、黃五色の龍神は神宮に祭られてゐる。當時の支那の留學生は必らず之を參拜する、之れが支那の龍を尊ぶ原因となつたものか。

葛天氏幣

形狀神代文字の日である。それを支那式に解說したるものと思料さる。

五行十干に因む宜子孫竟

鏡の裏に現はれた五行十干の理。

鏡は古いものでないが、此の理を表はす故に參考に掲ぐ。

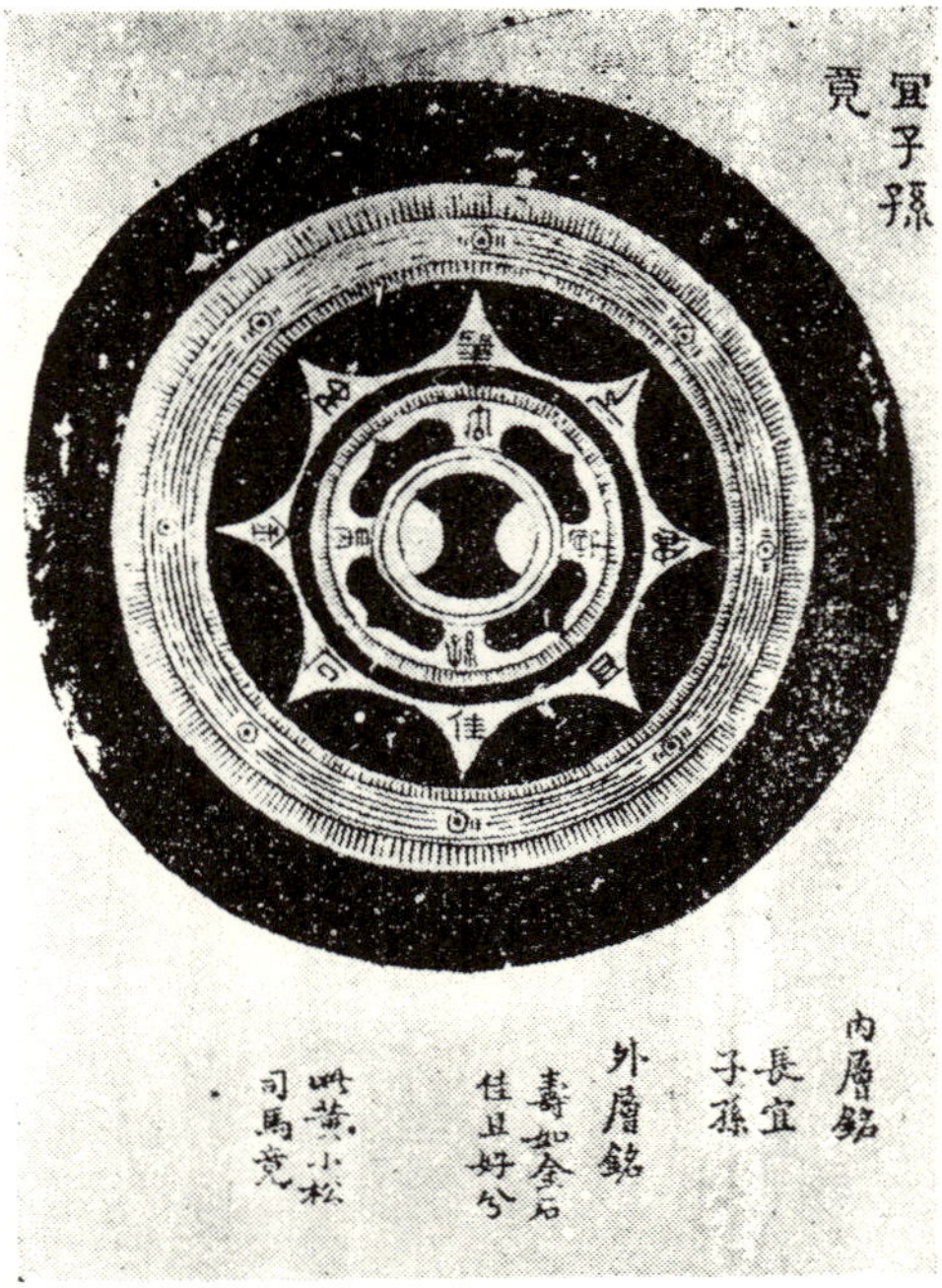

宜子孫竟に就て見るに西漢宣帝とすれば、武帝の曾孫で、皇紀五八八年即位し、在位二十五年である。その子孫とすれば皇紀六百年乃至七八百年時代のものと思はれる。

伏義が五行八卦を畫してより約五千年後のものであるが、太古より傳はる五行、十干の理は整然として認められる。之を說く所の學說は不幸秦火の災に依り、不明となりたるを遺憾とする。

龜の四足を四方位とし首尾を天地とし、五行の基本とする事に依り、十干八卦の因となるのである、龜の甲を焚き字の現はるるを見るのは八卦の理ではなく、占卜となるのである。

此の鏡の示す理義は龜を五行の基本とし、八卦、十干、十二支を現はしたのであるが、十二支は元來生物の生成化育の順序を現はすべきに拘らず、鳥獸を以て現はした爲め根本原理が不明となつたのである。

龜と五行と十干、十二支

『唐出圖瑞竟』は、中央五行龜卜の原理を現はし、八卦、十干、十二支を現はす古文献に依れば龜の四足は四方位を現はし、首尾は天地の意である。五行は天地六合、六親の意である。

抑も龜卜の起因は、天津日子火火出見尊（火遠理命）が龜に乘りて龍宮（琉球）に渡らせ給ひ、鉤を取り戻し、大海津見神より豐玉媛尊、並に潮滿玉、汐干玉との種々の御寶を受けられた、後、火遠理命は龜に召され、姫尊は海馬の如き怪獸に召され、怪獸の口よりは奇しき焔を吐きつゝ、得意に滿ちて歸朝し給ふ。

之れが龜卜文字の起源であり、此の幸福を招致すべく吉凶を卜する龜卜の起源となりたるものである。龜甲を火中に燒き吉凶を卜する如きは、その後の事であると傳へてゐる。

天神地祇を祭り、天地の和合彌榮を祈り、國土安穩、五穀成熟を禱らせ給ふは皇道である、四方五行神を祭り、八方天地を祭るは皆な之れに出發してゐる。四方拜、八方鎭等は之れに依るものである。

支那に於て易、八卦、十干、十二支等、皆な皇國の格式のみを採つて眞精神を理解し得なかつた爲め、支那に於ける易學が日本の國體に似通ひ發達しながら、支那の國體が日本の國體と合致しないのは之れが爲めである。

而して、十二支は人畜草木果穀に至るまで生成化育の原理を現はした極めて深遠な意味を有するものであるのに、支那では之れを無視し鳥獸を以て現はした結果十二支が無意味のものになつたのである。

唐出瑞圖竟

五行十干に因む宣子孫竟

鏡夫漢尸一百廿
半重合抨志六
竟邊刺禽獸
魚竹草樹合
璧金勝赤出
瑞圖十四字
開以芝生
有中刺鳳
鳳嘉米合
連理竹金
樹連比翼
嘉參秉
比目魚連理
樹合璧之瑞
與博古禽同
勝彼作合懌
惟合樹連果
想定合悋果之意

作合悋果群

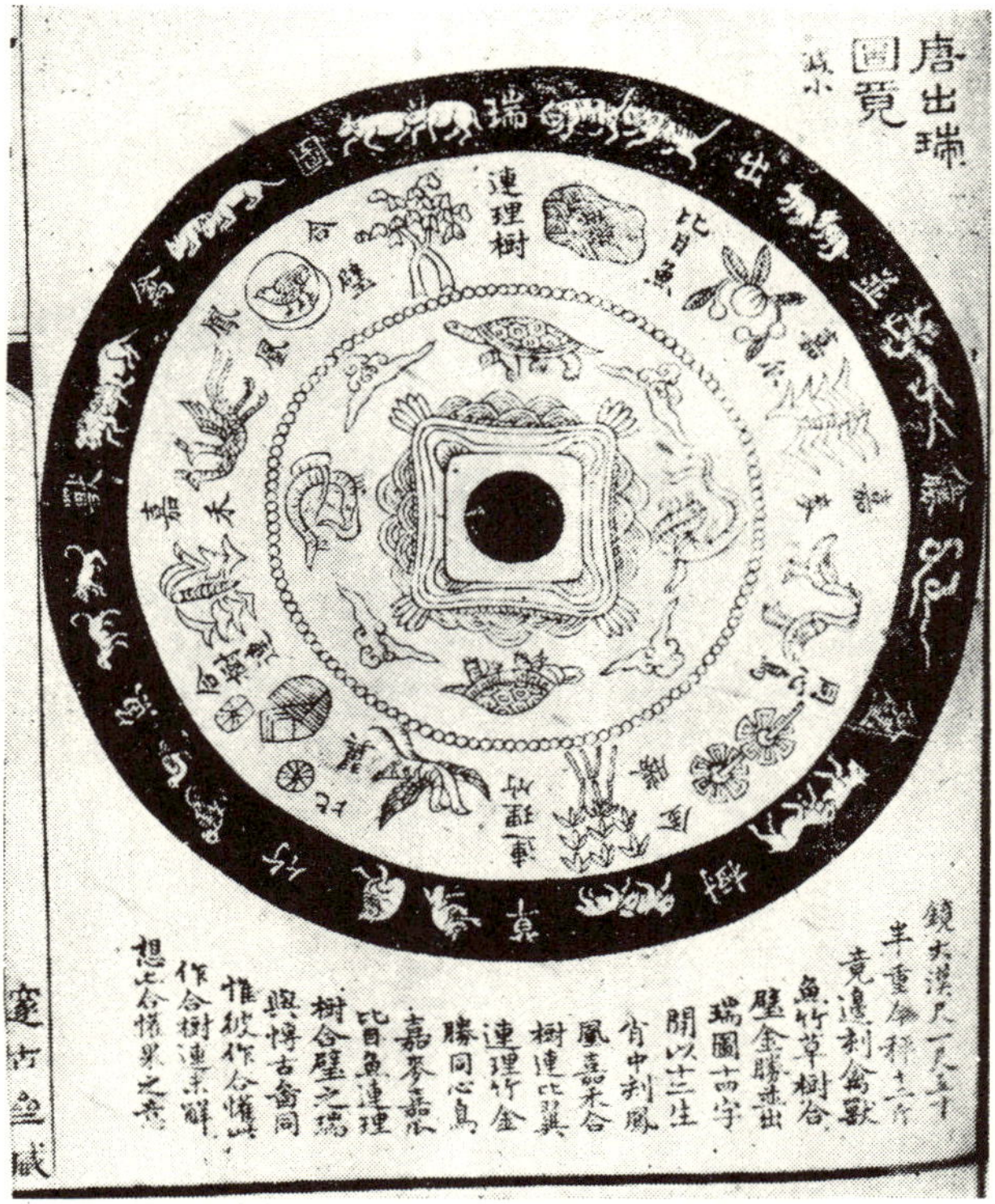

北斗七星畫

圖畫北斗七星甚明其正坐于魁臺上冠左右有彩纓者星君象也三人執笏《シャク》拱立於後者從官也四人禮拜于杓下者此民耳別一有翼人持小星而上者矛招搖也金石志以爲七黑珠未有人以足抵之手執一皷者似未審也晉天文志斗爲人君之象號令之主又爲帝車魁第一星爲天樞二璇三璣四權五玉衡六開陽七槍光一至四爲魁五至六爲杓是也其雲龍車馬亦畫家布置無深義也

北斗七星の畫に就て

之を見るに、圖は北斗七星を畫くこと、甚だ明かり。

その正しく魁臺の上に坐し、左右に影纓有る者は星君の象なり。

三人、笏を執り、後に拱立する者は從官なり。

四人、杓下に禮拜する者は此れ民のみ。

と解説を下して居る。その畫の左方に、三人笏を執り、後に拱立する從官の畫があつたが、予は撮影を省略したのである。


畫は漢時代の支那人が、傳說又は何等かの資料に基き、北斗星に對する感念を描いたなのと思はれる。此の畫が、皇國の神代文字の星文字五十一字中の一字である事が妙である。まだ、地上の生物の生成化育の神德として、竹內文献の古神道に依れば天神五十三柱の外に相殿《アヒデン》に星神三座を御祭りしてある。天星、旗星、慧星である。天星は總ての星を祭る、萬星《ヨロツ》とは後世に名つけたものである。慧星は、太陽日神の神勅に依り隨時に姿を現はす星である。旗星は、天文學界に知られない星で、皇統天皇開運に依り、天下《アメガシタ》立替御統一の時に、時間としてそ晝夜の四ツ刻に姿を現はす、御統一前後に幾回も現はれる事がある。その形は慧星に似て上部半月にて流旗形を爲し、御《ゴ》光《カウ》が波形に流れると竹內文献に傳へられてゐる。勿論夜分なれば肉眼にてもよく見える筈である方向は太陽の通る軌道の所に現はれるのであり、神代の御即位の式典も此の時刻を御撰びになつたと傳へてゐる。此點特に天文學者に御注意をを御願ひする。

此事實を肯定して始めて生成化育の五行の神德を欽崇讃禮を繼承した支那に於て特に農業に關し五穀成熟に最も關係深き天體の星神祭事が支那の太古に於て最も熱心に行はれたことが理解さそる。併し此の畫は星神を祭る觀念と、五行の中央神、即さ高御座とを混淆した觀念の下に描いた畫と思はれるのである。

此の畫の貧弱さを以て、高御座に譬《タト》へ解說することは不敬に當るやうであるが、畫の構想を理論的に考へ、中央神に當ると思はれるのである。即ち、魁臺の上に正坐し、左右に彫纓有る者侍立し星君の象と解說してあるのは、中央神、即ち靈統神で、わが天皇《スメラミコト》に當るものと思はれる。三人笏を執り後に拱立（重ね歛めて恭しくする事、共に手を捧ぐるゝの義）する者は、從官即ち大臣神主である。周圍の四つの星は、東西南北の司神、五行の神德を示したものと思はれる。

四人杓下に拜禮する者は民のみと解說してゐるが、此の四人の民とは誠は御即位御大典の高御座の四方位に、五色人王が各々男女三十二名乃至三十六名宛、拜禮するの意義から來てゐるものであるのを、誤つて四人行列をなし拜禮する如く描かれたものと思はれる。

此の畫の上に於ても、支那の太古に於て中央神、即ち靈統神に對する欽崇の狀況が窺はれる、然るに後世中央日神と星神とを混淆して誤り傳へられたものと觀測されるのである。

太古神國日本に於ては、太陽國としての日の神を眞の神として最も尊崇して祭り同時に月神、星神をも御祭りして居る、又天體に關する資料も多いのであるが、專門的に入る部分は追て調査の上述べる事とする。

一之二

祝誦氏無レ所レ造爲レ未レ有レ耆欲ニ刑罰一未レ施

（畫像省略）

金石志云冠有ニ兩翅一衣不レ掩レ膝題云祝誦氏無レ所レ造爲レ未レ有レ耆欲ニ刑罰一未レ施レ誦即融字耆即嗜字

兩漢金石記引通鑑前編云、祝誦氏時天下治和聽弇州鳴鳥以爲樂歌以火施化亦號赤帝今畫兩手作ニ搏擊狀一盖取征伐共工氏事也

神農氏治世八世。

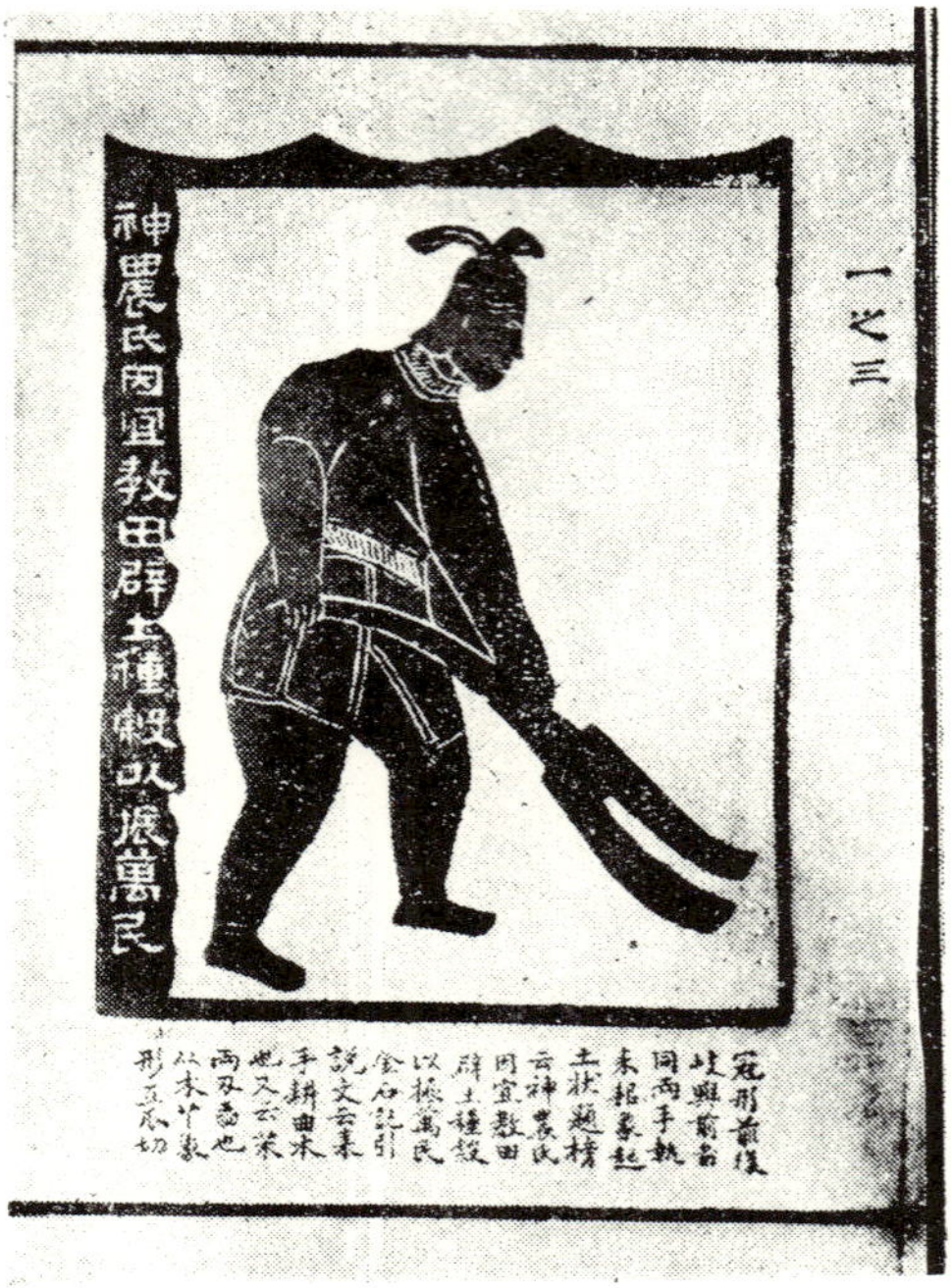

神 農 氏

金石索　一之三

神農氏因二宜教一田辟レ土穜穀以振二萬民一

とある。

世界歴史年表に曰く

自皇紀前二一七八年壬辰

至同　二〇三九年壬戌

伊に國す。繼で耆に國す陳に都す。

始めて五穀を植ゑ、耒耜を造り、醫藥を製し、市を興す。在位百四十年。神農氏治世八世。

或曰

自皇紀前二五四九年

至同　二四一〇年

とある。金石索の記する所に依れば、農業の振興を計つたとある。大年表に依れば、醫藥を製し、市を興したとある。竹内文献と對照して考察するに右は皇國の教化を受けたるものと思はれる。

神農氏執る所の鍬は二本の鍬である。神代に於ける日本の鍬は「一四《イッシ》サツクリ」といひて、鍬の先が一本乃至四本に分れて居り之れを田畠の耕作に使用したと傳へられてゐる。

「一鍬サツクリシヨ」と物貫びに來る「サツクリ」の詞は神代の詞で、それを傳へてゐるのである。神農氏の執る鍬の先きの二本なるは、農業も天國より教へられたことを意味するものと思ふ。支那の農業も南米地方の神農も共に日本の指導を受けたるものでありその發達の上から見ても、日本に比し遙かに劣つて居ることは、農業に於ける師弟の關係を明かにしたものではありますまいか。

又日本の醫藥の點に就て見ますと、天地開闢後間もなく醫藥の途開け、皇統第一代の御宇に、天皇禁厭《マシナイ》建彦命、天日體骸《ムクライ》醫師彦命等が醫藥の神として御出現あり、皇統第三代の御宇には天日體骸藥王命、天日長命藥師守命等に依り醫藥の御管掌があつたので、神代の神都附近を探索しますと現に各種の藥草を發見し得る理由が玆に存するのである。それが後世支那に傳はり發達した事は別項に記する如くである。故に東洋醫藥に就ては漢方醫藥というよりも、皇漢醫藥と稱する方が正しい言ひ方である。

醫藥の學が歐羅巴式以外にないものと思料するのは淺薄な考へ方であり、將來に於ては皇國神代の醫藥學を合せ研究して、その完壁を期すべきであると思料す。

日本式農業とインカ帝國

古文献に依れば太古に於て日本に學び、日本式農業の薫陶を受けたのは、支那の神農のみでない。日本古代の勸農は遠く南米にも及んでゐたと記録された史實がある。

最近南米地方を視察せる者が、太古に於ける田畠及び灌漑用水の遺跡、並に機織の筬《オサ》の出土品等に鑑み、古代農業の様式が、全く日本式なのに驚いてゐる。之れは日本の勸農が及んだものである。單に日本の農業に酷似するのみでない、同地に於て神を祭り、太麻仁に類する人形に依り吉凶を卜する祭具が發見された事實に徴する時は太古神代に於て日本の神道並に日本の文化が遠く亞米利加にも普及した事が知らるゝのである。尤も從來視察者の多くは、皇國の神字を識らなかつた爲め最近までその眞相を知り得なかつたことも事實である。

昭和九年現在の南米ボリビア國中インカ帝國の遺跡から發掘された石像に調刻された十六字から成れる天越根文字が發見され、同國駐在日本公使矢野氏の手を經てその寫眞がわが外務省に到達した。

インカ帝國はコロンブスが亞米利加發見以前南米に繁榮した國であつたが後歐州人に征服された。刻まれてある文字は天越根文字と呼ばるゝ神代文字で、

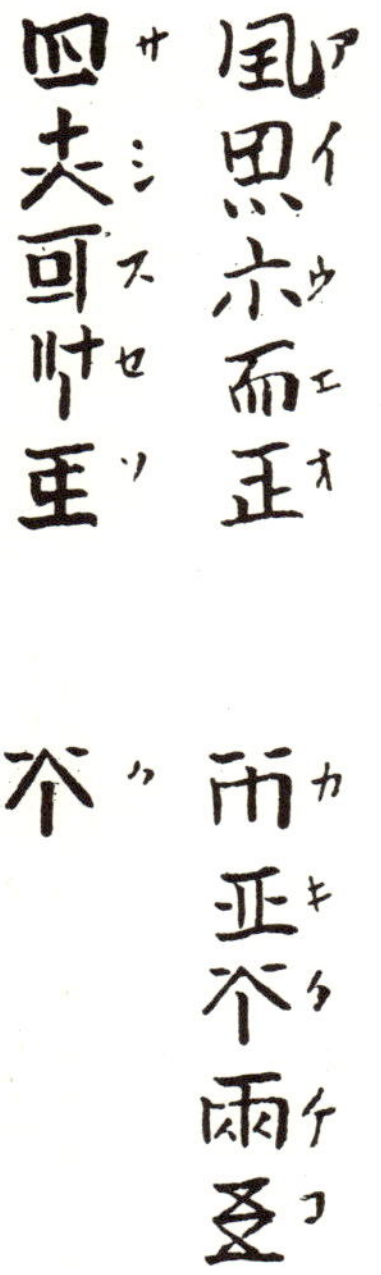

の十六字から成つて居る。右の十六字は全く竹內家に所藏する太古の神社の御神體に刻まれた天越根文字と同一である。而して竹內家御神體には、

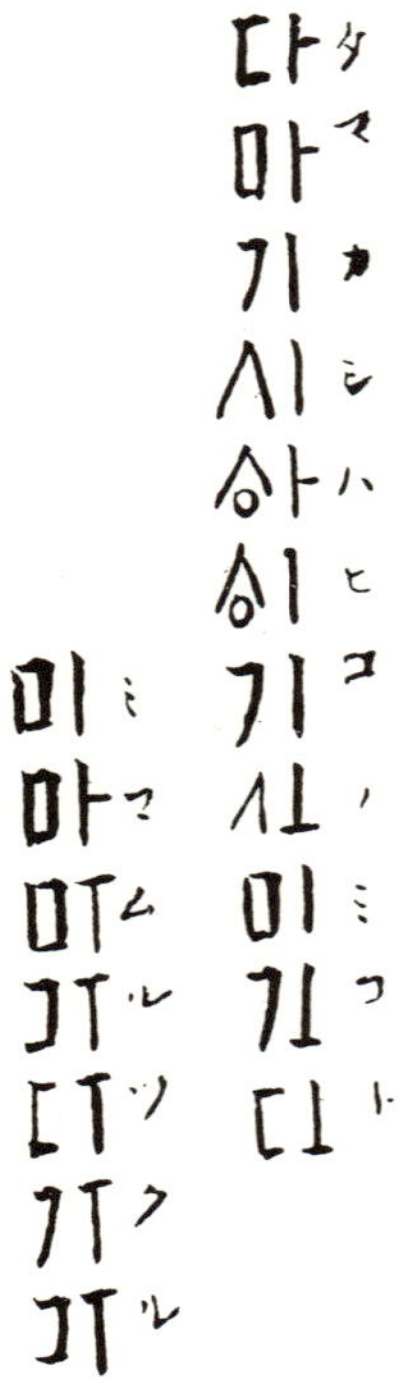

と、天日靈文字で刻まれてゐる。即ち、皇統第八十代葺不合五十五代天津玉柏彦天皇の御作りなられた身護文字である。

竹内家の御皇統譜に依れば、天皇は紀元前五千三百〇三年御即位になり。即位六十七年八月二十八日御詔萬國御巡幸、ヒウケイビルス(北米)モンテリ水門より、即位百四十六年七月二十日丹波天野二井宮に御凱旋遊ばされたとある。萬國御巡幸に、八十年の長日月を費され紀元前五千百十七年御還幸遊ばされたのである。

天越根文字は皇統第十一代神皇産靈天皇の御親作になられたのを、皇統第十八代大斗能地天皇が幾分御改作になり、それを天津玉柏彦天皇が御刻みになつて、神護文字と爲されたものと傳へてゐる。

ボリビアに發見された天越根文字に就ては歐米の學者が全く判斷がつかず、漢字に似てゐるので支那の大學に照會した所が支那の最高學府でも不明なので、日本に還送されたのであるが之れが竹内家の神代文字と照會ぜる事に依り始めて天越根文字五十一字中の十六文字なる事が判明したのである。

ボリビアの地名の起因に就ては、日本の瑞穂時代、即ち第二次筑波高天ヶ原時代の皇統第十三代天之常立男天皇即位四十億萬年(?)二月四日、詔して皇子、皇女三十九名を萬國の公民《オホミタカラ》として天降らしめ、各國守に任じ、勸農頭に任ぜられ給ふとある。此の時、天ヒナタ姫二尊が彼の地ボルオカに天降られた、二姫の事をボルといひヒアとは天孫民族との意味である。是れがボリビアの名の起因であるが、星霜の久しきヒがビと云ふ濁音に變じ、ボリビアといふ事となつたものと思はれる。此の同時代に天ヒウケ二姫尊がヒウケイビルス(北米)へも天降られたと記錄にある。然し、日米の關係は此の時始めての交渉ではない更に遙かに上代の皇統第三代天皇の御代の頃からであると古文献にある。而して、皇統第二十二代天疎日向津媛天皇、即ち亦名天照太神時代は蛭兒命が、東北、北海道、南《ヒナタ》エビルス、北《ヒウケ》エビルス方面を御總督遊ばされたやうである。また天地の統治者たる天職として日本の御歴代天皇は萬國を御巡幸遊ばされ、日本の統治權が完全に全世界及んでゐたやうである。身護文字並に天越根文字五十一字に就ては別の機會に更に改めて述べる事とする。

米國の古代の名稱が、エビルスといつた事は、一般の學者に知れ渡つてゐないが、最近に至つて米國の考古學者の知る處となつて、竹内文献と全く符合する事が判明したのである。

紀元前三一一年、葺不合七十一代天照國照日子百月臼杵天皇が御即位遊ばされたのであるが、その以前は世界の統治權が日本天皇に依り完全に行はれてゐたのである。葺不合七十一代天皇即位二十一年に天地に大變動起り日本の人民の大多數は死亡し、文化は悉く潰滅し、それ以來統治權が完全に行き渡らなくなつたのである。

米國はコロンブスが發見する遙か以前から、人類も生存し、產業も興り、文化もあつたのである。英國の如きは世界の内で最も新しい國で、聖書の上にすら、一章、一句も、見る事の出來ない國柄である。之れに反し聖書の重要な記事は總て太古日本の古神道が源流を爲して居るのである。

最古アメリカ住民は日本人か

日本考古學界の權威者であると云はるゝ鳥居龍藏博士は遙に南米地方を踏査し、米國最古の住民の遺物と思はるゝ、各種の出土品を調査し、餘りに日本人と酷似せる點あるを直感せられた如くであるが、鳥居博士は世界文化の泉源だる皇國の神代文字に就ての研究を缺かれた爲め、インカ帝國文化に就て徹底した發表をされなかつたのを、予は遺憾に思のである。

昭和十三年十月二十三日、讀賣新聞に掲載された、

アメリカの惣明！　發祥地はアジア

學界の謎解く貴重な文献土產に

マンツ博士喜びの歸米

と題し、アメリカの先住民族はアジア民族だ――といふ人類學、及び及び考古學上の朧ろげな假說を辿つて、この學說の處女地開拓に、今春四月來朝、わが國各地の古跡、古墳等の入念な調査をのゞけてゐた、アメリカの

有數な人類學者として知られた、ロサンゼルス市のサウスウエスト、及びデンバー市のコロラド兩博物館員たるチャーレス・エー・マンツ博士は半歳に亘り、千葉、群馬、縣下で發掘した二千年以上の壺、矢頭、石器はじめ、古代日本語の文献などを聚集、學界の謎を解く貴重な收獲を得て、二十二日横濱出帆の國際汽船加能丸で歸米、近く米國の人類考古學誌上に其蘊蓄を發表することゝなつたと報じられて居る。

コロンブス發見以前のアメリカ大陸の先住民族といへば、アメリカインデアンを想起するが、インデアンは、アメリカ最古の民族ではなく、それ以前にトルソム・ユーマと呼ばれる民族が居り、更に遡ると、ロビント・ペースンとクリアー兩民族が原始生活を營んでゐたことが、人類學上明らかとなつてゐる。

たゞ問題は、是れ等の先住民族が、どこから移住して來たかで、恐らくはアジア大陸からベーリング海峽を渡つて來たものだらうといふのが通說になつてゐる。

そこでアメリカ先住民族發祥の地が、わが日本であるとするのは稍早計であるかも知れぬが、古代日本の遺物や文献の中に、此の「兩大陸の連鎖」を發見することは、吾々の觀過出來ないニュースかも知れない――と、四段抜きの大見出しで掲載してゐる。

竹內家所藏文献の一である萬國地圖に依ると日米洲間に太古、メヨイ國、タミアライ國と呼ばれた二大島あり、その內、ミヨイ國に就ては、米國チャーチ・ワード大佐に依り、「Mu」と云ふ名前の下にその存在せし事實が立證され、而かも此の國の文化が世界文化の淵源であると說かれて居るのである。

又、米國最古の地名は、竹内文献にある通りエビルス國と呼ばれたと云ふことも最近に至り、米國の學者に依り叫ばれて居る由である。

以上述べ來つた通りであるから日本太古以來の神代文字を研究しないで、日本に就ての考古學を云々することは、危険千萬であり學説としても警戒を要する。伊勢神宮文庫の神代文字を研究すると、後醍醐天皇御筆と云はれる天日靈神字の文献がある。卽ち宮中に於かれても、南北朝時代までは神代文字を御使用なされたものと解される。今日吉備大禮の創作製したものだと誤り傳へられてゐる片假名と呼ばれて居る神字は、其實太古以來幾變遷、次第に簡易化された像形神字《カタカナ》であり、それを神武天皇が御卽位當時御改作になり、更に吉備大臣が簡易化したものを、神倭五十代光仁天皇卽位五年（紀一四三四年、卽ち佛渡來後二百二十一年）に朝廷に於て御採用になつたものであり、同時に公式に使用する事となつたと、竹内文献に記されてゐる。

今日、官報其他官衙の公文書に用ゆる假字は總て之れ、神代像形神字《カタカナ》の簡易化されたものである事を、茲に改めて斷言する次第である。

一之四

黃帝多㆑所㆓改作㆒造㆓兵田㆒垂㆓衣裳㆒立㆓宮宅㆒

黃　帝

世界大年表に曰く。

自紀元前二〇三八年癸子
至同　一八五五年丙寅

有能に國す。相官、文字、宮室、衣服、器具。貨幣。武器を製し、舟車を造り、暦法を改め、樂の律呂十二鐘を作り、算教、醫書、養蠶を始む。在位百年。

或は曰く、皇紀二〇二九年より同一九三〇年に至る。

又曰く、伏羲、神農、黄帝の三皇、都合一萬八千五百十七年なりと。

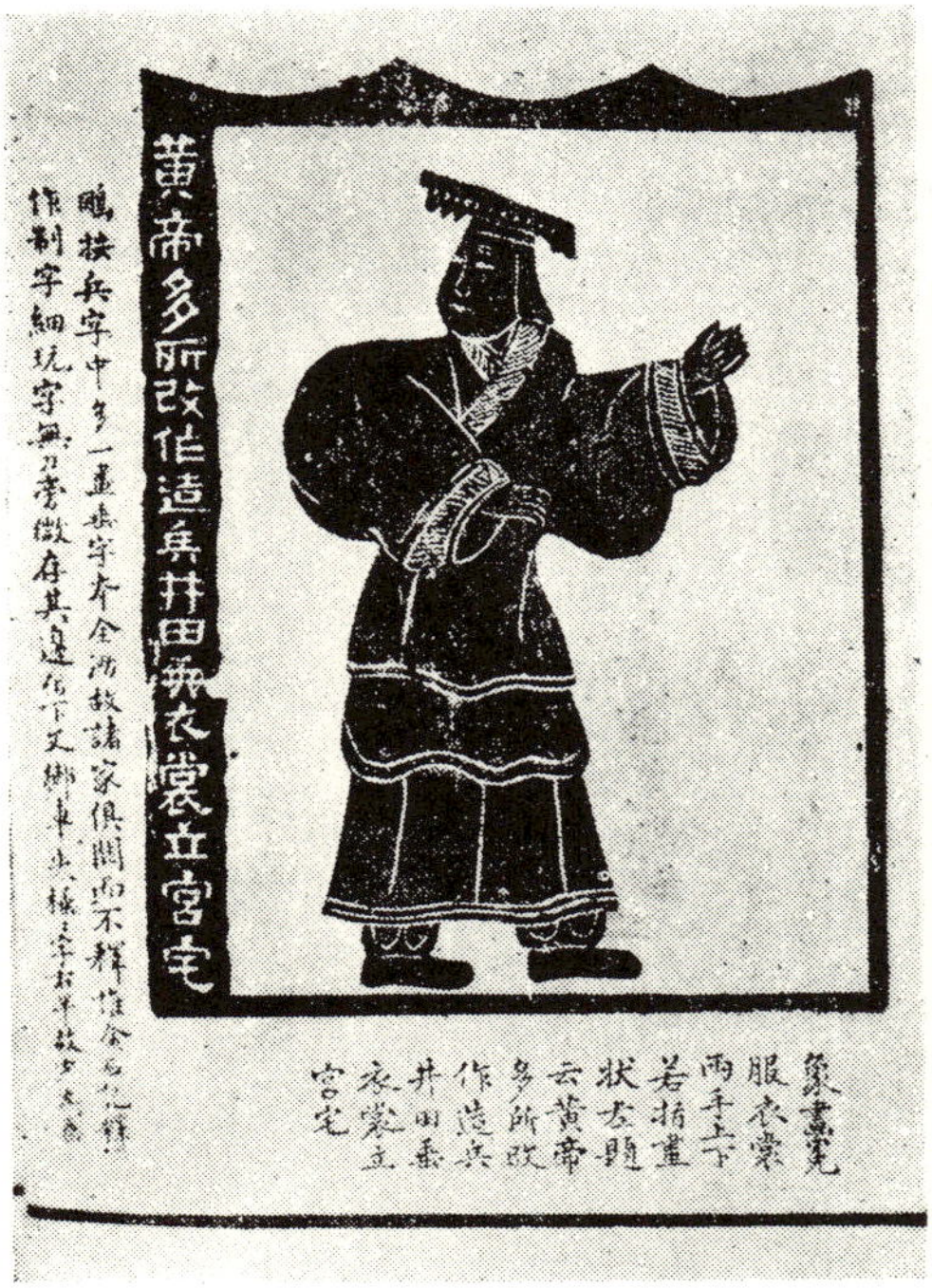

黄帝

竹内文献に曰く。

皇統第八十四代葺不合五十九代天地明玉主照天皇詔して萬國御巡幸、言語、文字年號、月日、又、運行を教ゆ。萬國の棟梁《オムヤ》の天皇、天日大神の神勅に依り定め、天國天津日嗣のこと教へしむる大教官鳴海國濱命、竹内支那伊城彦命、竹内イタシナシロ姫命別二百三十八名の教師を萬國の言語文字教へしむる所を教開といふ。

萬國にシカヒ云ふ始めなり支那國の王黄帝氏に教へしむ。

とある。

不合五十九代天皇御即位は皇紀三、八五〇年前である。

「和漢三才圖解」の暦占類に曰く、

事始《ニ》曰《ク》。黄帝立《テ》二子午《ノ》十二辰《ヲ》一。以《テ》名《ケ》レ月《ニ》。又。以《テ》二十二《ノ》名獸《ヲ》一。屬《シテ》レ之《ヲ》。子寅辰。午申戌爲《シ》二陽《ト》一。丑卯巳未酉亥。爲《ス》二六陰《ト》一。

とあり、皇國の貴い宇宙萬象の生成化育の順序を示す十二支は、鳥獸の名を以てせらるゝに至つたものと思料される。黄帝が伏羲以來の文化の上に大變革を試みたといふのは是等を意味するともと解すべきである。

一之五

帝顓頊高陽者黄帝之孫而昌意之子

畫像省略

畫象冕衣裳無芓（カラムシ頭巾　おこそづきん）　題云帝顓頊《ギョク》《センコク》高陽者黄帝之孫而昌意之子昌下之二字闕从史補之

一之六

帝佶高辛者黄帝之曾孫也

畫像省略

一ノ七

帝堯放勲其仁如レ天其智如レ神就レ之如レ日望レ之如レ雲

一ノ八

帝舜名重華耕於二歷山一外養三年

一之九

夏禹長於二地理脉泉一知レ陰隨レ時設二防退一爲二肉刑一

一之十

夏桀《ケツ》《ハリツケ》《ワルモノ》

象畫夏桀手中執戈下有二女相背伏地桀乘坐其上盖人輦《レン》《テグルマ》之始、史稱桀不務而武傷百姓即此可見、禹以手執畚臿《ホンサウ》《モツコスキ》躬親隨利而得天下桀以執戈乘女子而失天下不煩言而喩矣

以上十格圖畫古帝王十人、上有山形連絡之此第一幅之第二層也、其上冐堺線一條、各有一棗核形貫於其間又其上爲第一層高銳而旁殺、盖、屋脺之尖頂、畫兩禩神人趺坐其中、又人首龍身、人首鳥翼、鳥尾者與侶人非人者、環繞其旁其下侶以雲氣殆不可曉考、魯靈光殿賦云、圖畫天地品類羣生雜物奇恠、山神海靈、千變萬化、曲得其情疑此之謂又云上紀開闢邃古之初、五龍比翼、人皇九頭、可見漢人畫脺大率類肰或以爲佛像者、非是佛安能在伏羲上哉、其餘碑尖亦𣪘相侶今擧一𦣞見其概以其屬上古故在第一層皆無標題未能慕《ボ》《ナラウ》錄祇《シ》《タダ》澹第二層爲始伏羲至夏禹九人 皆聖其未爲夏桀侶乎不倫盖有法必有戒垂訓之義也靈殿賦云惡𦣞誡世善以示後堪爲明鳥

五龍とは五龍神の意か龍は天子の意あり、雲の意義も有す、五龍神は夙に天國日本の祭る所である。龍は又、天皇世界御巡幸の御姿か。人皇九頭とあるは、皇統第一代より第四代迄、之れに五行神を加へて九柱神の意か、實見せずには斷定が出來ぬが研究を要する點と思ふ。

盤文那弟王民が支那祖神として天降りしものとすれば大祖國の祖神を何等かの形式に於て祭り、之を傳へてあるべきである。

支那に於ける幾度の變革、秦始皇帝の根本的古代抹殺に依り、正傳亡びたりと雖も、何かの傳説に依り此の畫

像の精神が殘つたものと思ふ。

神魯岐神魯美神命の御本體に就ての研究

祝詞に唱へ奉る神魯岐、神魯美の神命の御本體に就ては、伊邪那岐、伊雅那美の尊、御二柱として解さるゝ向あり、又、別個の神々であると解さるゝ向もある。皇國の大古を闡明する上の重大問題である。

竹內家に傳はる古神道の祭式に於て、鳴動式、鎭火式、探湯式等の古式あり、太古以來の傳統に依り、今日迄繼承してゐる。之を他の歷史又は傳說の上に見るに、鳴動式としては吉備の國の神宮にその式の一部が傳はつて居り、神代から傳はつた如き事は不明で吉備津命の時代に始まつた如く傳へてゐる以外に、他に殆んと傳はつて居らぬ。鎭火式は天仁仁杵天皇の御代、木花咲耶媛命が、產殿《ウブヤド》から因を爲してゐる。之れも餘り良く傳へられて居らぬ。

探湯式は歷史の上に見る處に依れば、我國上古に於ては、氏族や姓《カバネ》を以て、血統及び社會上の身分の高下や、政治上の官職の高下を示すものであつたが、年月を經るに從ひ往々にして氏姓を詐稱する者現はれ、氏姓の紛亂を來した爲め、神倭十九代允恭天皇の御代に『湯神探湯《クガタチ》』を行つて、之を糺された事もあつたと傳へてゐる。

竹內家に傳ふる探湯式は『常釜探湯』である。探湯式は天照大神が天齋殿《アマノイワト》隱れの時、常釜《トコガマ》の湯、即ち今日いふ所の、沸騰する溫泉の湯を以て、正邪を糺す神儀とされた事に起因し今日迄傳へてゐる。探湯式は神に赤誠を誓ふ神儀にも當るのである。

竹内家の式は、天齋殿隠れの時、天貴女命が常釜の湯（溫泉）に小笹をひたし、一二三の神歌祝詞を謡ひ舞はれ、その湯が懸つて腐りクダレる者は禍津神とされ、玆に神々の内で正邪を分ち、穢れを祓はれた事が、後世の祓の一儀式ともなり、また竹内家に傳はつたものだといはれてゐる。

又、沙庭《サニハ》の事もあるが、沙庭の降神、昇神、鳴動式、地鎭祭、探湯式に當り、神を祈りて神助を乞ふ重大な儀式には、必ず祝詞に、

二十七代《フトナヨ》神魯岐《カムロギ》、神魯美神命登《カムロミノミコト》

と唱へ奉るのである。フトナヨは二十七世、であると竹内文献にある。

天神七代

皇統二十代

の神々を總括して唱へ奉るのである。即ち伊邪那岐天皇の御父、惶根天皇の上代を申上ぐるのである。（詳細は『竹内家所藏の皇統譜と古史籍との比較檢討』にあり）

沙庭《サニハ》の事に就ては、古事記の仲哀天皇御宇の記事を抄錄する。

故《カレ》、天皇、筑紫の訶志比《カシヒ》の宮に坐して、熊曾國を撃《コトム》け給はむとせし時に、天皇、御琴を控《ヒ》かして、建内（武內）宿禰大臣、沙庭《サニハ》に居て、神の命を請ひまつりき。

於是《ココニ》、大后（神功皇后）、歸神《カムガカリ》して言教へ覺《サト》し詔し給ひつらくは、「西の方に國有り、金銀《コガネシロガネ》を本《ハジ》めて、目の炎耀《カガヤ》く種々《クサグサ》の珍寶《タカラ》、其の國に多在《サハナ》ること、吾《アレ》、その國を歸《ヨ》せ賜はむ」、とのり給ひき。爾《ココ》に、天皇答へ白し給はく、「高き地《トコロ》に登りて、西の方を見れば、國土《クニ》は見えず。唯、大海のみこそあれ」とまをして、詐爲《イツハリセ》す神と謂《オモ》ほして、御琴を押し退《ノ》けて、控《ヒ》き給はず、默坐《モダイマ》しぬ。爾《カレ》、その神太《イタ》く忿らして、「凡《ナベテ》、玆《コ》の天下《アマガシタ》は汝《ミマシ》の知らす應《ベ》きに非ずや。汝は一道に向ひませ」と詔り給ひき。於是《ココニ》、建內（武內）宿禰大臣、白しけらく、

「恐《カシコ》し我が天皇《ヒノカミ》、猶その大御琴阿蘇婆勢《アソバセ》」

と、まをして。爾《カレ》、稍その御琴を取り依せて、那摩那摩《ナマナマ》に控き坐しけるに、幾多《イクタ》もあらずして、御琴の音《ネ》、聞えずなりぬ。即《カレ》、火を擧げて見まつれば、旣く崩《カムザリ》ましにき。

とある。沙庭の役を勤めた武內宿禰は、政治家で、軍人で、神主であつた。武內宿禰の沙庭の降神、昇神の式の祝詞には、

二十七世神魯岐、神魯美の神命登

と唱へ奉り、現代まで傳へてゐるのである。

西の方の國に、金銀や種々の珍寶あり、と記述されてゐるのは、古事記編修者の錯誤で、誠は「公民《オホミタカラ》」とな

すべき人類は海外にもあるとの御神託と拜し奉るのである。皇道の尊さは決して物質欲に動かされないのである。

「凡《ナベテ》、茲の天下《アマガシタ》は汝《ミマシ》の知らすべき國に非ずや」

との御神託は、日本天皇の天職は世界全人類は勿論、總て天下《アメガシタ》を御統治遊ばさるにあるとの御神託と思料されるのである。天神、皇祖の御神託は嚴然として、天津靈統《ヒツギ》を御守りになつてゐて、何人も犯すべからざる神聖を保つてゐるのである。

現代に於ける世界大變動は此の二十七世神魯岐、神魯美神命登の大神名、及び御神德が愈々明らかになり、日本の神國たる所以、燦然たる國體の光りが、全世界を光被する動因であるまいかと思ふのである。

又、竹內家代々遺言秘藏の祝詞中にて、未だ世に出す時機でない爲め、その全文を掲ぐる事は見合はすが、皇統第二十二代天疎日向津《アマサガリヒニムカヒツ》比賣《ヒメ》天皇、亦御名、天照大神が神字姬文字にて作らせ給ふ「身禊祓詞《ミソギハラヒノコトバ》」の剪頭に、神魯岐《カムロギ》、神魯美神命登《カムロミノミコト》の御本體を明かにした御詞がある。その內容は、

(皇統第二十一代)伊邪那岐天皇より上代、即ち天神七代より(皇統第二十代)惶根天皇までを、二十七《フトナ》世《ヨ》神魯《カムロ》岐《ギ》、神魯美神命登《カムロミノミコト》と申し上げる事が書いてある。

此の祝詞は、竹內文献の御皇統譜を有力に立證する資料であり、その內に造物主の神々の大神名が明徴されて居る譯だが、發表の時機に到達せぬを遺憾とする。また、祝詞は讀み奉るものと思つてゐたが、極めて太古の代

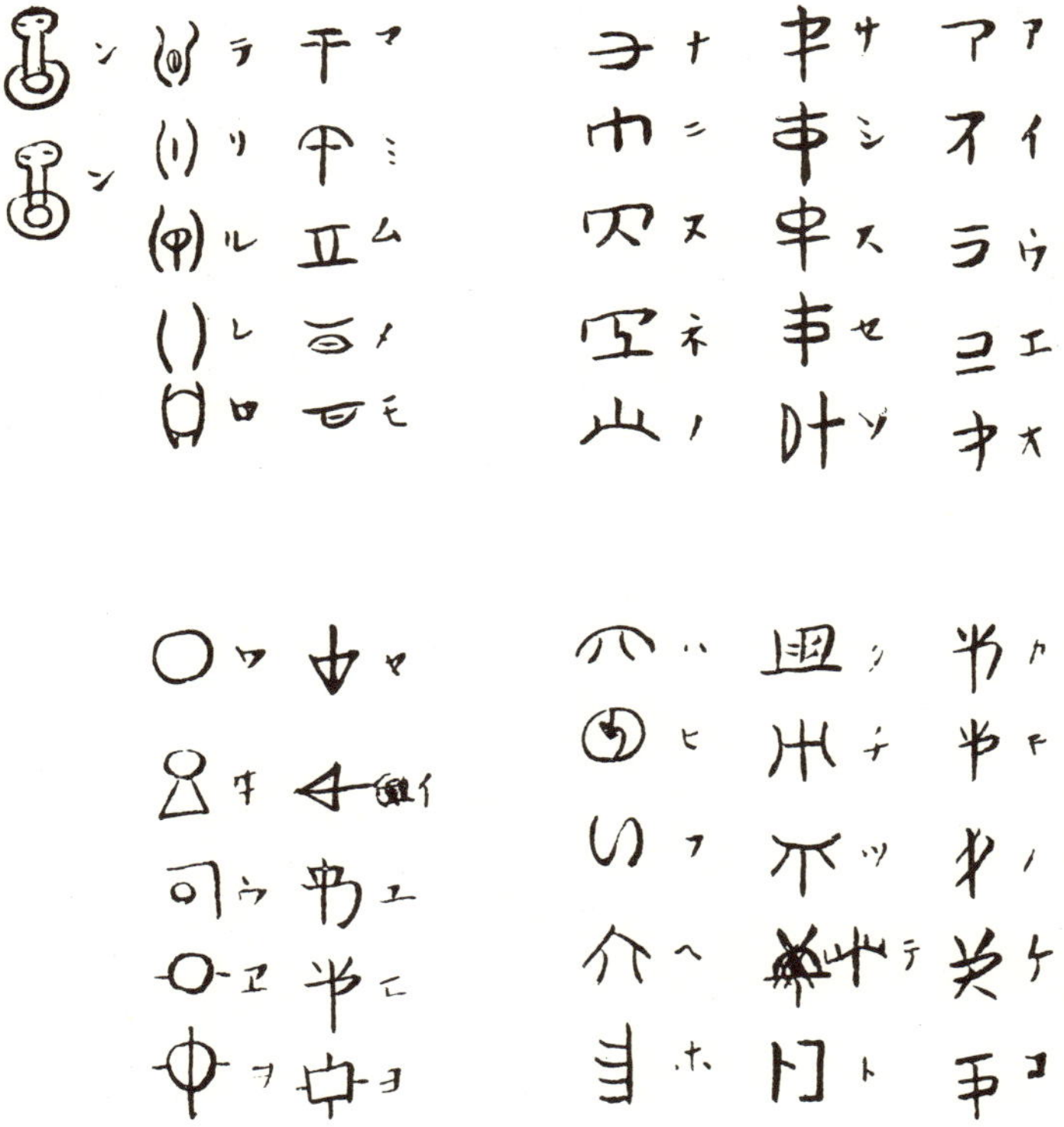

神魯岐神魯美命の御本體

にあては「歌ふ」といふ意義であつたやうに思はれるのである。

天照大神御作りになられた神字姫文字とは、如何なる體系の文字であるか、從來の神代之字研究者は、多く錯覺に陷つてゐるから、上表の如くその全文を掲げて參考とする。

姫文字五十一字

皇統第二十二代天疎日向津比賣天皇作らせ給ふとある。

又、皇統第二十代惶根天皇作らせ給ふ像形神字は

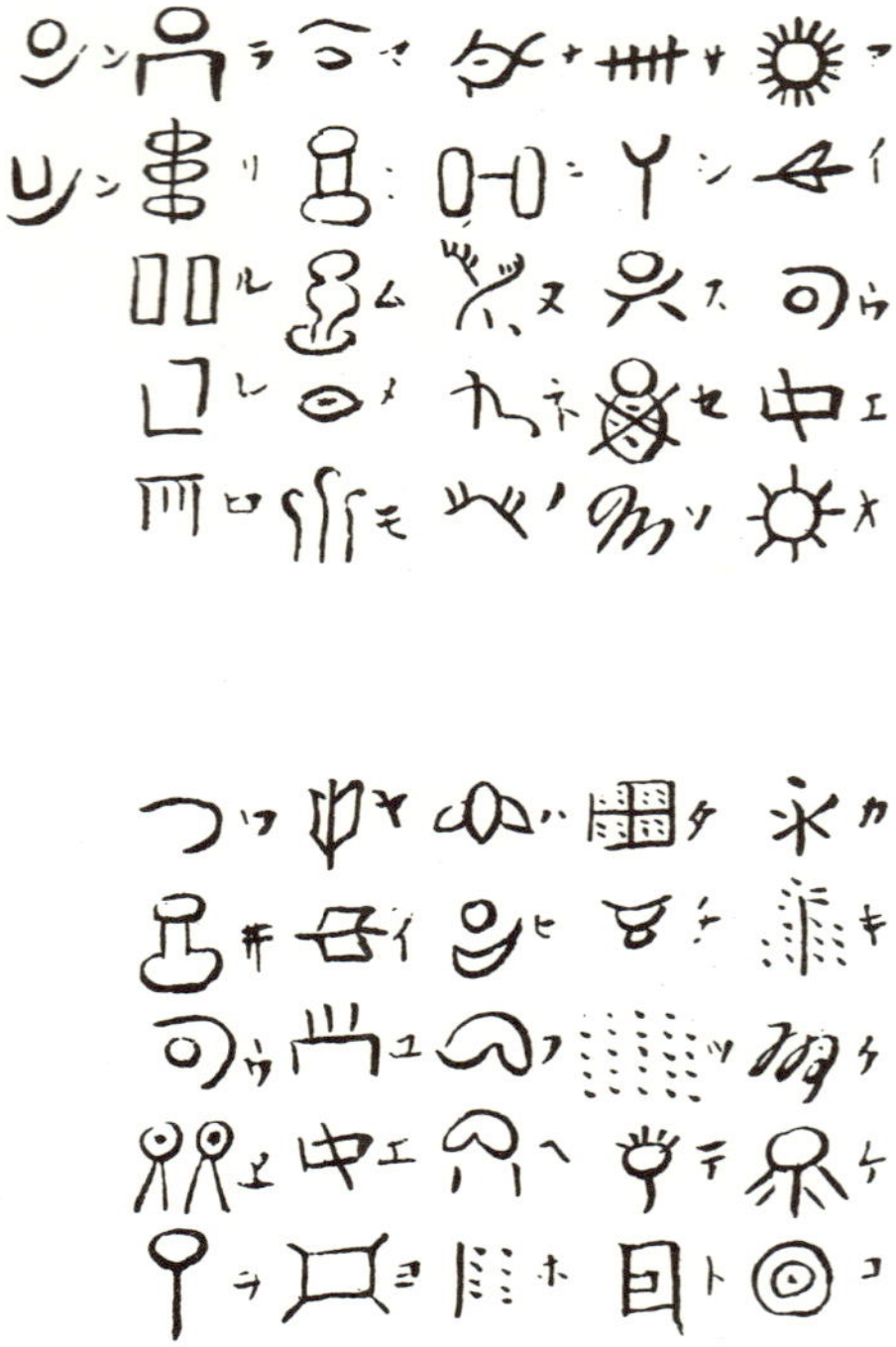

上記の通り竹内文献に傳へてゐる。一般の學者はアイウエオの五字は天照大神の姫文字を採り、其他は全部惶根天皇の御造りの像形神字を用ゐ、天照大神の御代に、八意思兼命の作つた如く傳へてゐる。竹内文献には神代の文字は悉く、歴代天皇御造り遊ばされたもので、臣下の學者が之を改作變造せざる事に傳へ來つたものであると曰ふのである。

而して神歌祝詞四十七字が皇統第二十代惶根天皇が御編みになる以前は、五十一字を神歌祝詞として歌ひ奉つたと傳へてゐる。

アイウエオ五十一字神歌祝詞としての解説は、神代文化研究上の大問題である。追て發表の機を待つ。

老子學説に就て

石索。畫像三枚の内、中央の一枚を揭ぐ。

孔子見老子畫像

本在武梁祠今在涕寧

皐見。鳥の人の上にあるは、神を諷したものか。

或は老子が『天の道』『自然の道』を說けるを暗示したものか。

馬は古來人の爲めに忠誠に働く。

日本古代の馬術の神には、皇統第五十八代葺不合三十三代清《スガ》之宮媛天皇を祭る。

黃小松記、云、孔子見二老子一畫像、載二洪氏隸續一、乾隆丙午冬、錢唐黃易得三此石于嘉祥武宅山一敬移濟寧州學一

此幅載二隸續之十三卷一有レ題無レ畫與第六卷刻二武梁祠畫像一有レ圖有レ字二者不レ同、蓋非二一時所一レ得、且未レ知二所在一也今既同得下自二武宅山一其爲上レ一時所レ刻無レ疑、故類列之惟言金石家俱以レ此爲淦《カン》遇與レ史不レ合且云、鳥下一人、已泐《ロク》難レ辨有言侶四足獸者不復深考鵬按史載魯昭公與孔子一乘車兩馬一豎子同南宮敬叔適周問禮于老子斷非途遇可知且兩人相見甚恭中間不當復置一人與獸細思未得以隸續去古未遠反復繹之有云一人俛首在雁下一物柱地似扇乃恍朕《トク》悟此佰扇者帚《タレ》也昭公既遣孔子問禮于老子與私事不同老子重君使必當親迎于郊故令一童子擁篲《ササフ》前驅以致敬耳既明圖意又與禮不謬并其一車兩馬一豎子一敬叔俱與史合轍藉此猶見古意質之深心論古之儒未識以鄙見爲穿鑿否也

支那の古儒と老子の學說

支那從來の政治道德の基準は、現在蔣介石一黨の採れる邪道三民主義、又は、その類似の共產主義の如きものではない。蔣介石學の說は最近歐洲に浮動する泡沫的邪說邪道で、全く支那の傳統精神を破り、祖先

以來の思想を根底より破壊するものである。

今日支那の文化を顧れば、第一に支那建國以來の思想の神髓と見るべきは儒である。第二に老莊の敎へである次に中古印度から移入した佛敎である。此の三大要素が今日支那の文化を築き上げたものであるけれども、佛敎は中世以後海外から渡來したものであり、建國以來の國粹と見るべきは儒であると斷ずべきである。而して儒は。五行、十干、十二支等易學を根底として成り、大宇宙の公運、天地の公道と連鎖を保ち、條理極めて整然たるものがある。天地四方の理、二氣四元の行といふ意義に出發してゐる。之れ支那上古の國是であつたのである。

老莊の敎へは、天地東西南北四方理の内の「天」のみを採つた說である。五行が六法より成るものなれば、その六分の一の「天」のみを採つて說を立てた事になる。從つて「天の道」「自然の道」のみを說いて居る老子は

自然を主張し、その自然は天の道である。それを人生、社會に當嵌めて、人々の實行の上に、又、日常生活の上に當嵌めて行かう

といふ說を主張し、

人間が善惡美醜に囚はれる事は愚の骨頂である。自然の眼から見るならば、善もなく惡もなく、美もなく、醜もない

といふ老子一流の倫理を說き、詰り世の中は徒らに形式に囚はれるな、規矩に囚はれるなと、伏羲の示された規矩を根底から覆す論を立てたのである。莊子は又老子の學說を繼承したものである。

故に老子や莊子の學は、支那の傳統たる古儒より見れば反逆者である。五行は宇宙の眞理、天地の攝理を正しく說いたもので、老莊の學は一局部のみの理に依つて、盲目的に一般を律せんとする偏派的思想である。支那の思想が後世に至り甚だしい混亂に陷つたのは、老莊の如き學派、或は佛敎の興隆に依り、諸種雜多な思想の混淆した結果と思はれる。

興亞の新運動に入るに當つては、支那本來の面目、傳統の思想に立ち返り、支那は王道の古儒に還元し、日本の皇道と相提携して、東亞を樞軸とする新世界を建設せねばならぬ、是れが卽ち宇宙創造の精神に還元することなのである。

孔子に就て

石索五　碑碣之屬　杏壇小影二　亦在　聖蹟堂　晉至元先師孔子贊記

孔子孔子大哉孔子孔子以前旣無孔子孔子以後更無孔子孔子孔子大哉孔子

此亦臨吳道子所畫杏壇小影象

于其前也未載年月明闕里志云芾有孔子贊又有手植檜贊云乃根孑哉皆酷省其顯

右の如く漢字に譯してゐるが、此の孔子時代が皇國の神代文字文化時代と漢字創作時代とを歷史的に分轄すべき分水嶺でないかと思はれる。

原字たる

に就て竹內文献と對照すれば、皇國の神字

エビスモジ五十一字

中に全く同一文字あるを發見するのである。然しながら、その字源のエビスモジ五十一字は竹內家の神秘術傳

中に記載あるも目下原本の所在不明にして、その全貌を知る事が不可能であるのは遺憾であるが、竹内氏の談に依れば

孔の字はラの字とイの字を組み合せライといふ事となり。子の字はラの字と同一である。大の字は大《ヌ》の字と同一である。以の字はワの字と同一である。無の字の偏に用ゐてゐる[無の偏]の字は神字の[ヤウ]の二字と同一である。後の字の造り上部キはキの字を二字重ねたるキキの意となる。

竹内文献の原本所在不明で、直に之を判斷する事不可能なるも、將來大に研究を要する點であると思ふ。

惠比壽文字

皇統第七代天相合主天皇作らせ給ふ文字、俗に「アイヌ文字」の内判明せる一部分を左に掲ぐ

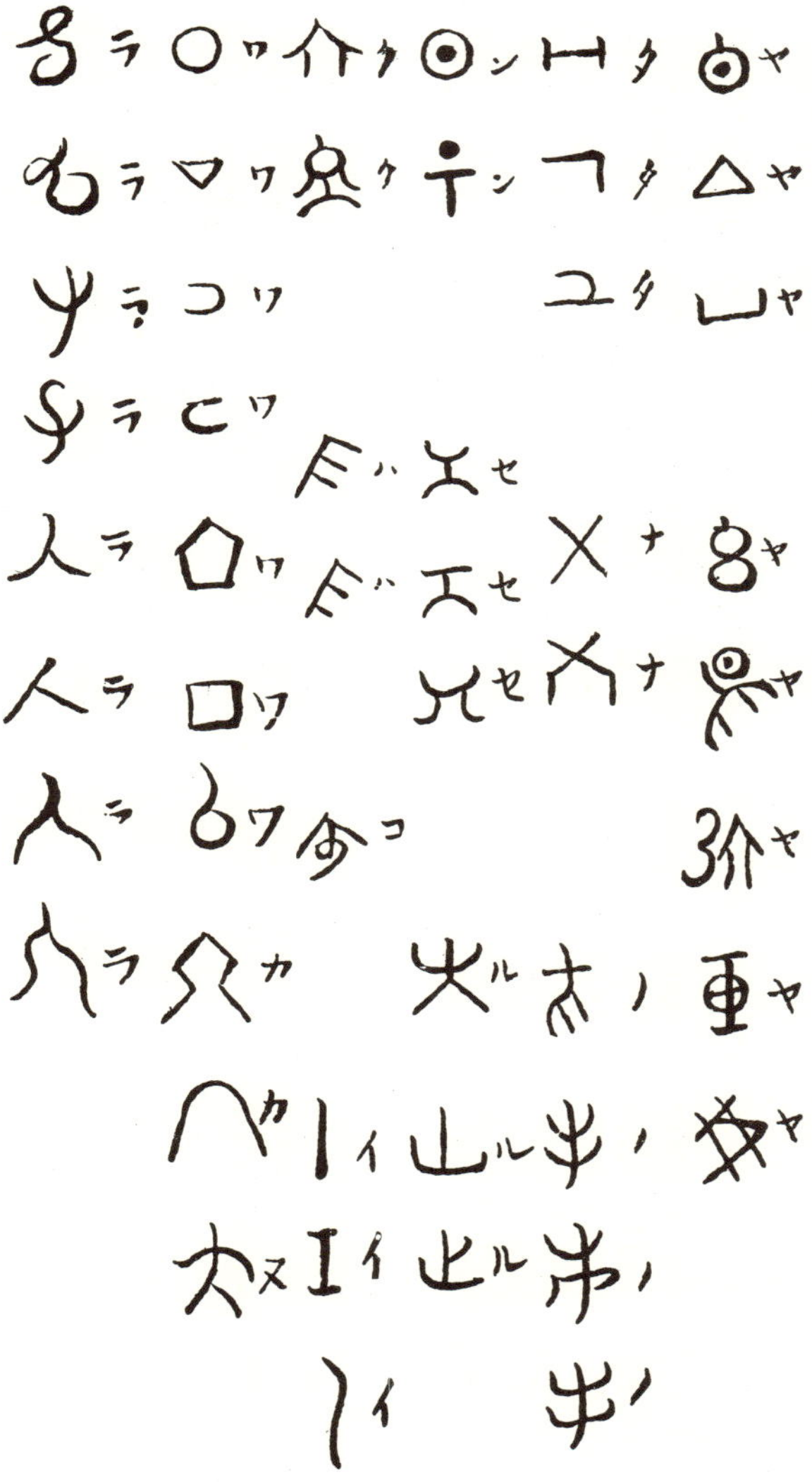

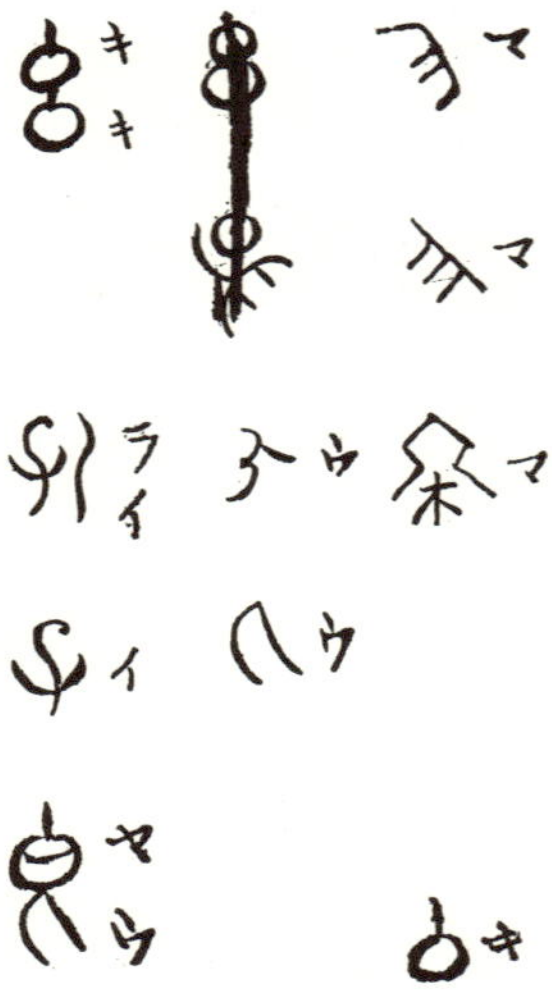

組《アハ》合《ス》字《モヂ》

孔子讃記に用ひたエビス文字は、右に掲ぐる文字を草體にして使用したものと判斷する。

アイヌ文字

下に掲ぐる從來神代文字研究者の間に稱へられた所謂「アイヌ文字」は、竹内文献より之を見れば、「エヒス文字」といはれる神代文字の一種の文字で、此の種に似寄つた神字は幾種もある。

元來アイヌ族は天孫民族に對する天犬《アイヌ》であり、文字なき低地居住の賤族である。アイヌ族は後世に至り、昔、蛭子命の御統治遊ばされた東北、北海道地方に生存した關係上、天國の神字を御神符又は御神寶として大切に保管したものと思

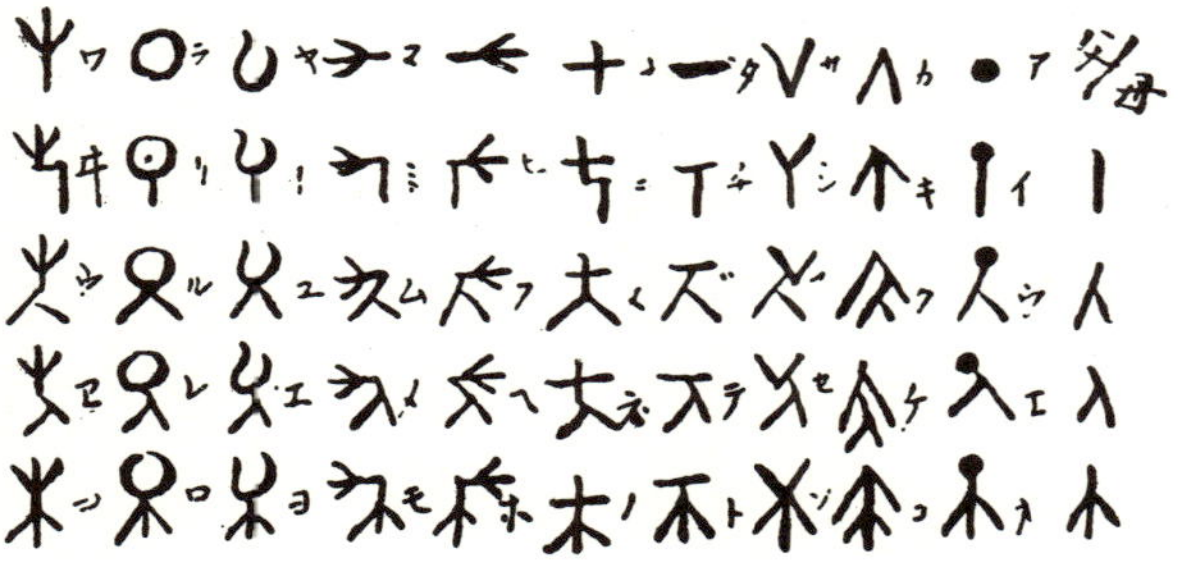

はれる。石片や古器物に神字の刻されたものを多く所持する事を誇りとしたものと思はれる。
東京人類學會雜誌十八號坪井正五郎博士が發表された
「明治二十一年當時アイヌ人中此種の文字を刻し、若くは記載した石片其他の古器物、織物、紙、獸皮を所藏したものがある、

の様な形をした文字は、アイヌ人の帶、太刀下げ、六角柱の石片、小壺、木節、木皮、日本紙、獸皮等に筆にて書き、刀にて刻み帶狀の布帛、及日本紙の分は朱字、獸皮、石片の分は金字である」
とある。俗に「門前の小僧習はぬ經を讀む」といふ事があるから、後世に至つては幾分の知識は出たかも知れぬが、一字や二字を書き覺えたからといつて、五十音字を構成したと斷ずる譯にはゆかぬ。
尙ほ坪井博士の採集された文字を見るに、アイヌ文字が一種でない事、似通つた幾種もの文字のあつた事が、之に依つて立證される。
神代に於ては繁雜で字義の難解な文字は優秀な天孫民族以外には理解がつかない爲め、五色人に敎へ宛《アタ》ふ文字は成るべく構成の簡單なものを御撰びになられたのである、それすら發音が完全に出來なかつた關係や其他の原

因に依り、諸外國に於て後世まで傳へられた文字は三十音字内外である。

此種の文字は極めて書き易い文字である爲め、支那方面にも米國方面にも及んだものと思はれる、現在迄は米國方面から尙未だ發見されないが將來必ず發見されるものと信ずる。と、いふのは蛭子命は御成人後、東北、北海道、エビルス＝今日の南米、北米の御統治の爲め總督として赴任されたのである、古事記には流された如く書かれてゐるが、それは誤つてゐる、伊邪那岐天皇の皇子であるが、靈統神としては相應《フサ》はしからぬ爲めに、その方面の統治に派遣され、須佐之男命は西南方へ派遣されたのであるが、此の文字は遙かに上代に御制定になつた文字である。

即ち蛭子命時代より十四代も上代の、皇統第七代天《アメ》相合《アヒヂ》美《ミ》天皇の御代に「ヱビス文字」は造られてある。此皇天は世界御巡幸の御途上、日米洲間のミヨイ國に永く御駐輦遊ばされた事がある。ミヨイ國は今日沈下して了つたけれども、太古に於ける大海原鎭護の根據地である、當時此の島から世界に文化が流布されたものと思はれる、米國のチヤーチワード大佐が、此の島は世界文化の發祥地であると唱ふるのも、斯くの如き關係があるからであり決して根據なき空論ではないのである。

支那に於て漢字の字源中に此の「ヱビス文字」を取り入れある事を氣附かずして、平田篤胤先生は神字日文傳の疑字篇中に左の十字を編修してゐる。

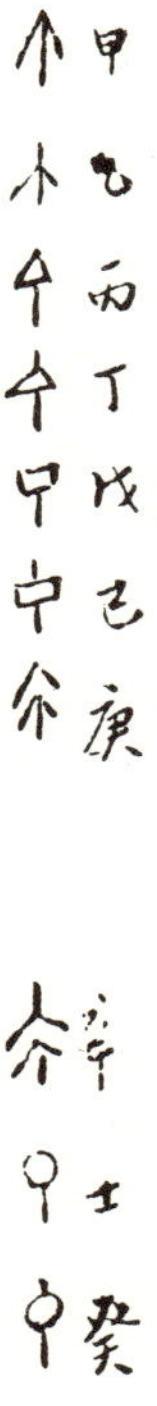

即ち之れが十干である。神代文字に漢字の假名をつけたのでなく、此の文字が漢字の字源であつた事を示すものと思はれるのである。

また、東京人類學會雜誌第二十號に、落合直澄先生が發表された、莊司平吉氏は圖に示す如き種類の文字を記した石器、獸皮等八點をアイヌ人から入手したと發表してゐる。此の文字は「ヱビス文字」を草體に書いたもので、孔子の讃に用ひた様式と同一である。所謂「アイヌ文字」の草體がいくらも神字研究者の手に採集されてゐるが、之を綜合して孔子の讃と對照して研究し、更に目下所在不明の竹内文献の神秘術傳中の神字の發見と相待つて研究することは興味ある問題であり、且又東亞古代文化研究上意義ある事と思ふのである。

蝌蚪文字の論語

大字典に見る

科斗文字=蝌蚪文字。支那に於ける古代文字の一種、其形。科斗、オタマジヤクシに似たるより云ふ

爾雅。疏『上略。故孔安國皆云二科斗文字一是也。』とある。

周末孔子の門人多數、及びその徒の孔子の言行を錄せるものを編輯して論語を世に出すに至つたが、後、所謂秦火の厄に遭ひて滅びて了つた。秦滅び漢興るに及び、文敎復興するに至り論語が發見せられて再び世に出たけれども、そこに三種の異本を生じた。即ち、魯論。齊論。古論これである。

古論、即ち古文論語は前漢景帝の時、魯の共王が孔子の舊宅を壞ち、その壁中より發見せる『蝌蚪文字』のもので二十一篇あつた。二十一篇は孔安國註して後のことであつて、魯論堯曰篇中の

子張問二於孔子一曰如何斯可三以從二政道一

以下を一篇となし、兩子張、又は從政篇と稱したと傳へられてゐる。

蝌蚪文字といふ文字の內、最下部左端は前項に記する谷ココの子に似た皇統第十六代宇比地煮天皇御作製の谷

ココ文字であり、その地の五字は世にいふアイヌ文字、即ち、ヱビス文字、又は蝦子文字といふ系統の神代文字の變態である。

支那古代に於て、皇國の系統を異にする文字を組合はせ混用して一系統の文字を創作した結果字義に於てもその內容に於ても神國日本の本來の文字と其趣きを異にするに至りたれど右の事實は少くとも支那の文化並に文字は皇國日本より移入されたものである事を立證する資料となるものと思料する。

支那の道義の順逆

論語は儒學に於ける實踐躬行の範を示した儒敎第一の聖典であり、孔子敎學の全貌を知る爲めの最も重要な典籍である。而して論語が伏義以來の思想を正しく傳へたものである事は、繰り返して述ぶる必要がない。

孟子の說

孟、名は軻、字は子輿、魯の公族、孟孫氏の後で、鄒に生れ、業を孔子の孫、子思に受けた人である。時恰かも戰國分爭、周室衰微の極に達し、諸侯互に鬪爭を事とし、富國强兵を唯一の念願とした時代である。然るに、孟子は獨り性善、養氣を唱へて仁義を說き、王霸を辨じ、義利を審にし、異端を闢き、邪說を排し、以て聖人の道を闡明し、孟子七篇を著し、後世、孟子を尊び、孔孟と並稱さるゝに至つた偉人である。

併し孟子は民主説を主張し、

「民爲レ貴。社稷次レ之。君爲レ輕。」

といふ言辭を弄してゐる。孟子は何故に支那傳統の精神を破り、道義に逆抗したか。玆に日本神代文化研究上參考とすべき點がある。

予は、文献は未だ見ないが、孟子は日本に留學した記錄が竹內家にある由である。そして日本文化を研究して歸つた筈である。

日本の皇室に於ては人民を呼んで「公民《オホミタカラ》」と仰せられてゐる。民は國の寶とし、庶民の爲めに、無私博愛、神明に誓ひて、天人地和合彌榮を御祈り下さるのである。民は寶であるといふ一點のみを採り、其他皇道に關する全般に就て深く研究する所なく、單に

民爲レ貴

と斷定し、早計にも論鋒を進めたのである。爲めに支那の思想上に一波紋を起したものである。他方支那個有の文化中天の一點に重きを置いた老、莊二氏は、虛無玄妙、容易に窺知し、難い哲學を主唱し、宇宙の本體は無爲無能であるから、人も亦無爲自然であらねばならぬ、儒學の所謂道は先王の作爲したもので、取るに足らぬと極論し、是等が錯綜して支那の思想を攪亂するの原因を爲したのである。更に、又、佛敎が浸入して支那の思想界攪亂に拍車をかけたものと思はれるのである。

孟子は日本に留學し、皇室に於て人民を「公民《ヤホミタカラ》」と仰せられた一點丈けに主力を注いて孔子の說を裏切つたのではあるまいか。

盲人が其手で動物園の象の耳を撫で「象とは大なる耳である」といひ、又、その足を撫でて、「象とは大なる足である」といふたと云ふが如く、孟子はわが偉大高遠なる日本文化に接し爲めに其の全貌に想到する能はず、單に「公民《オホミタカラ》」の一點のみを識りて、誤れる民主論の根底となしたものと思はれる。

中庸

孔子の孫が道學の廢れんことを憂へて作つたものであると傳へてゐる。從つて孔子の名づけたものでない事は明白である。

一般の學者は、「中間を歩む」といふ意味に取つてゐる、然し、中間を歩むといふ事は、何を基準として中間といふか、その根底が薄弱である。中庸の序說を見ると

中とはどちらへも偏倚《カクヨ》ることなく、節（程善き制限）に過ぎる事なく、及ばない事もない名であつて、庸とは平常といふ意味である。

と書いてある。又。子程子（宋の程明道、即ち伯子又は大程子と、程伊川、即ち叔子、又は小程子ともいふ、兩

人を合せて呼ぶ名）の曰ふ所に依れば

偏らざるを中と謂ひ、易らさるを庸といふ。中は天下の正道にして、庸は天下の定理なり、云々

といつてゐる。又、中庸に

發して皆節に中《アタ》る、之を和と謂ふ也、中也者、天下之大本也、和也者、天下之達道也。天地位し、萬物育す焉。

とある。之を簡單にいへば

宇宙の定理に的中するの道、卽ち、中庸である。

と解さるべきものと思ふ。決して右顧左眄してその中間を步む如き、曖昧な態度を指したものでない。中庸章句序に

蓋し上古の聖神天に繼ぎて極を立てしよりして、道統の傳、自《ヨ》つて來るものあり。

又、

此れ、伏羲、神農、黃帝、堯、舜の天に繼ぎ極を立てし所以にして、而して司徒の職、典樂之官の由て設けられし所也

とあるのは、孔子の眞意を傳へたものと思はれる。又。

天の命ずる之を性と謂ひ、性に率ふ之を道と謂ひ、道を脩むる之を教といふ。

又。

道也、須臾も離るべからざる也。云々。

又。子思傳ふる所の意を述べ、以て言を立ててゐる。

首《ハジメ》には、道の本原天より出でて易ふべからず、其の實體は已に備はりて、離るべからざる事を明かにす。

次には、存養省察の要を說き、終りには聖神功化の極を言ふ

と、之れ我が皇道から出發したものであるまいか。又。

其の位を踐み、其禮を行ひ、其の樂を奏し、其の尊ぶ所を敬し、其の親む所を愛し、死に事ふる事、生に事ふるが如く、亡に事ふる事、存に事ふるが如くにするは、孝の至なり。

郊社の禮は、上帝に事ふる所以なり。宗廟の禮は其の先を祀る所以なり。

郊社の禮。禘嘗の義に明かなれば、國を治むること其れ諸《コ》れ掌に示すが如き乎。

とは範をわが皇道に執りたるものであるまいか。又。

唯、天下の至誠、能くその性を盡すことを爲す、能くその性を盡せば、即ち能く人の性を盡す、能く人の性を盡せば、則ち能く物の性を盡す。能く物の性を盡せば、則ち以て天下の化育を贊《タス》くべし。以て天地の化育を贊く可ければ、則ち以て天地と參すべし。

といへるは、天職天皇に於てすら、私を滅して神明に誓ひ、天人地の和合彌榮を祈らせ給ふことを述べたもので

ある、況んや、民王、又は庶民に於ては一層至誠を致すべきであると說破されて居る。又。

君子は其の獨を愼む。

といふ意義に就ては、皇道を知らねば判斷がつくまい。天職天皇に於かれては、天神、皇祖を御親察遊ばされ、天神、皇祖の神靈に御計り遊ばされて、御親祭遊ばさるのである。然るに、帝王、民王に至りては、獨斷專行、天皇神政とは全く其精神を異にするのである。此等の條理から見て孔子は天地の公道則ち中正の道を行はねばならぬ事を說いたものと思料さるゝのである。

孔子の儒學は伏義の傳統精神也

孔子の堯舜時代稱揚

儒學は孔子獨創の教學でなく、伏義以來の傳統的精神を繼承したものである。

所謂秦火に依り、伏義、神農、降つて堯舜時代、乃至孔子の教學も一旦は抹殺し、延いてその泉源たる日本神代文化、並に皇國の神字をも煙滅したけれども、その後に至つて孔子の儒學のみ、獨り再び世に現はれ、その他の文献は悉く地を拂つて消え失せた爲めに、支那の文化的偉業の上に、孔子一人を一層偉大な存在として、後世に傳へる結果を來したものと思ふ。

伏義氏は、日本の皇道に學んで精を修めた、精は神心根元の力、萬物生育の氣である。即ち、天神皇祖の神德に依り、宇宙の攝理、五行の法の定むる所、地上一切の生物は天津靈統の下に歸一すべき所以を說き、王業を造り、世界の棟梁《オムヤ》たる神國日本の皇道と、分家分邦《アヂチ》として支那民人の踏むべき王道とは、之れ天地開闢の始めに於て、運命づけられたる天神の神勅である事を知らしめられたのである。故に王業とは、神と庶民の中間に奉仕する大中臣の如く、天皇と分邦民との間に處して誤たざるにある。此の道を說いたのが易であり、儒學であり、王道である。

卦を畫するは、その處を明かにし、その位を明かにし、その分を明かにしその道を明かにし、之を正しく行ふにある、若し此の規を破れば易、八卦、を爲さないのである。結繩は文教を布いて治《シ》らすのである。理は即ち憲法である。伏義の樹てた憲法に次で、神農は田畑の開墾、種穀を以て殖産を爲し、大に産業の振興を計ったのである。堯舜よく此の憲章を遵守し、社稷の隆盛を來したのである。

『孔子の諸著述』の如きも、伏義以降の道學の失はるるを憂ひ、編述されたものであるが、その内容は終始一貫、條理整然として論理の一糸亂れざる、以て祖先の傳統精神の闡明である事が納得されるのである。

故に、孔子は堯舜時代に就ては、口を極めて稱揚し、自らも堯舜三代の古道、周公文武の道を繼承して宣明するを以て任としたといってゐる、曰く、

大哉堯之爲レ君也、巍巍乎。唯天爲レ大。唯堯則レ之。蕩蕩乎民無二能名一焉。巍巍乎。其有二成功一也。煥乎其有二文章一。

之を以て見れば、堯舜時代の燦然たる風教が文章の上に躍如たりと、孔子が絶讃してゐるのである。孔子は「書經を刪修した」とある。更に「東周平王四十七年、當時天子微弱諸侯放恣賞罰行はれず、魯史によりて春秋を編纂す」といふ事が傳へられてゐる。之を以て見れば澆季の世に當り、天下を肅正するに足るべき教學が、魯史に修められてゐた事が知られるのである。

亦、上古より農牧を主要生業とした支那民族は、農牧に密接な關係を有する天文、暦法の記錄もあつたが、之れは伏義が日本に留學して修業した一課であつた。それが支那に傳はつたのである。周禮に依れば周官に六部あり。

天官、地官、春官、夏官、秋官、冬官

といふ、五行の意に因んだ官制があり、天文暦法を司つてゐた春官の長たる大宗伯は、同時に祭祀の官を兼職したのである。祭政一致の皇國の神道に學んだ事が、此點にも見られるのである。

伏義が、五行十干に關する範を示し、神農は勸農の殊勳者である事は明白であるが、この周禮中の記述に依れば、天文暦法を掌る大史の事務、及び大史の下に屬する馮相氏の職掌及保章氏の職掌規定に

掌㆓十有二歳、十有二月、十有二辰、十日、二十有八星之位㆒。辨㆓其叙事㆒。以會㆓天位㆒。冬夏致㆑日。春秋致㆑月。

以辨㆓四時之叙㆒。

とある。十有二歳は木星の周期として或學者は解釋してゐるが、之れは十二支である。十有二月は、一年に於ける月の盈虧の回數である。十有二辰は十二支である。十日は十干、二十有八星は、古神道の二十八宮、支那の二八宿である。計算に依りて之れ等の位置を示すことが、馮相氏の任務であつたのである。洪範に五位といふのは、歳、日、月、辰、曆數で馮相氏の職掌に屬する。五行、八卦、九星、占星等、悉く日本に原理を學び、かくの如く傳へて來たのである。

孔子は古代を尙び・古事の教訓に從つた。

　子曰く、溫レ故而知レ新可ニ以爲一レ師矣。

といつて、古典、古道を遵奉し、努めて祖先の規矩を闡明したのである。

伏義以來の易學

孔子は詩書を修め之れが傳習に力めたが、更に易を尊重して深《フカ》く學ぶ所があつた。易は萬世道統の根源であり、聖人經綸の原理を述べたものである。論語に

「子曰。加ニ我數年一。五十以レ學易可三以無二大過一矣」

と述べ、司馬遷も史記に

「孔子晩而喜レ易。序彖繋象說卦文言。讀レ易韋編三絕」

と述べてゐる。太古にあつては、後世の所謂易の外に、占卜の三種あり、周禮春官大卜の職に

　掌ニ三易之法一。一曰連山。二曰歸藏。三曰周易。其經卦皆八。其別皆六十有四。

とある。而して

　連山、歸藏、周易

の三種の內、連山、歸藏の二法に就ては、如何なるものであつたか、今日支那にすら詳細に傳へられてゐないが、

杜子春は

「連山は密戯（伏羲）歸藏は黄帝」

と解してゐる、鄭玄は

「連山は夏に於て稱し、歸藏は殷にて稱し、周に於ては周易といふ」

と解してゐる。孔穎達は

「神農は或は之れを連山氏、又は烈山氏と言ひ、黄帝は歸藏氏と言ふ」

と述べてゐる。左傳昭公二十九年に

「有二烈山氏之子一。曰二柱爲稷一」

とあり、神農は烈山に起る、故に烈山氏又は厲山氏といふ。

禮記祭法に

「是故厲山氏之有二天下一也、其子曰レ農能殖二百穀一。」

とあるを觀れば、孔穎達の說信ずべきである。即ち神農氏の易は之れを連山と言ひ、夏に於て用ひられ、黄帝の易は歸藏と稱して殷に用ひられた。而してその經卦皆八、其別皆六十四と云へるにより、連山、歸藏の二法も周易と同じく八卦を本として、その二卦を各々組合せて六十四卦を成したものと考へられる。茲に於て鄭玄の三者を同一なりとなす考も亦承認される。

左傳襄公九年に

「穆姜薨二東宮一始往而筮レ之遇二艮之一レ八、史曰是謂二艮之一レ隨。

とある。杜氏註に

「周禮大卜掌二三易一。然則雜二用連山、歸藏、周易一。二易皆以二七八一爲レ古。故言遇二艮之一レ八。史疑二古易、遇レ八爲二不利一。故更以二周易一。占二變爻一得二隨卦一而論レ之。」

とある。即ち艮之レ八は周易に謂ふ艮之レ隨であると史官が解した。此處に艮之レ八といふは周易以外の連山、歸藏の中の何れかであると同時に、今日の周易は八卦を基本とした事が明白である。即ち易の根本は龜卜でない證據である。

十三經鄭注に

「連山似三山出二内氣一變也。歸藏者、萬物莫レ不レ歸而藏二於其中一。」

とあるを賈公彥は之を釋して

「連山似三山出二内氣也一者。此連山易其卦以二純艮一爲レ首。艮爲レ山。山上山下、是名二連山一。雲氣出二内於山一。故名レ易。爲二連山一。歸藏者、萬物莫下不二歸而藏一於其中上者。此歸藏易以二純坤一爲レ首。坤爲レ地。故萬物莫レ不レ歸。而藏二於中一故名爲二歸藏一也。鄭雖レ不レ解二周易一。其名二周易一者。連山、歸藏、皆不レ言レ地。號レ以レ義名レ易。則周非也。號レ以二周易一以二純爲乾一爲レ首、乾爲レ天、天能周二帀

於四時一、故名レ易爲レ周也レ必以レ三者一爲レ首者。取二三正三統之義一。」

と述べてゐる。禮記禮運篇に

『我欲レ觀殷道一、是故之レ宋而不レ足レ徵也。吾得二坤乾一焉。』

とある。宋は殷人の後であり、坤乾は殷の易坤を以て首となす、故に坤を先にし乾を後にする。之れ言ふ迄もなく歸藏を言ふのである。以上太古の三易中、連山歸藏の書散佚して全貌を知り得ないが、之を要するに孔子の尊重した周易は前二易の變化したものと解される。

支那に於て傳へられてる所に依れば、彖易は上下經二篇と、十翼即ち周傳上下、繫辭傳上下、說卦、文言、序卦の十篇より成り、その作者に就て古來種々の說があるが、之を繫辭傳中謂ふ所に徵すれば、

古者、庖犧氏之王二天下一也、仰則觀二象於天一、俯則觀二法於地一。觀二鳥獸之文與地之宜一、近取二諸身《コレヲ》一、遠取二諸物一、於レ是始作二八卦一以通二神明之德一、以類二萬物之情一とある

鳥獸之文とは神代日本の神字である。神明の德とは五行神の神德である。

又、

易與二天地一準。故能彌二綸天下之道一、仰以觀二於天文一、俯以察二於地理一、是故知二幽明之故一、原レ始及レ終、故知二死生之說一。とある

之を以て按ずるに支那の易は伏羲に依り、或る何等かを研究し伏義により創定された事が知らるるのである、

竹内文献に依れば、伏義は三十六年間日本に留學し神代文化を研鑽し、八角《ヤヘリ》の天津金木の理から八卦を考案した如く記録されてゐる、天津金木の理は、即ち皇國の惟神の大道である。祭政一致の大法である。皇道の大義が易の原流となつたものである。易學が支那現時の國情に合致せず却つて、皇國日本の國情に適合するが如き観あるのは之れが爲めである。

伏義が乾坤を畫すに當つて

「天が神秘の暗示を與へた」

と支那に於ては傳へられ

是故天生二神物一。聖人則レ之。天地變化聖人效レ之。天垂レ象見二吉凶一。聖人象レ之。河出レ圖洛出レ書、聖人則レ之。

とある。

天象を垂れ給ふとは、型を示し給ふの義である。天は天氏《アメウヂ》又は天人《アシ》ともいふ。外國にて天人と稱するは神代日本天皇にも相當する。

天神宇宙萬物を創造さるゝに當つては、宇宙日月の公運、諸星の循環、陰陽運行、地上を終始一貫統一すべき靈統神の天職、人畜草木生成化育の大法が神定めに定められたのである。惟神の大道は此の宇宙の攝理を整然として保つ爲め、天神地祇を祭祀し、天人地の和合彌榮を祈願し給ふことにある。地上に於ては靈統神を中心とし些の矛盾も摩擦もない様に組織されて居る。易は此條理を顯したものである。河圖の説は、教を日本に受けた事を國辱の如く思惟し、黄河に之を得た如く傳へてゐるものであるまいか、日本神代に於ける易の根本精神は古神道の態形を表現したもの從つて皇道の淵源でもあるべきである。古今東西の文化を對照すれば、理義自ら判明すべきである。

易の名稱は神字也

日本神代の易は、祭政一致の古神道であり、天神の大御心を淸く正しくし、代を保ち、禍神を防ぐ法術を生み、又、軍學の大奥の意義を形狀に顯はす淵源ともなつてゐる。吉備津彦の軍學の巻の神髓は之れである。支那之を採りて吉凶禍福の卜占に利用したのである。

儒學は天國日本の姿、天國日本の心を文字に現はし、皇、王の道を明かにし次いで五倫の道をも明かにしたものである。儒學は實在の大道たる。皇國の皇道に則り之れに根據してゐるから、條理整然としてゐるのである。故に、易經は時代と國土と民族とを超越し、何れの時代、何れの國土にも適用せらるべき普遍性を有つて居り、又、古今を通じ東西に渉りその類を見ざる極めて特殊な書典として推賞されるのである。

又、易の名稱の依つて來れる所以には種々の説があるけれども、今その代表的のものを擧ぐれば、說文に述ぶる所に依ると

「蜥易《トカゲ》、蝘蜓《ヤモリ》、守居《ヰモリ》也」

とある。蜥易といふ事は、龍文字の一種の象形文字の形から起つてゐる意味と思はれる。蝘蜓《ヤモリ》、守居《ヰモリ》は、龍文字に似てゐる「赤ビラ文字」の象形神字から起つた事をいつてゐるものと思はれる。此所にも、皇國の神代文字と直接關係のある事が書かれてゐるのである。

又、易は太極兩儀、四象、八卦、六十四卦等に變化すると支那で傳へられてゐるが、神國の古神道にはその奧がある。卦の算木に使用する龜卜文字にアイウエオ五十一字あり、之を陰陽に組合せて百二卦の形が出る之れが吉備津彦命の軍學の根本を爲してゐる。又、八卦で使用してゐる乾、兌、離、震、巽、坎、艮、坤といつてゐる算木の形は、龜卜文字共の儘使用してゐるものである。

竹内文献の神秘術傳が目下所在不明であるが若し發見されて參照すれば、是等に關する一切が闡明し、吉備津彦命の軍學の卷と對照して見る時は、古神道と易、並に軍學等の關係が一層明白となり、國體明徵上の大寶典であると堅く信ずるのであるが、未だその時機の到達せざるを遺憾とする。

孔子以前の文化

孔子以前、既に大義明分を明かにせる周史あり、孔子は之を刪述した、此の事を以ても孔子以前支那に文化のあつたことが窺はれる。

羲伏、神農、黄帝の文化、また堯舜時代以前の文化は範を皇國より採り、全く理想的の時代であつた、故に。

孔子自身も

子曰述而不レ作、信而好レ古、竊比二於我老彭一。

と述懐し、中庸にも

仲尼祖二述堯舜一憲二章文武一。上律二天時一、下襲二水土一。

とある。即ち、祖先の遺業を編纂したのである。孟子が

孔子之謂二集大成一

と言つたのは、正に眞相を述べたものと思はれる。大學章句序には

大學之書、古之大學、所二以教一レ人之法也

とあり、夏、殷、周の三代は勿論、伏羲時代の盛時をも指すものと思はれる。また

蓋自三天降二生民一、則既莫レ不三與レ之以二仁義禮智之性一矣。

とある。之れ、世界人類の大祖國より、人類の分布に當り、人倫の大道を訓育された爲めと察せられる。

古文献に依れば、國王又は民王は、靈統神の任免に依るとあるが、大學章句序には

一有下聰明睿智能盡二其性一者出中於其間上、則天必命レ之、以爲二億兆之君師一、使三之治而教レ之以復二其性一。

とある、又、

此伏羲、神農、黄帝、堯、舜、所二以繼レ天立一レ極、而司徒之職、典樂之官、所二由設一レ也。

とあり、易學、儒教の精神に鑑み、『倭漢總歷帝譜圖』並に平城天皇の詔勅に照合し、天之御中主尊を標として初祖と爲し、魯王、呉王、高麗王、漢高祖命等の如きに至るまで、其後裔を接し、

倭漢雜糅、敢て天崇を垢す云々

の事に就ては、再吟味を要すべしと思はる。皇國は皇道を確守し、支那は王政を施して政治的に仁を實現する、之れは伏羲の示せる規矩であるまいか。支那人の極致は王である。王は天命を受けてその社稷民人を統治し、政治的に仁を實現して天職天皇の聖意を行ふのである。儒學の使命は即ち此の實現にあつたのであるまいか。大學に

古之欲レ明二明德於天下一者、先治二其國一。欲レ治二其國一者、先齊二其家一。欲レ齊二其家一者、先修二其身一。欲レ修二其身一者、先正二其心一。欲レ正二其心一者、先誠二其意一。欲誠二其意一者、先致二其知一。致レ知在レ格レ物。

といふのは孔子直接の語でないが、孔子の教學實現の條理を説いたものであると解する。孔子の政治理想たる書經堯舜に於て

克明二俊德一以親二九族一。九族既睦平二章百姓一。百姓昭明協二和萬邦一。黎民族變時雍。

と述べてゐる。王者たる者、天意と民人の中間に介し、王道練磨に腐心した事が肯かれる。又、

易與二天地一準。故能彌二綸天地之道一。

と、あることに依り、易、儒、が如何に惟神の大道に順應する事に力を注いだかを窺ひ得る。

支那に於ける最高統一の神は天である。古代支那にありては、天のみと言はずに、皇天、昊天、上帝、皇天上帝、或はまた、蒼天、上天、昊天上帝、旻天等の語があるが、後代に至つて歴史的の連鎖を失ひ、單に空なる天を指す事とのみ解釋さるゝに至つたが。玆に靜に考ふれば宗教の造物主並にその靈統たる日本天職天皇に對する歡祟の念が多分に加味され居るものと解されるのである。秦火の後、後世學者が孔子の遺稿を整理するに當り日本に關する資料も相當抹殺された事も想像に難くないのである。

中庸に

天地位焉、萬物育焉。

とあるのは千古の名言である。皇道の八紘一宇嚴として確立し、各その本末を明かにし、各々その處に位し、邪惡の擡頭する間隙を與へず、玆に天人地和合彌榮を確保し得る所以であると信ずる。

中庸に

物格《イタ》りて而る后に知至る。知至りて而る后に意誠なり、意誠にして而る后に心正し、心正しうして而る后に身脩まる身脩りて而る后に家齊ふ。家齊ひて而る后に國治まる、國治まり而る后に天下平かなり。

秩序を紊し、節度を失ひ、順逆を無視し、個々その本を誤り、互に相犯すが如きあらば、四季も、道徳も、法規もその規矩破れて、天下亂れ、萬物生育せざるの理となるのである。

天子より以て庶人に至るまで、壹是《ソッシ》に皆身を脩むるを以て本と爲す、其本亂れて末治まる者は否《アラ》ず云々、といひ、終始一貫、分邦王たるの節度を保ち、天職天皇に奉仕するの大道を示したものが、儒學であり、孔子が取纏めた支那太古の精神文化であると思ふ。

蛇踊文字と秦始皇帝

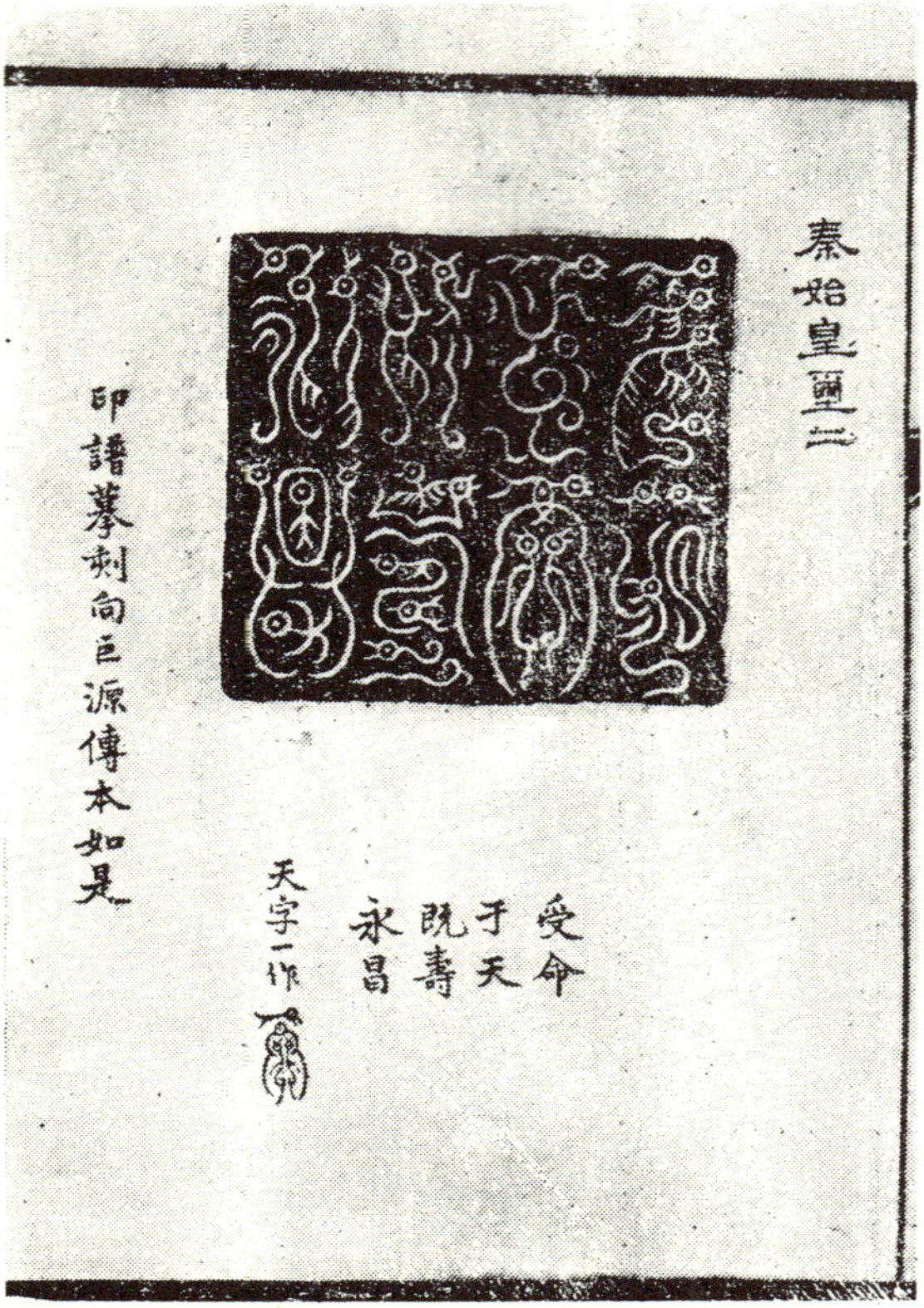

右に掲ぐる處は秦始皇帝璽である。

始皇帝の璽は皇國の蛇踊《ジヤオドリ》文字五十一字を學び、龍の角を少くし、或は龍の角を取り、足を多く附けたものと思はれる。

蛇踊文字は皇統第二十三代天忍穗耳天皇の御作に係り

ア イ ウ エ オ

五十一字

中の或字體を採りたるものと思料さる。天皇は又

ア イ ウ エ オ

五十一字

を御親作あらせられたと、竹内家に傳ふるも、神秘傳現はれぬ爲め全貌を識る事不可能である。

竹内家にはまた、谷ココの子に似たる文字あり、皇統第十六代宇比地煮天皇の御親作として傳はる

ア イ ウ エ オ

五十一字

神秘傳出づればその全貌を識る事が出來る。

日本には神代各種の文字あり、右の文字の如きは一般研究者も多く識らざる所なるも、諸外國に多く分布されてゐた、スメル文字、及び結繩文字の如きは多く知られてゐるのである。

始皇帝八字の璽

秦始皇帝の璽は幾字もの龍字を組合せ八字の如くなした事に就て、日本の神代文字と對照して見ると、面白い事がある。

信州戸隱神社には八ツの龍の頭として祭つてゐる意味と始皇帝の八字は共通してゐるやうに思はれる。本來信州戸隱神社の祭神は九頭の龍神で、九頭龍《クヅリウ》大神として、手力雄命を祭つてゐた。

然し九頭龍中の一は五行の上より見た中心で八龍が八方に列ぶ意であり、その中心は高御座に當る中央神即ち靈統神《ヒツギノカミ》の事であるから、戸隱神社は之を除いて八ツの頭を祭つたのであると思はれる。

手力雄命は、天齋殿《アマノイヘト》を開いて、天照大神の光を仰いだ功勞者である。爲に、豐齋圓命《トヨイハマト》、奇齋圓命《クシイハマト》、開運の神等の名に於ても祭られてゐるが、九頭龍《クヅリウ》大神ともいふて勸請されてゐる。手力雄命は赤池白龍神を崇敬してゐた。

神代には龍神は五龍神を祭つてゐた、即ち、白龍、黄龍、靑龍、赤龍、黑龍の五龍神である。

龍神は五色人の色彩を表現するもの丶如くであり、龍は大小に拘らず、耳とヒゲが口のあたりにあり、海から漁れる「ハモ鰻」の如きもので、空が曇れば龍は雲に乘ると傳へてゐる。故に支那では雲には龍が潜んでゐるものと思つてゐる。從つて天浮船にて雲上を世界御巡幸遊ばされたわが皇祖の靈統神の御姿を拜し、龍神と思つたものかも知れぬ。

伏羲、神農を始め支那の祖神が日本に留學して五龍神を拜し、龍神に形取つた蛇躍文字を拜して之を尊んだのは當然と思はれる。

唯だ、支那人の慣例として、文字を正しい格式の儘に傳へるといふ日本人の觀念、傳統とは全く規を異にし、文字の改造變作は天下御免の如き觀のあつたのが支那の通弊であつた。その爲め古代の型が破られて了つたものと思はれる。

東亞文化資料の煙滅者

秦始皇帝

紀元四百四拾年、神倭七代孝靈天皇即位七十年、秦始皇帝は六國を亡し、始めて皇帝と稱し、天下を分ちて三十六縣とした。

紀元四百四十二年、天皇即位七十二年、始皇帝は東巡して鄒嶧山に登りて、皇國日本を遙拜し、徐福、上書して神仙及び不死の藥を求めて得ず、徐福が日本に來朝したのは、紀元四百四十四年である。

始皇帝は、紀元四百四拾七年、神倭八代孝元天皇即位元年に、萬里の長城を築き、翌年、李斯、詩書、百家の語を焚いたのである。之れが世界文化研究上千載の恨事であり之れにより東亞太古の文化資料の大半は煙滅した後世學界の大問題となつたのである。

紀元四百四十九年・孝元天皇即位三年、始皇帝は阿房宮を造り、紀元四百五十一年、孝元天皇即位五年、始皇帝は東巡の途上、沙丘に殂すと史上に殘つてゐる。

始皇帝歿後七年、孝元天皇即位十二年、彥太忍信親王が御誕生になり、武內宿禰の生れたのは紀元六百六十六年である。

始皇帝は、何故に古代の文化を煙滅したか、當時支那に於ては老子の學說と、孔子の學說とが對抗してゐた、始皇帝は此の二說や古代文化を叩き潰し、彼れ獨自の文化を樹立せんとしたものであるまいか。

同時に、彼が日本に不老不死の良藥と共に、『神仙』を求め、之れを神髓とする新文化の建設を目標としたのであるまいか、抑も神仙とは何ぞ、天人地合一の神仙である。祭政一致の大法である、皇道といひ、惟神の大道といふは、皆な始皇帝の求めんとした神仙ではあるまいか。

然しながら、支國の帝王が、天位を狙はんとするが如きは天の許さゞる所である。彼は此の野望の下に太古に於て世界文化の魁たりし東亞文化を抹殺したけれども、忽ちにして倒れ、後胤また振はなかつたのである。結局、始皇帝は世界に誇るべき東亞古代文化資料の煙滅者たるに終つた。而して東亞に於ける後進の學者は之れが爲め太古の研究に就て醫すべからざる大困難に陥つたのである。

支那に於て伏羲以前、幾多の祖先あり、文化もあつたが、之と比較して檢討論議すべき對照物が世界に現存して居らぬ故、將來の出土品を俟つて研究する事とする。

支那として後世の歴史に殘つた文化の鼻祖は伏羲である。伏羲時代の文化が正しく支那に傳へられたか否やに就て見るに、『說文古籒疏證』の序文中にある『莊珍藝先生傳』中に

所由出日辰斡支、黃帝世。大撓所作沮誦蒼頡名之以易結繩伏羲畫八卦作十言之敎之後以此三十二類爲正名百物之本云々

とあり、黃帝時代に於て文字其他に就て、變革を見たのである。竹內文献に依れば

皇統第八十四代葺不合五十九代天地明玉主照天皇（紀元前三千八百五十年御即位）詔して萬國御巡幸言語、文字、年號、月日、又。運行を敎ゆ萬國の棟梁の天皇、天日大神の日勅に依り定め、天國天津日嗣のこと敎へしむる爲め大敎官鳴海國濱命、竹內支那伊城彥命、竹內イタシナシロ姫命、別、二百三十八名の敎師を萬國の言語、文字敎へしむる所を敎開といふ

萬國にシカヒ云ふ始めなり

支那國の王黃帝氏に敎へしむ。

とあり、之を以て見れば支那は黃帝時代に、日本の新文化を移入し、相當の革新が行はれたものと思はれるのである。

伏羲は紀元前四千五百年頃であり、黃帝は紀元前三千年頃であり、殷商は紀元前千百年頃である、伏羲時代か

ら殷商時代迄、約三千四五百年の歳月が流れてゐる、此の間に支那式の亂暴な構成法に依り、字體に於ても大なる變革を來し、殷商時代の出土品を見れば殆んど字源の面影を一部分に殘す程度となつたのであるが、その變化の過程を知るべき資料が、全部始皇帝時代に亡ぼされて了つたのである。

『說文古籒疏證序』に曰く

秦時先代之書掃地盡矣安得籒文獨完且首例於八體此理所必無持秦大篆間有從古籒增損者耳古籒旣亾建武時云々

支那の先代の書は、秦始皇帝の時、悉く地を掃つて無くなつて了つた、爰んぞ籒文のみ獨り完きを得んやとある。之を以て見れば如何に徹底的に煙滅されたかと云ふことが窺はれる。蒼頡の創作したと云はれて居る結繩、鍥木等の文字も殆んどその姿を見せないのは、此の爲めと思はれる。八卦、十二支、十言の＝即ち十干敎等、日本の古神道より見れば相異はあるが、其變遷の經過に就ても不明となつたのである。

また、古籒は建武の時旣に亾ぶとある。建武の時とは東漢光武帝の年號であり建武元年は、紀元六百八十五年で、神倭十一代垂仁天皇五十四年に當る、キリストが十字架の難を免れて日本に來朝した時から二十年後である。

武內宿禰二十歲の時である。

光武帝は建武三十一年、紀元七百十六年改元し、帝東巡して泰山に封じ、梁陰に禪すと史にあり、古籒《チュー》は此時旣に亡びたものと思はれるのである。

今日支那に於て、漢字の字源又は古代の文字として收錄してゐる所は、殷商時代以後のもので、而かも殷商時代の遺物と思はれる陶器や土石に刻されてある出土品に、三千五百字程あつたもの丶内、採集した少數の文字を以て支那古代の文字として取扱つたのである。

而してその取捨撰擇に當つた學者が、蒼頡であり結繩、鍥木、蛇踊、其他古代の像形神字に就て智識なき爲め、小篆、又は籀文等、比較的現在の漢字に近き文字のみを採り、貴重なる字源、又は古字を顧みなかつたのである。誠に太古文化研究上最大の恨事である。

始皇帝の所謂神仙

太古文化を煙滅した、始皇帝は內心密かに世界文化の發祥たる日本の神代文化を識らんと力め、又諸文献に依り造化の神の直統たる日繼の現人神を崇め居つた事は其腹心の士であつた徐福の文に明確に現はされてゐる。而して表面の名目は不老不死の良藥を求むると云ふ事であつたが、その實、日本神代文化の眞髓に觸れんとしたものであること想像に難くないのである。

不老不死の良藥と共に、始皇帝の「所謂神仙」なるものは、日本の文化惟神の大道であつたと思はれる。吉良義熙著『神皇記』は徐福來記、徐子記、徐福系圖、支那皇記を綜合し骨子とし編輯したものだといはれて居るが、秦始皇帝の項に於て徐福の書として左の通り記述してある。

始皇帝、三年春東の方、郡縣を巡狩して朝嶀山の峯に上り、東海を望ませ給ふ、偶々遙に蓬萊山島の見はる

ゝものあり、皇帝即ち遙拜させ給ふ

自我獨尊の始皇帝が、東方を望んで蓬萊山島を遙拜したのは日本島ではないか、世界の祖神たる造物主の神國その天孫の直統たる日本天皇を遙拜したのでないか。

次に

徐福、乃ち上書して曰く、東海の蓬萊方丈瀛洲の三神山は、全世界の大元祖國にして大元祖々の神仙の止れるあり、且つ不老不死の良藥あり、若し之を服せば千萬歳の壽命を保持する事を得べし、臣將に童男童女五百人と海に入り之を索めむと請ふ。乃ち詔して其良藥を求めしむ。

始皇帝の密令は造物主の國卽ち日本の系圖並に文化を採り、始皇帝の國卽ち秦以外の國の資料は史料を不明にして學者が硏究しても判らないやうにする、卽ち混亂に陷れる之れが指令を秘密に發したものと思はれる。

徐福、又、奏すらく之を求めむには少くとも十五年、遲くは三十年を要すべし。故に相當の旅裝を要する卽ち金銅砂金、珠玉及び衣食器具、並に大船八十五艘を要すべしと、乃ち其言の如くして裝遣せしめ給ふ。乃ち同年六月二十日徐福は童男童女五百人並に其糧食を大船八十五艘に分乘して發したり。

一行、不二蓬萊山を目標として海上東に向ひて航せり、航する事幾晝夜となく來りけるに偶々一島を認む、卽ち不二蓬萊島なるべしと、衆大に喜びて上陸、西に東にその山を索むれども、曾てその山を見ず、云々と、その後本土に上陸し三年を過ぎ、而して富士にたどりつきたるは、孝靈天皇（神倭七代）卽位七十四年十月五日であつた。

單に不老不死の藥を野山に索むなれば、金銅砂金珠玉を何にするか、是等の物を寄進し、日本の文献を漁り、金銅砂金珠玉と交換し買占を爲さんとしたものではあるまいか、又、日本に往復の日數を十五年乃至三十年と豫定したのは、五百人の多勢を以て洽ねく日本の文献を渉獵せんとしたものであるまいか、かく解して始めて徐福が富士文庫に浸り込み、日本の古文献に對し、あらゆる改竄變造を試み日本太古史を混亂に陥れた理由が判るのである。

不老不死の良藥は、當時越中にあり、又、最も大切な古文献の越中にあつた事が明かである。然るに、皇統第一代天皇の鎭まります富士、造化の神に關する古文献は此の地にありと目標を定め始皇帝も指令を發し、徐福も命に依り此の地に到つたけれども竹内文献に害毒の及ばなかつた事は天の威靈の處爲であるまいか。

富士の御陵神社文庫

徐福が秦始皇帝の秘命を帯び、參籠した富士山は、山容の秀靈なると同時に歷史的の靈場である。

富士山は、太古に於て、アサヒシメルシメ山、フクミミフジ山、不老壽山、不老不死山、等の名あり、皇統第一代天日豐本葦牙氣皇主天皇が、天神《アマツカミ》人祖《クニツカミ》一神宮《ヘシメオホタマシヒタマヤ》の分靈を御勸請遊ばされた靈場である、而して皇統第一代天皇が御神幽《ゴカンザリ》の後、此の地に御陵を營まれたと竹內文献にある。卽ち地上最初の現人神の神陵であり、日本最古の神宮の分靈社である。その後木花咲耶媛命、叉名、木花散媛命、此地の火の宮に仕へたと傳ふるは、日の神の靈《ヒ》の宮に奉仕された事と拜察する。而して神幽後、葬り奉つたのである。山宮とは山やといふ事である。從つて富士には然るべき文献がある筈である。始皇帝の着眼點は玆に注がれ、徐福は命に從つて富士に訪ねた。不老不死の靈藥を求むる事を表面の理由としたが、彼の欲する所は日本神代文化の神髓にあつたと想像される。唯だ彼徐福は死して其眞相を握み得ざるを遺憾とする。天刑恐るべし、始皇帝は皇朝孝元天皇卽位五年（紀四五一年）東巡して沙丘に歿し、徐福は歸化するの餘儀なきに至つたのである。

彼の求めたる不老不死の良藥「石南」及び文献は元宮にあり、彼はその神髓に觸れ得なかつだのである。日蓮上人が富士に大戒壇を造らんとしたのも、此の靈場なるを知つたからである。

神倭二十二代大泊瀨幼武天皇（二十一代雄略天皇）卽位二十一年一月二十一日より二月二十八日までの間に、

勅許を得て大伴室屋、葛城圓、物部目連、巨勢男人、蘇我韓子の五名が「上記」を寫取つたが、天之御中主神より上代の寫取を禁止され、以來富士の神社の由來も、神陵も不明になつたが、玆に着眼したる始皇帝の慧眼實に驚くの外はない。

雄略天皇の御英敏なる、秦始皇帝の此の大陰謀ありし經驗を御觀破遊ばされ、一方に於て朝庭に於ける百濟孫蘇我韓子などの擡頭に依り、天神人祖の御系圖を臣下に共儘寫取らす事は、將來恐るべき弊害あるを御氣附きになり、天之御中主神以前の上代神々の大神名は、騰寫を御禁止になつたものと拜察するのである。

モオゼ時代には「造物主」として拜し奉る神々が明瞭であり、支那に於ても伏羲時代に於ては天神を始め五行神時代の神々の御神德が明確であり、その御神德を型取つて天地の大道を識り建國の基を立て、以て宇宙の規矩を啓示したが、何れの國々も後世に至つて「造物主」の御姿が明瞭を缺く事になつたのも、是等の原因に基因するでないかと思はれる。

篆隷に就て

支那に於て篆書の創設された時代は、之を歷史的に見て何時の時代であるか。その眞僞は兎に角、從來の學說と竹內文献とを對照して検討して見る。

篆　隷

大字典、曰く。隷

晉書衞恆傳に、秦既用レ篆。秦事繁多篆字難レ成。卽令二隷人佐一レ書。曰二隷字一。漢因行レ之隷書者篆之捷也と、康熙字典曰く隷書諸說一ならず、(一)もと賤役者に書するを得せしむる義より出づ　(二)秦の後に盱陽が小篆を變じて作る　(三)程邈獄中にて作ると、蓋し古の篆書は今の眞書行書也と。又曰く、歐陽修集古錄　始誤以二八分書一爲レ隷。書苑云蔡琰言割二程隷八分一取二二分一割二隷篆二分一取二八分一於レ是爲二八分書一。任玠亦云八分酌二乎篆隷之間一則隷之非二八分一可知。

又、大字典に曰く。

篆

古文字の一體

「字源」形勢。竹簡に文字を書くこと。故に竹冠。象は音符。又其文字の一體の名とす。隷書楷書の組となるもの。程邈又は李斯の作なりといふ。秦以前に行はれしが、隷書楷の出るに至り後世は多く銘題又は符節等の字體に用ゆ。

書體の變遷表

周代 古文・大篆 ― 小篆 ― 古隷・八分 ― 楷書 ― 行書

古隷 ― 章艸 ― 草書

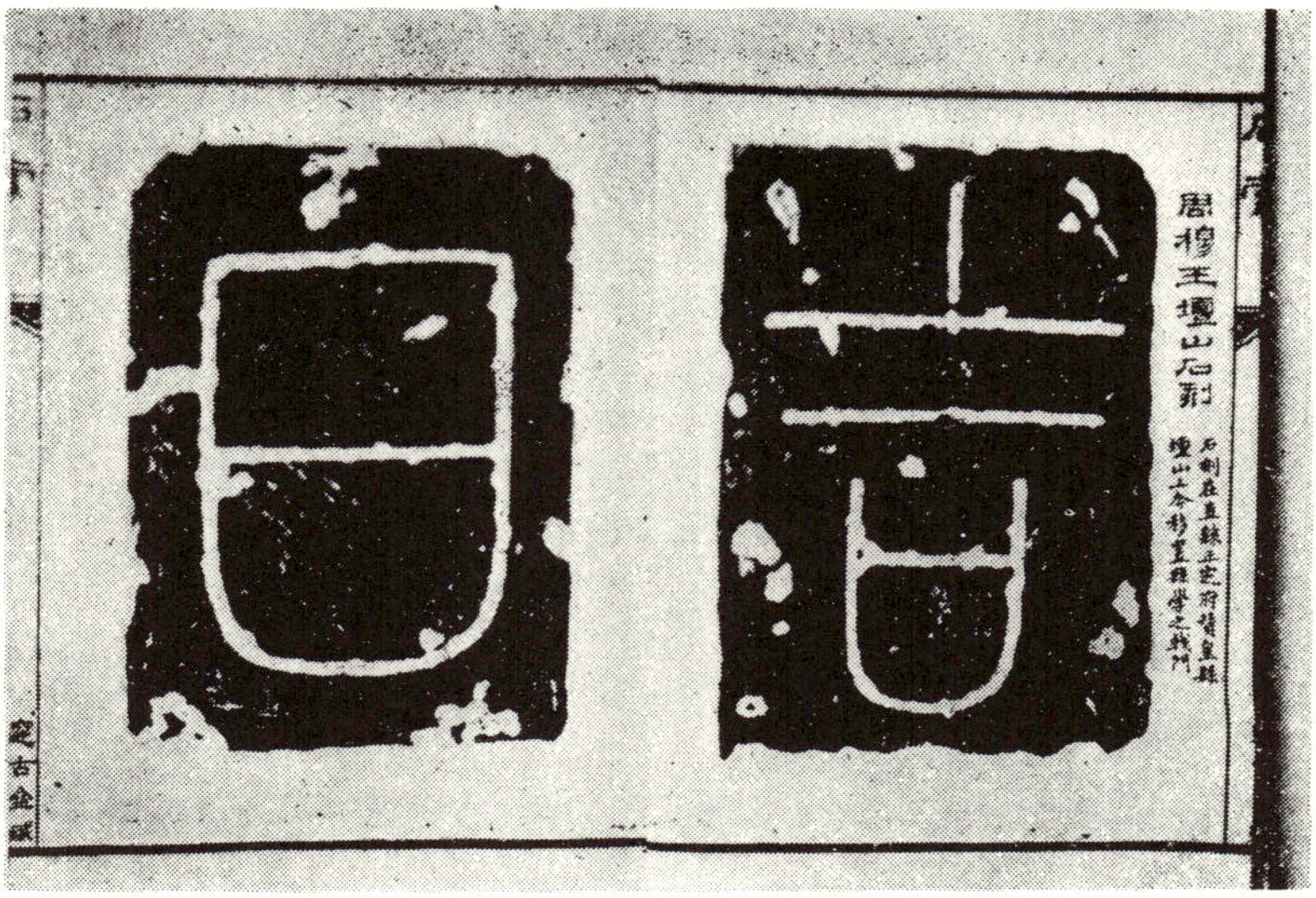

金石索一

碑碣之屬　三代至西漢

紫琅馮雲鵬晏海氏
雲鵷集軒氏同輯

校經山房成記印行

金索一より六に至る内と及び金石索一より六に至る内に時代の最も古い資料として周穆王壇山石刻が収められてゐる。

周穆王は紀元前三四二年卽位。

モオゼを寶達山に祭られた天皇、即ち皇統第九十五代不合七十代神心傳部建天皇卽位二〇九年に當る。

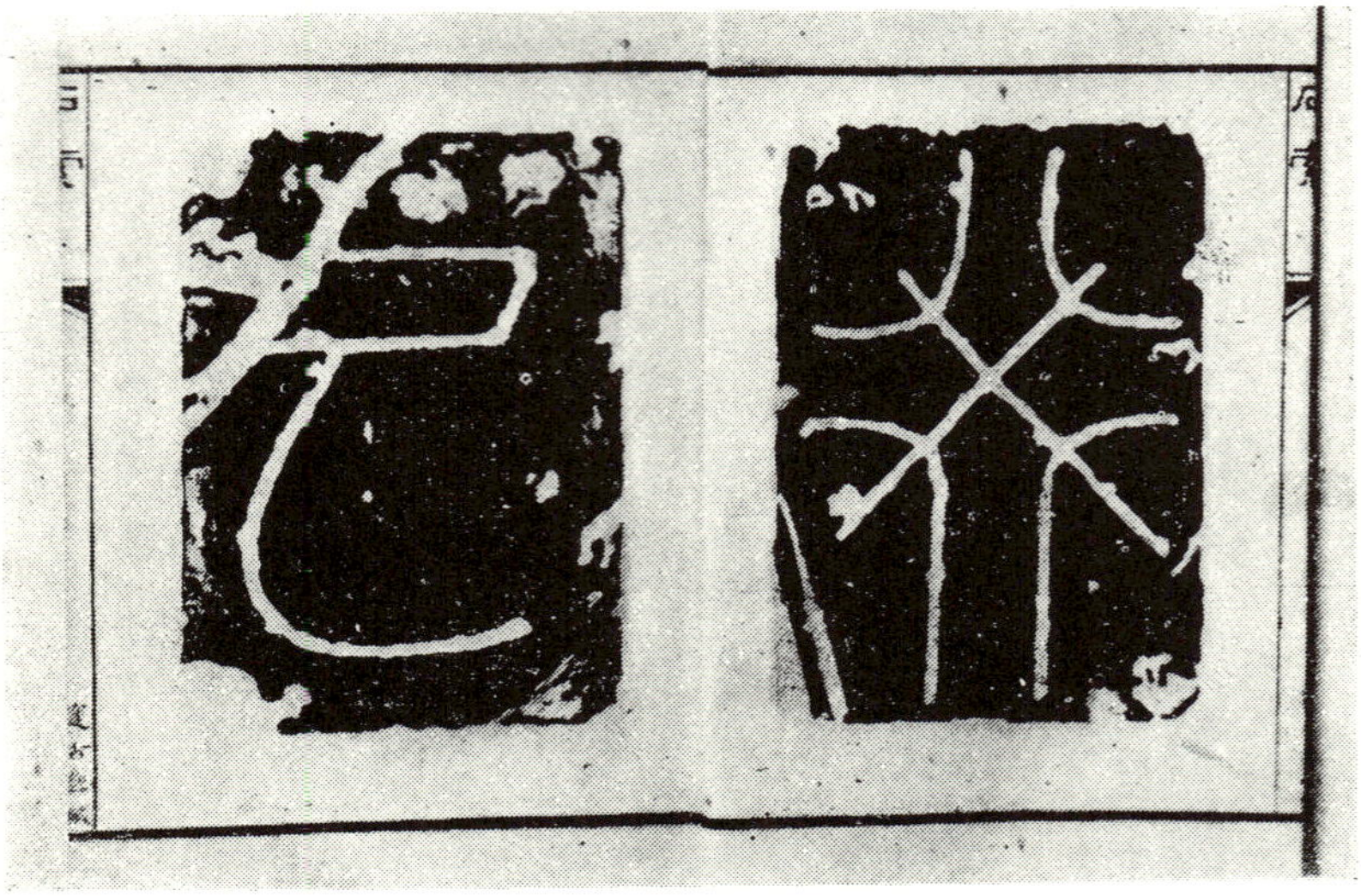

此四字ヲ支那ニ於テハ
吉日　癸巳《キシ》《ミツノトミ》
トスルモ皇國ノ神代文字

デアルト竹内家デ傳ヘテキル

之に就て、支那に斯くの如き石刻がある。穆王は紀元前三百四十一年即位在位五十五年であつた。

周穆王壇山石刻

贊皇縣壇山上有周穆王石刻吉日癸巳四字、漢唐以來、未經人道、宋皇祐四年秋、趙州守將廣平宋公訪得之、命縣令劉莊督王鑿取召歸、次年、夏季、公中祜權郡守事恐其圮剝廼鎸廳事右壁而陷置之并爲之記所謂筆力遒勁有劔拔弩《ヤブル》張之狀者殆非虛語今在縣之戟門歐陽公引穆天子傳云登贊皇以望臨城置壇此山是也壇字以土今記中檀山从木恐誤吉日癸巳猶本傳稱吉日戊午天子大服冕褘吉日甲子天子賓于西王母之類癸巳去甲子方三十日未知即此癸巳否傳又云乃爲銘迹于縣圃以詒後世又云乃紀可迹于弇山之石則穆王石刻亦非一處此紀時而不紀事以田各耳趙明誠金石錄以其字非古文蝌蚪廼類小篆爲疑是不盡肰竊謂古文鑄于鐘鼎科斗施于竹簡若石刻非大篆不可今觀宣王獵碣及孔子書季札墓碑皆不作古文科斗則此四字已開石皷之先聲矣

之を竹内文献に對照して考察するに

の四字は支那に於て『吉日癸巳』なる篆書の字源としてゐるが、日本神代の天字で、皇統第五十二代葺不合二十七代建玉天皇の作らせ給ふ（紀元前一三八七三年天皇即位）

五十一字

の内の『古篆文』の文字と同一である。

天字に屬する神字は頗る多く、その種別を擧ぐれば、

皇統第四十八代
葺不合二十三代

天饒國饒狹眞都國足天皇御作

（紀元前一五、二七八年即位）

五十一字

皇統第五十九代
葺不合三十四代

八千尾龜之男天皇御作

（紀元前一一、三一三年即位）

五十一字

皇統第六十六代
葺不合四十一代

神楯廣幡八十足彦天皇御作

（紀元前九、一一六年即位）

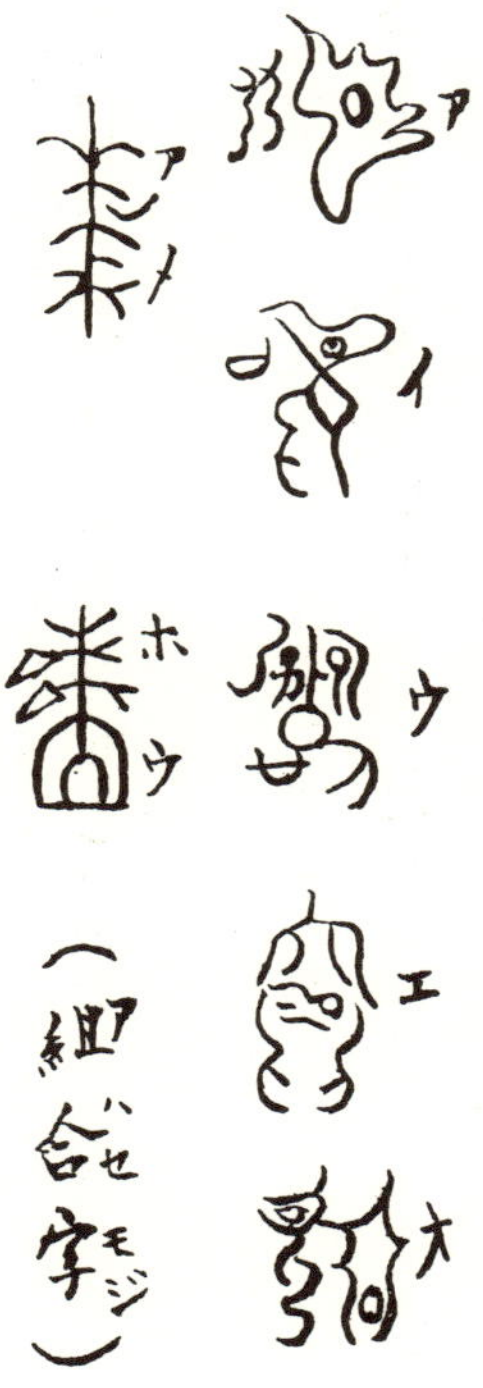

五十一字

皇統第八十四代
葺不合五十九代

天地明玉主照天皇

（紀元前三、八五〇年即位）

五十一字

等あり、組合字として、葺不合三十四代天皇時代のものと、葺不合四十一代天皇の

篆隷に就て

とは同一字である事も見える。

『金索二』周立旗鐸の銘にある「象鳳栖木之形」にある「鳳」の字源かと思料さる。

かく竹内家に各種の神代文字傳はるのは、佛教、耶蘇教に術事《ジンゴト》に使用の文字あるが如く、神道神秘は悉く神代文字を基礎とした關係上、是等の文字は竹内家家傳の奥の卷『神秘術傳』に收めてあつたのであるが、その『神秘術傳』が、竹内巨麿氏に對する不敬事件發生に際し押收後所在不明となり、五十一字の全貌を識る能はずと竹内氏は語つてゐる。

支那に於ける篆書の起源、並に篆書の變化の沿革とも思はるゝ事に就て竹内家の文献に徴するに、曰く

支那國（アジチクニ エダクニ）

伏義氏、神農氏、黄帝、孔子（七十四歳死す）、孟子、始皇帝、武帝、唐高祖、高宗（高帝）迄でに篆書作る。

天國神國の天皇作らせ給ふ天字を作り直して、篆隷萬字を作る、それを篆書と名附くとある。又、

神倭二十二代雄略天皇即位二十三年（註紀元一一三九年）支那に於て、齊高帝篆書萬字作

と傳へてゐる。齊の高帝は漢の相國何の後、（名肅道成）皇紀一一三九年巳未即位、在位四年。竹内家の祖先平群眞鳥大臣の時代である。齊の高帝の建元二年は、皇朝に於ては神倭二十三代清寧天皇御即位の年で、即ち紀

元一一四〇年に當る。

支那に於ては、高帝の次に武帝位に即き、大に國學を建てたが、篆隷の改造は此の時代を以て最後の幕を閉ちたものと思料さる。

即ち支那に於ける篆書は皇統第五十二代葺不合二十七代建玉天皇（紀元前一三、八七三年御即位）作らせ給ふ天字を以て基本と爲し其他の日本の神代文字を採り構成せるものと思料さる。

而して伏義氏、天能氏時代より之を傳へ、周時代に至つて定つた所を後世に傳へたものと思はれるのである。

左に「篆書千字序」を掲げ參考に資する次第である。

金石萃編　載する處の

篆書千字文序　文刻夢英篆書千文碑二十一行　三十五字正書

前攝忠武軍節度巡官皇甫儼奉　命書

在昔政弊結繩變生畫卦觀科斗之取象自鳥蹟之椎輪六法陳而大篆興八體分而異端起曰上下而插事仰日月以象形理既會元文亦隨變崩雲垂露窮萬化以通神鳳舞龍讓鬪千門而企　聖雖學徒甚衆而能者蓋有　僧夢瑛荊楚之開士也本共鄉黨靑草連洞庭之波詢其名位紫稻惹田衣之色幼探內典志在於法觀旁通外學行在於篆書嘗以世之千字言無二者禪師智永遺蹟斯在遂服膺肆業自我作式易銀鉤爲玉筋代隷字以古文工隨歲深名曰藝顯聚弃筆以

成塚顧臨池而盡墨更縮沒而蔡邕作陽水死而　夢瑛生則代不乏賢諒非虛語　聖朝丁夘歲瑛公來自咸鎬觀光　象魏袖所業千文惠然見貺且曰　今太尉相國濮陽公建節關中表率西夏犁瓶錫書棲賓館隱几函杖屢親講席俾勒斯文用傳不朽以轂三署交官　七朝掌誥請陳事實用紀碑陰撫紘雖昧於希聲搦管聊書於小序庶使陳倉獵碣同瞻拂劫之衣沒塚鈞編不化焚書之火時仲春十日翰林學士承　旨刑部尚書知

制誥判吏部流內銓事陶轂於　東京序

大朱乾德五年九月二十八日立

推誠奉義翊戴功臣永興軍節度管內觀察處置等使特進檢校太尉同中書門下二品行京圯尹上柱國濮陽郡開國公食邑二千七百戶食實封八百戶吳廷祚建

武威郡安仁裕刊字

英公于篆書獨推李監而陶承旨轂此序亦云陽冰死而夢瑛生其然乎序書出皇甫儼手可謂升率更之堂者　石墨鐫華

按太祖紀乾德五年十一月癸卯改元開寶此碑以九月二十八日立故仍稱乾德五年文爲夢瑛千文序千文刻于正面此序即刻于其陰千文以乾德三年刻陶轂撰序在丁卯仲春爲乾德四年而刻以五年蓋非一時之事也序末與千文同列吳廷祚銜名史載廷祚以乾德二年改鎭京兆開寶四年來朝遇疾卒其在京兆八年之久矣宋史陶轂傳太祖將受禪未有禪文轂出諸懷中以進太祖甚薄之此序乃自述其三署交官七朝掌誥誇以爲榮甚矣其鄙也傳又稱轂諸子佛老咸所總覽宣其爲英公作此序也函丈作函杖全謝山云出禮記王子雍本

吉田云、科斗とは科斗文字である。科斗文字は蝌蚪文字である。即ち皇國の神字である。像形神字である。精密に神字の内容を分析すれば、天字あり、惠比壽文字あり、結繩、鍥木、天日靈、天越根、スメル、星等の神字數百種あり、支那は之れに勝手な名稱を付けたものである。

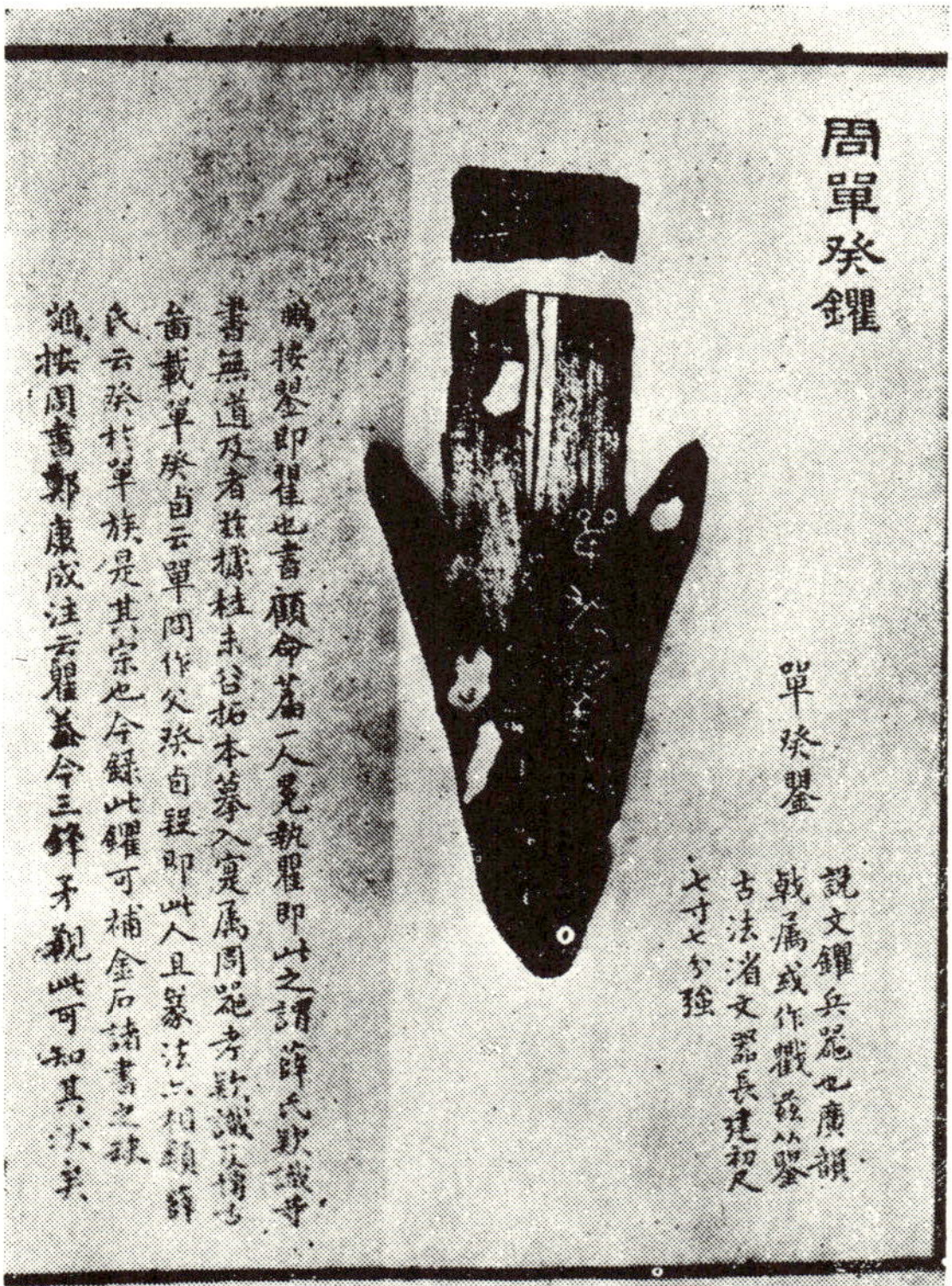

を癸としたる例

科斗文字は皇國の神字である。尙ほ此の碑文並に天字に就て述ぶべき點多々あるも省略す。

次に※を癸とした一例を上圖に參考に掲ぐ。

篆書千字文

金石萃編　巻一百二十四　宋二

安太祖紀乾德五年九月二十八日建碑　（同年十一月改元開寶）

乾德五年は紀元一六二七年、神倭六十三代村上天皇即位二十一年、即ち康保四年に當る。竹内文献に傳ふる、皇國の天字を以て、齊高帝時代を以て篆隷完成せりといへば、齊高帝の即位、建元元年は皇紀一一三九年。神倭二十二代雄畧天皇即位二十三年に當り、翌年（紀一一四〇年）二十三代清寧天皇御即位遊ばされたのである。

篆書千字文の建碑は、齊の高帝即位後實に四百六拾八年に當る。

故に、支那に於ける漢字文化は、支那傳統の國粹でなく、字數が多くなるに從つて、益々字源と遠かり、道を說く者が多くなるに從つて愈々本來の精神から拔け出して了つたものの如くに思はれる。

文字の變遷に就ても、之を歴史的にその沿革を調べて見ると、支那に於ける漢字の字源の如きは殆んど顧みられなくなり、偶々字源と思はるゝ資料があつても、之れを取扱ふ學者が瓦礫の如く棄てゝ居り、漢字の字源は象形であるといふ學說を持つてゐても、現實にその實物に遭遇すると、此れは繪畫文字である、繪畫であつて文字でないと、斥けて了ふのである。そして、後世の大篆、小篆の如きを以て支那の最も古い字源であるかの如く推斷して了ふのである。故に支那に於ける篆書以前には、文化も文字もないものと妄斷する者があるけれども、之を泰西と比較し遙かに古い文化を支那は持つてゐたと私は斷ずる。唯だ學者の認識不足研究不足に依り之が不明となつたものと思ふ。

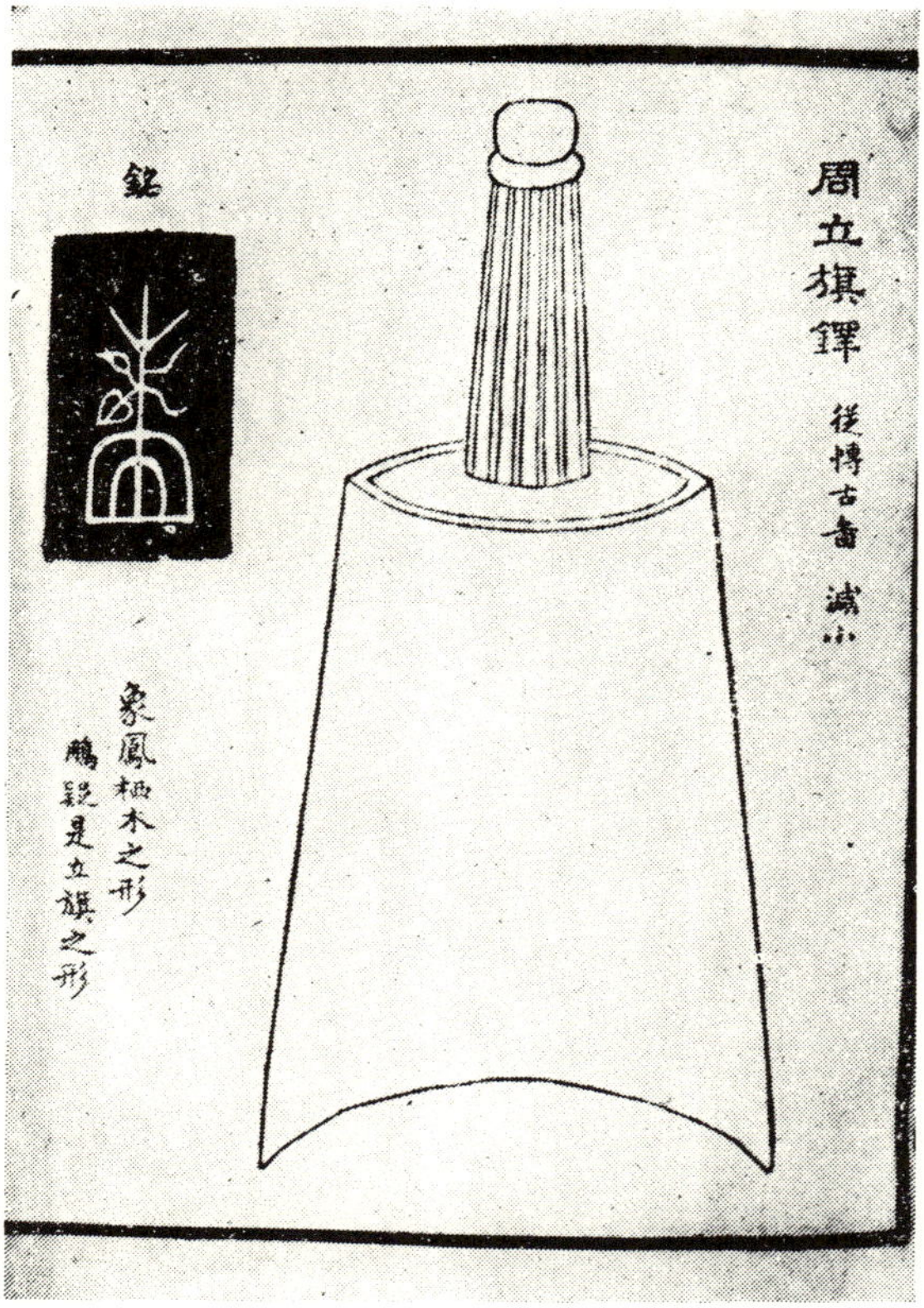

天字の組合文字《アハセモジ》

金索二

博古銀云器高六寸八分柄長四寸七分上徑長二寸四分横三寸下徑長四寸四分横五寸二分重七斤三兩銘作鳳栖木形是器也周官鼓人以金鐸通鼓凡樂舞必振鐸以爲之節銘之以鳳亦取鳳皇來儀之象鵬按周禮振鐸作旗此疑軍旅所用之鐸以之作旗其銘文乃立旗之象也

竹内文献

八

皇統五十九代葺不合三十四代八千尾龜之男天皇作らせ給ふ神字五十一音字中の『ホ、ウ』二字と同一なり、ホは火、ウは五行よりへば南方位火で、何れも火であるが、天地の意を表はしてゐる。

竹内文献中、神代文字巻、古記録中には、此種の組合文字が非常に多い、巻物の巻頭又は末尾には必らず、此種の文字が書いてある。假に今日解體して幾字かの神字を得ても、現代人に解し得ないのである。

太古神代の神々が何故に一般人の理解し得ない文字を以て書いて置たか、そこに神國の神秘術傳の大秘法があり、五十一字の活躍と排列、五行の位置、神秘の術と對照し、萬古不易の意義現はれ、正しくその條理を說けば如何なる愚者も之を納得し得るのである。

殊に太古に於ては、後日に眞僞を證する爲め印章を用ゆる事を爲さず、努めて僞物作成を不可能ならしむる爲め、花押の代りに之を用ひたもので、後世の花押は或は之に倣つたものかとも思はれるのである。

組合文字の解說にして、此原理を放れたるものは、正しい解說といへないのである。

星　文　字

石索一　巻末

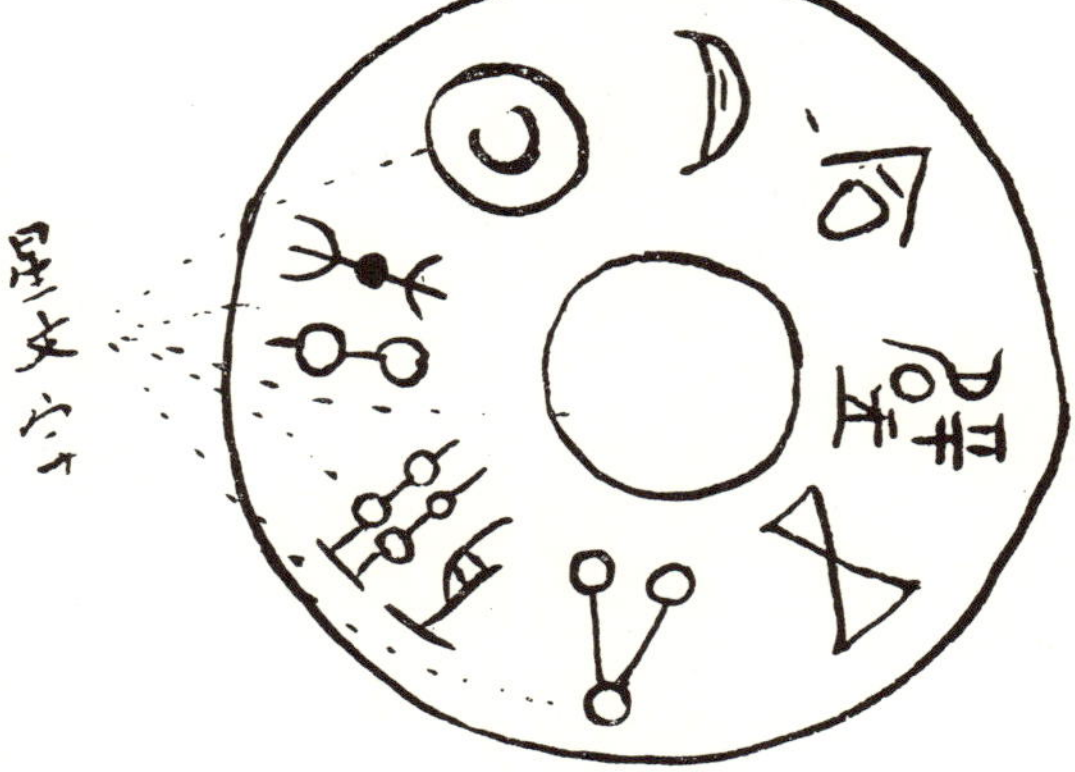

神國の神字
星文字五字、内二字は組合文字《アヘス》。
他は神字又は神字の組合文字なり
八方・五行、十干の型を現はす

解說無き爲め、如何なる意味で、何に用ひられたか不明なるは遺憾であるが、玆に支那上代に於て皇國の神字が採り入れられてゐた一證とするに足るが故に、參考として揭げて置く。

參考
支那古文書　金石索　序文ノ内

古人之精神託諸文字而有裨世用者其氣常與天地相流通出之也有時而精力亦與時相代謝其未出也若常留不敝以有待逮於既出敝亦及之而其出相踵仍不以敝而總金石刻識之傳流者多或百少或片語蓋文字之小々者耳而其於拾遺補藝有功於載籍昔之人諄々言之歐趙引其端洪薛暢其支自爾以還流日益長趣日益博孜據日益確歐趙所見今不盡見也賴歐趙以存令人所見後人未必盡見也則賴今人以存繼此而有所見者相與引續於不替凡志古者皆與有責焉矣古人所爲守先聖待後學其意豈越於此乎通州馮君晏海與其弟集軒大令所輯金石索郵書見示所著錄多前人所未見又殷々問余所藏寺將幷以人錄余既嘉馮君搜覽之勤而彌歎其篤志於古爲不可及也李大令申耆嘗爲余言曩游粤東閱邱肆見壞銅甏々中有一鼎跛且穿而銘文數十字尚可讀越日攜泉往贖之則已雜諸敗器投冶矣嗟乎藏而出出而敝理數之常然也有傳之者卽敝亦何憾斯哲何爲而出哉金石尚不能以自壽固如斯夫馮君其益勉之矣吾年衰晚不能息肩君魯我秦各有所誼吾雖滯跡關中屢更寒暑而身已衰病不能跋涉縱有名勝付之夢想何如君兄弟偕行有奇共賞雖殘垣壁絕壑窮岩亦欣々然自慶其遭者哉

道光二季七月武進趙懷玉序時年七十有六

是歲十有二月濟水鄭勉書

薈粹金石之刻至今日而極盛以余所見如青浦王氏偃師武氏山陽吳氏陽湖孫氏儀徵阮氏平湖朱氏諸家皆蒐輯繁富考据

精審覽者如入琳宮而覩海藏矣近又得馮晏海先生金石索二編乃嘆天地間奇寶時出不窮而好古蹟學之士之所見聞尤日新而不已也金索自鐘鼎以逮鏡鑑石索自碑碣以逮瓦甎靡不賅備自三皇以至有元自中土以至外國靡不綜採陸離斑駮開卷爛然又皆手自摹寫詳々加釐訂其於青浦諸家不知其孰爲後先要其書洵文海之珠船藝林之寶鑑矣先生喆弟起家進士作宰名區先生矻窮年人以是爲大馮君惜吾不謂然天欲以吉金樂石不朽先生固不欲紆朱懷金爲先生溷也嗣君子朗館余家久得備聞先生學行辱索辯言於是乎書

道光甲申小滿節歙鮑勳茂謹叙

題金索拓本原序

沇州試院見壁間字幅科斗龍鳥諸體悉備喜其奧博審爲滋陽大令集軒明府之昆晏海岀生所作集軒名進士有治聲洵難兄難弟也兎而集軒岀此本相示余惟結繩而後書體代變學者收知古文舍金石奚據顧石易泐而金可久且崇碑巨碣移搨維艱自不如金器之易摹宣和博古圖所載皆金器也古金器著錄多矣然親見而手搨之則恒不足爲據卽如一比干銅監銘也嘯古堂集錄與汝帖所刻迥殊其他可知往嘗見翁宜泉前輩所搨錢譜至於古刀布極小洋錢字畫人面花紋細入寬芒嘆其精妙合觀馮君此本摹搨之工殆欽相並且考訂精當信而有徵不獨古器與銘賴以不朽其開益學者亦不少也歐陽子有曰物聚於所好而貴得於有力之難余沒有力非難好古者難耳馮君一游山左面所爲已如是自玆以注游歷益多不盡收天下金石文不止豈特編已乎因懷余以袁州昌山嶼迅激多懷舟雲崖碑文字奇古不可滅相傳召能讀者金舡立見余嘗舟過其下以程急未暇

登覽也古博好奇如馮倘々過焉其必有以辨之矣
嘉慶二十三年歲在戊寅夏六月
筠谷愚弟辛從益謹跋

余官江右時卽聞馮君集軒令滋陽有善政及來兗州益審其詳暇乃叩其所學則曰某之學受於某兄晏海某兄生平無他好獨嗜金石文字若性命竭數十年心力搜羅考校得金索六卷石索六卷至今猶昕夕以之也窺其意若甚得者然翌日晏海來言之尤娓之且曰吾每夜料量諸事畢必爇燭手校不見跋不正也盖其所得者深矣夫其事而無所得者其入之也必不深則其傳之也必不永今馮君兄弟之所得如是其必有以永傳乎抑聞顧亭林先生有言金石碑刻可以考校經史譌誤盖其傳常千百年多古文字所賴有心者收拾之尤賴有識者辨正之也經史之學榛蕪久矣然則是編之作厥功不其偉歟
道光三年秋七月年愚弟賀長齡叙

粤稽湯盤孔鼎肇自商周迨夫董薛諸家備載周鼎秦權類皆模範吉金而石墨尙少雖夏禹有岣嶁之碑周宣有岐陽之皷宣尼有季子之銘後人尙疑信參半大抵三代以前金爲多迨秦斯刻石以來漢世紀頌功德多在樂石梁元帝碑英一書今不可見自歐趙諸家下至吾子行及近代都穆趙崡輩遞相着錄考據益詳往々訂經史之闕譌非苟焉已也通州馮晏海集軒昆季皆婞脩博識尤篤嗜斯事探源溯本其用心致力不啻寢饋於斯故於游歷所經掇拾刻訊四方交游又或拓本餽遺齎器商定集軒旋宰

巘山卽漢瑯邱亢父之遺墟憑弔古蹟綱羅浸廣遂相與圖形寫象心摹手追鉤元索隱閒以題詠凡有質證發明多前人所未道幾數十萬言積累寒暑合手釐正勒爲金石索十二卷將以信今貽後承示卒讀不覺慨然興歎竊謂六書相沿時代遞嬗曼衍數十百年中間千態萬趣鈲離踳駁未堪更僕顧古人往矣僅々藉簡策流傳復雜以傳寫承譌鴻都審定在漢獨得中郎後人守祭酒之說斤々然嚴畫界而好奇之輩又多飾辭逞臆動引古人之疷類誕妄破壞小學放紛將奚賴耶蓋古人之典章制度與夫雅俗風尚於金石文字中求之稍々得當緣其流傳既古縱不免於沈霾土壤然斷爛破缺之餘苟遇好學深思者罔不藉資考證至若稱伐樹勳錫命鐘鼎脩身律已垂訓槃匜卽砥行立名亦多裨益後之人既重其器又重其文於以生仰止景行之思豈得謂之玩物喪志哉今集軒活氓有聲廉靜爲治晏海履道含貞有子成進士將出膺百里之寄三不朽之原正未有艾則金石索一篇爲庭誥爲治譜胥於是乎寓又匪僅考證之資云爾是爲序

道光丁亥初春福州梁章鉅撰并書

書金石索後

余夙聞通州馮晏海集軒昆仲著是書今始得而見之其審定之精確攷證之博洽諸叙備矣竊謂着錄金石家往々撫其文而不必盡見其器徒愛其詞義奧衍曲申其說罕別眞僞有以仿鑄尊彝僞造配本而與秦漢之物同編者矣又詳於久遠而忽於遠代一似六朝以後無足稱述抑思春秋之重外器祇述前王唐世之訪古書未逾千祀居今以溯唐遠者千年近亦不下五六百年亦何異於春秋之慕之古唐人之思兩漢乎是書廣縣兼收良足極斯流弊而器多目覩字必手撫兩君之用功于此可謂勤矣余不

斂不足以迹古文繙閲數過但覺撫釋諸書各體皆備非第博物之奇能抑亦監記之極則也集軒屬爲題識爰書于後以志欽提

道光乙未秋七月山陰平翰跋

凡物必聚於性之所好與情之所專又必才足以傾倒一世學足以博極羣書識足以鑒別千古而後卓然一家之言以信今傳後而無疑

晏海先生江左宿儒洽聞强記於探幽索隱之功爲尤多余耳其名久丁丑春余守是邦適先生哲弟集軒明府以名進士來尹滋邑始獲與先生交聆其言論風旨彬々儒雅益心折其人聘同閲試卷者再且延主講東魯書院多士咸服其公允滋爲南北之衝冠蓋往來輪蹄絡繹　先生佐其弟爲賢令尹公餘輒手一編不輟故其著作等身人所共覩近復以所輯金石索一書見示披覽之下陸離斑駁古意盎然覺周鼎商彝粲然在目其間或購之賈肆或得自贈遺或搜羅於深山邃谷之中蔓草荒祠之內大而燈鼎尊彝小而羊瓶片石凡屬先代所留傳前賢之手澤銘詞足據文獻有徵無不釐然具備其攷核之精詳論駁之確當實有發前賢之未發爲唐宋諸儒拾遺補缺者而又手自勾摹工細曲肖不知幾經歲月萃精會神而後成此不朽之盛業也非其性情之好且專而才識學三者之過人而何以得此而後嘆我考据之學遠過前代而天地之菁英山川之寶藏方且日出而不窮噫洵足爲宇內之大觀矣　先生今偕集軒明府莅任膠東於其行也書以䟦其後即以爲贈行之作可也時道光三年歲次癸未七月既望

知山東兗州府事長白景慶序并書

原本景印

說文古籀疏證

民國十七年五月印行

上海 中一書局 受古書店 印行

說文古籀疏證序

皇帝造二甲子一以通二八卦之氣一而文字之於二六書一猶二月之於一レ□也、溯有二文字一以來自二童子束髮一就レ傅、以至耄老無二一日可一レ離、而其於道也若遠若近、忽明、忽昧、亦猶二晦朔弦望之隨レ日消息一終身由レ之、而莫レ知二其所以一レ然者故執二文字一而即以爲二道不レ知者一也、習二文字一而終身不レ知レ道不レ知二文字一者也、由二文字一以求二甲子一由二甲子一以求二八卦一知二歸藏一納レ甲之義、與二周易一相輔、而行二八卦一非二文字一而八卦之名有不レ能下不レ假二文字一以明上レ之者、余嘗致二商周彝一器文如二震兌巽艮一其字皆取於月是殷人歸藏之卦、亦流傳於二吉金銘勒一推而廣レ之一名一物、一動一植、有二文字一者悉寓至道於其中非兵燹所能侵蝕決可知也、聖世化成人文大啓、承學之士、無レ不二吟誦一、編摩發下前人所中未レ發不一レ及、今擧、小篆偏旁條例、一爲二變通一、使二倉籀遺文一竟同二辨毫之敝一誠有レ難下己於上レ言上者、說文所レ收九千三百五十三字、有轉寫レ之訛、無二虛造之妄一惟分二析偏旁一以二篆文一爲二主古篆以一レ之或有二古籀一爲二部首一者亦必篆文所レ以レ之字、葢古文、自二嬴秦滅學之後一久絕、師傳當時、初除挾書レ之律閭里書、師各以レ意指授、皆小篆也、相傳孔子壁中書、臧二於祕府一謂二之中古文一能讀者尠、尙書書家言、今文者皆伏生、伏生、爲レ秦博士不レ得、私習二古文一至レ老一而求得二壁臧書一諒亦以レ意屬讀、而已、張懷瓘云、漢文帝時、秦博士伏勝獻二古文尚書一是伏生亦以二今文一讀二古文一與、孔安國同王莽使二甄豐一改定二古文一豐二不レ能レ明往々雜二以小篆一、一今所レ傳刀布是也、叉、秦八體之大篆、即秦篆之繁者、其省者謂二之小篆一、在下漢時皆以レ秦大篆、爲中籀文上謂二之史書一尉律一云諷二籀文、九千字一乃得爲二吏漢藝文志一有二史籀十五篇一秦時先代之書、掃レ地盡、矣、安レ得二籀文獨完一且首例於八體此理所二必無一レ持、秦大篆、間有下從二古籀增損一者上耳、古籀既亡二建武時一、大篆亦殘鈌、故舍二小篆一無レ可レ徵、或謂二說文之五百四十部一如二易之六十四卦一不レ可レ略、有二增損一其然豈其然乎、鶡冠子云、倉頡作法書、以二甲子一今卽、許氏、至レ始一終亥、乃文字之所二由起一其據レ形聯系不レ以二甲乙一但據二偏旁一亦有レ不レ得レ已、而然者顧、偏旁條例、正二以古籀一自レ甲至レ亥分爲二二十二部一條理件繫觸類引申、至賾而、不レ可レ惡二至動一而不レ可二亂冀一以通二古今一之變窮天工之奧辨萬類之情、成一家之學桑楡景迫二一豎相侵不能卒業、姑就二舊稿中一擇二其稍可自信者一著二於篇一思慮昏眊、繁穰無レ裁俟下後之君子匡中其非上竟其緒焉

莊珍藝先生傳

先生、姓、莊氏、名、述祖、字、葆琛、先世自二金椎一遷二常州府武進縣一遂著籍、五世祖、廷臣天啓中名臣終湖、廣左布祖柱

皇贈二光祿大夫一浙江悔防兵備道、父培因翰林院侍講學士、世父存與禮部侍郎先生、十歲、而孤力學二自守一不レ屑二

榮利㆒乾隆丁酉、中江南鄕、試庚子成進士歸班銓選庚戌調選得山東昌樂縣辛亥之任逾年調濰縣明暢吏治刑獄得中豪猾斂嘗勘鹻地衆以爲斥鹵也、先生指㆓路旁草問㆒何㆑名曰、馬帚先生笑曰、此於㆑經名荓夏正荓秀記時凡沙土草荓者宜禾何謂鹻衆皆服甲寅以草異引見還檄授曹州府桃源同知不㆒月呈請終養丁巳年七月、歸著書、色養者十六年未㆘嘗㆒日離㆗左右㆖嘉慶二十一年六月廿三日、卒侍郎公博通㆔六藝㆒高朗潤㆓達、於聖人微言奧義㆒能深探、而擴言之先生淵源既邃、益研求精密於世儒所忽不經意者、蹈閒覃思獨闢㆓天地㆒以爲、連山亡而尙存㆑夏、小正歸㆓藏亡㆒而尙倉頡古文略、可㆑稽㆓求義類㆒、故著、夏小正、經傳、考釋、以斗柄南門織女記、天行之不變、以參中火中紀㆑日度㆑之差、以㆓二月丁卯㆒、知㆓夏時㆒以㆓正月甲寅㆒啓㆓蟄爲㆒歷元歲祭、爲郊萬用入學爲禘博覽載籍精思、而串貫之著、古文甲乙篇、謂㆓許叔重始一終亥㆒偏旁條例、所㆓由出㆒日辰幹支、黃帝世大撓㆑所㆑作沮誦、蒼頡名之以㆓易結繩㆒伏羲畫㆓八卦㆒作㆓十言之敎之後以㆓此三十二類㆒爲㆓正名百物之本㆒故歸藏爲黃帝易就㆓許氏、偏旁條例㆒以幹支別爲㆓序次㆒凡許書所㆑存及見㆑於㆓金石文字㆒者、分別部居、各就㆓條理皆義理㆒宏達洞見、原本爲㆓前賢所㆑未㆑有、五經悉有㆓所㆑撰著旁及逸周書㆒尙書大傳、史記、白虎通、其舛句訛、字佚文脫簡易次換弟艸薙腋補、咸有㆓證據㆒無㆑不㆑疏通㆓曠然思慮之表㆒若面稽㆓古人㆒而整㆓此之㆒也所㆑著書三十七種、若干卷、惟夏小正已、具甲乙篇、未㆑竟、而條理粗備、俟㆓有志者成㆒㆑之、餘皆啓其端緖、引而申㆑之者存㆓乎其人㆒焉

李兆洛、曰、今世所謂學者、求㆔其嚮慕於㆓古初難㆒矣、其有㆓綜覽多聞㆒希自㆓標異㆒或襲㆓古獵說因㆒而重㆑之或貌㆓古色㆒取㆑寵、而有焉、皆未嘗求㆓之於心㆒而苟恣㆑於㆓口耳之間㆒者也、心求㆑之者、神與㆓古冥㆒念㆑之、所㆑發㆓思之㆒

所㆑觸回翔㆓反覆㆒無㆑不㆓於是㆒而後、精融形釋、不期而與之化焉而後古人之神與之相通動念措思無不古人也、於是著之於言高薄穹顥微入翾忽悉成典要讀其書者遂若接古人於一室可與酬酢晤言而凡猥之識鄙悖之想不自知其泯焉盡也兆路蓋讀先生諸書而怳然遇之焉

武陽舊志儒林傳

莊述祖字葆琛培因子十歲而孤隆四十五年成進士歷官山東濰縣知縣明陽吏治刑獄得中豪猾斂跡嘗勘鹺地衆以爲斥鹵也述祖指路旁草問何名曰馬帚笑答曰此於經名萃夏正以萃秀紀時凡沙土草萃者宜禾何謂鹺衆皆服請終養歸著書色養者十六年未嘗一日離左右述祖家學淵源研求精密於世儒所忽不經意者覃思獨闢洞見本源所著夏小正經傳考釋及古文甲乙篇皆義理宏達爲前賢所未有五經悉有撰著旁及逸周書尙書大傳史記白虎通於其舛句訛字佚文脫簡編輯次序博引證據不啻面稽古人也所著書目並載藝文志中子又朔字稺莫幼承庭訓學有家法工篆籀楷書秀潤似文徵明

說文古籀補

（卷頭語）

說文古籀補敍

今世無許書無識字者矣非古聖之字雖識猶不識矣今世無鐘鼎字無通許書字正許書字補許書字者矣斯相之長逢祖龍之焚坑豈意孔子宅壁尙存古經郡國山川往々得鼎彝有所不能盡燔者乎許氏之書至宋始著傳寫自多失眞所引古文校以今

傳周末古器字則相似疑孔壁古經亦周末人傳寫故籀書則多不如今之古鼓古文則多不似今之古鐘鼎亦不說某爲某鐘某鼎字必嚮搨以前古器字無氈墨傳布許氏未能足徵宋宣和博古圖呂與叔考古圖版本薛尙功款識帖石本以後雖摹其文多以己意及宋人所謂古篆法寫大意不能傳眞矩薙形神無從攷索至我朝而許氏之學大明鐘鼎之字亦大顯儀徵阮文達公先成積古齋鐘鼎款識一書最爲精善傳布於天下所收王復齋鐘鼎款識拓冊亦爲最古文達爲先文慤公童試師官太傅時謁於京第知祺好古文字以天機清妙爲譽書論鐘鼎詩於紈扇以賜時漢陽葉東卿駕部海豐吳子苾閣學道州何子貞同年皆以文字及先公門諸城李方赤外舅劉燕庭世大安邱王菉友婣丈日照許印林同年皆在京師嘉興張叔未解元徐籀莊明經皆南中未見忘年交共以古文相賞析祺嘗欲輯本朝許氏學之說爲說文統編以一字爲一類先列鐘鼎古字次以許氏籀文古文字古文無則前闕文古字不可釋則附各部後存之再次以許氏學各家說又次以古訓詁古音韻各家說有志而學與力不能就同治癸酉友人爲乞吳縣吳淸卿館大古篆楹帖書問先至十餘年來雖視學於秦振荒於燕豫晉籌屯防於古肅愼未少間軍旅之暇未嘗釋卷癸未成說文古籀補十冊三千五百餘字溯許書之原快學者之覩使上古造字之義尙有可尋起叔重而質之亦當謂實獲我心況漢以後乎曰許氏之功臣也可曰倉聖之功臣也可後之學者述而明之必基乎此矣光緒十年歲在甲申正月三日己卯濰縣陳介祺敘

說文古籀補敘

古籀之亡不亡于秦而亡于七國爲其變亂古籀各自立異使後人不能盡識也幸而有三代彝器猶存十一于千百攷許氏說文

解字記云壁中書者魯恭王壞孔子宅而得禮記尚書春秋論語孝經又北平侯張倉獻春秋左氏傳郡國亦往々於山川得鼎彝其銘卽前代之古文皆自相似又云其稱易孟氏書孔氏詩毛氏禮周官春秋左氏論語孝經皆古文也其於所不知蓋闕如也不言博采鼎彝文字者殆許氏所未見闕而不錄所謂稽譔其說信而有證矣竊謂許氏以壁中書爲古文疑皆周末七國時所作古語異聲文字異形非復孔子六經之舊簡雖存篆籀之跡實多譌僞之形自宋以來來鐘鼎彝器之文始見于著錄然呂薛之書傳寫覆刻多失本眞我

朝乾隆以後士大夫詁經之學兼及鐘鼎彝器款識攷文辨俗引義博聞阮吳所錄許徐所釋多本經說有裨來學百餘年來古金文字日出不窮援甲證乙眞贋釐然審擇旣精推闡益廣鑿傳會之蔽日久自彰見多自塙有許書所引之古籀不類周禮六書者有古器習見之形體不載於說文者撮其大略可以類推如許書示古文作[illegible]玉古文作[illegible]中古文作[illegible]籀文作[illegible]古古文作[illegible]言旁字古文皆作[illegible]革古文作[illegible]及古文作[illegible][illegible]殳古文作[illegible]畫古文作[illegible][illegible]目古文作[illegible][illegible]敢籀文作[illegible]古文作[illegible]𠭁古文作[illegible]乃古文作[illegible]籀文作[illegible]丹古文作[illegible]青古文作[illegible]韋古文作[illegible]桀古文作[illegible]以几之類以古器銘文偏旁證之多不相類其爲周末文字可知古器習見之字卽成周通用之政如王在之[illegible]若曰之[illegible]對揚之[illegible]皇考之[illegible]召伯之[illegible]邾子之[illegible]鄭伯之[illegible]以及[illegible][illegible][illegible][illegible][illegible][illegible]等器[illegible][illegible][illegible][illegible][illegible]等字甲作十丁作口壬作工丑作[illegible]寅作[illegible]　皆許氏古文所無故全書屢引秦刻石而不引某鏡某鼎之文又按說文𦉼引給也不曰古文以爲擇字乍止也一曰亾也不曰古文以爲作字各異辭也不曰古文以爲格字令發條也命他也不曰古支令命爲一字不鳥飛上翔不下來也不曰古文以爲丕字酉就也八月黍成可爲酎酒象古文酉之形不曰古文以爲酒字對譍無方也對或以士漢文帝以爲責對而爲言多非誠對故去其口以士也今所見古器文多作

[illegible]無从口者自非漢時所改然則郡國所出鼎彝許氏實未之見而魯恭王所得壁經又皆戰國時詭更變亂之字至以文考文王文人讀爲寍考寍王寍人宜許氏之不獲見古籀眞跡也大澂篤耆古文童而習之積三十年搜羅不倦豐岐京洛之野足跡所經地不愛寶又獲交當代博物君子擴我見聞相與折衷以求其是師友所遺拓墨片紙珍若球圖研精究微辨及瘢肘爰取古彝器文擇其顯而易視而可識者得三千五百餘字彙錄成編參以故訓附以已意名曰說文古籀補蓋是編所集多許氏所未收有可以正俗書之謬誤者閒有一二與許書重復之字並存之以資攷證不分古文籀文闕其所不知也某字必詳其器不敢嚮壁虛造也辨釋未當概不羼入昭其信也衆解不獲者存其字不繹其義不敢以巧說衺辭使天下學者疑也石鼓殘字皆史籀之遺有與金文相發明者古幣古鉩古陶器文亦皆在小篆以前爲秦燔所不及因並錄之有抱殘守闕之義焉至[illegible]之讀賂[illegible]之从須[illegible]之从雞雖近希聞實資深討後之覽者或有以究聖人作述之微存三代形聲之舊仍不乖許氏遵修舊文之意云爾夫倉頡爰歷博學凡將訓纂諸篇世無傳書其詳不可得而聞若郭宗正之汗簡夏英公之古文四聲韻援据雖博蕪穢滋疑小子不敏誠不敢襲其舊蹈其轍也光緒九年癸未夏六月吳縣吳大澂撰

說文古籀補

凡例

一古器所レ見之字、有ニ與許書一字體小異者上如下廟之从レ[illegible]悊之以レ[illegible]復之从レ[illegible]之从レ宲保之以レ[illegible]昧作レ[illegible]射作レ[illegible]高作レ[illegible]俘作レ[illegible]之類上、可レ見ニ古聖造字之意一可レ正ニ小篆傳寫之訛一、閒有ニ與許書所載古籀文一同者、亦竝錄レ之以資ニ

攷證二不レ嫌其複也

一古器通用之字、有二與許書一詁訓不レ合者如且爲祖考字訶爲歌舞字必爲韠市字屯爲古純字賞爲古償字并爲古郱字者爲古諸字生爲古姓字一字二解者兮隸兩部注明某字重文

一所編之字皆據レ墨拓二原本一去レ僞存レ眞、手自摹寫以免二舛誤一至博古考、古圖及薛氏阮氏吳氏之書、未レ見レ拓レ本者概不二采錄一

一兮別部居悉㠯許氏原書有許書、所レ無之字附二于各部之末一、不レ可レ識者、亦不二强解一

一詁訓有采箋傳注疏語有襲許氏原解有以已意附益者不復兮別詳注從二其簡一也其與它說異者稱二某氏說一以別レ之亦許書釋例也

一古書有二相通之字一、多見レ于二經典釋文一今稱下某々字、古通中皆本經上說不二敢强合一也

一稱二古文一、以爲二某字一者、皆合二觀諸器銘攷一、其文義塙而可レ據疑者闕之別撰、古字說一卷、以證二明之一玆不レ備レ引

一古器有二字體小異一者、仿許書、重文、之例、悉附下本字下有上レ重、至數十字者見古文字之變化不レ一緐簡不同也、間有晚周之器其文不類古籒者亦秦燔以前之字爲許氏之所取故竝存之

一所引古器名有釋字未當姑仍舊名者如戎都鼎家德氏壺齊太僕歸父盤彔伯戎敦之類是也有舊釋所誤更易今名者如鐘文通彔康虔以爲祿康鐘則不文也齊侯罍當壺其器本非罍也龍虎節之改爲龍節其制本非龍虎也易無專爲鄦惠董武爲

勳武皆此類也其不可識之字則以原篆文標其名
一古器中象形字如犧形兕形雞形立戈形立形子旂執刀形子荷貝形之類概不采入
一舊釋有可从而未能盡塙己意有所見而未爲定論者別爲附錄一卷是而玊之以俟後之君子
一前人舊釋蔑曆𤼈盖及旁京之旁棽鐘之棽析子孫之析僕兒鐘之僕伯船父之船[illegible]之釋[illegible]之釋[illegible]節沿襲已久實難深信
心知其非不能知其求其是者列入附錄古文奇字不可識者亦幷附焉

皇國の神字に對する竹內家先祖代々の遺言

竹內巨麿氏談

吉田兼吉筆記

先祖、日本根子彥國牽尊（孝元天皇）四代目武內宿禰正孫神主六十四代平群紀氏竹內三郎兵衛左衛門尉惟重の遺言に依り、六十五代竹內三郎衛門尉惟光が、六十七代孫竹內巖太郎重鸞（當主巨麿氏）に遺言、及び神體神寶全部讓り、明治二十年より二十六年六月迄に、日爾夕爾《ヒニケニ》、口傳された所は左の通りである。

天地開闢の始、五十一音《イツヒオン》、初音言《ハツネコトバ》の始。

天地分主、ミト美《ミイ》二神、始メテ音言《ネコトバ》始メテヨリ、詔ヲ、正シク、貴ク、五十一音ヲ造ラセ給フ。

天神《アマツカミ》ト成リマセル事、正シク、貴ク、高ク、直接《セツ》、五十一像形《カタ》文字《カナ》作ラセラル。

ソノ時ヨリ以降、正シク、貴ク、直接、現御代迄、上代々ノ天皇ノ御作ラセラルル五十一文字、正シク、直ニ、別字作ラズ、加ヘモセズ、削リモセズ亦、正ク、貴ク、直接ニ傳フコソ、我皇國天皇、尊ク、正ク、コト明ナル御印《シルシ》ゾ。

萬國《トコヨ》五色《イロ》人《ヒマ》ニ、教宛フ文字ヲ、勝手ニ字ヲ作リ加ヘ、削リタルシテ、アジチ國、萬國五色人等ガ、私《ワタクシ》ニ文字ヲ作リ、言音《コトバ》作リ、支國《エダ》ノ印ナル、正シカラヌ印ナリ。

右之通リ、先祖ヨリ代々遺言、我子孫へ

神明宮皇祖皇太神宮、別祖太神宮、神主家子孫へ必ズ遺言堅ク守リ、文記シ傳フベシ

…………………………………………

又、皇國ノ文字ハ上リ下リニ書ク事ヲ堅ク禁止スル事ノ代々ノ遺言アリ

按ずるに、竹内文献に依り調査するに、神代文字は太古以來歷代《ミヨミヨ》天皇の御親製と傳へられてゐる。

神字は祭政一致の式典に於て、神秘法術に於て、最も重大なる役割を爲すもので、一點一畫たりとも忽諸にし難いのである。臣下に於ても、智者あり、學者もあつたが、神聖なる天皇御親製の文字は尊嚴にして、敢て犯し奉らざるを皇國の傳統とした。今日、片假名、誠は像形神字を諸官省に於て使用してゐるのは、此の傳統を踏襲したものと思料する。

天國棟梁《オムヤ》の天職天皇は、嚴として萬古不動である。上下左右あるなく、清く、正しく、尊く、無極に傳へられるのである。支國《エダクニ》、又は分邦の民王、及び帝王にあつては、上下浮沈常なく、此の原理が文章の上に現はされてゐるのである。故に、文章の構成より見ても、天國棟梁と、分邦とが一目瞭然、判別されるのである。

次に學者の見たる漢字の字源と構成法に就て述べる。漢字に就て一般學者の定說とも見るべき、大字典の編者の言を、茲にその儘掲げる事とする。

大字典

日本に神代文字あり、それが神源となり所謂片假名（像神字）となつた事に就ては、日本の古字、和字、形假名とある點に、注意しなかつた點に、學者が缺陷を生じたものと思ふ。

漢字の字源も、今一歩前進して研究すると、その圈内に入るのだが、惜い所で、その奥の字源を究めなかつた。

茲に掲ぐる所は、文學博士—上田萬年、文學博士—岡田正之、文學博士—飯島忠夫、榮田猛猪、飯田傳一、諸先生の共編になる『大字典』に就て、諸先生が述べられた『字源』の說明を借用し、參考とする。

曰く、漢字の形、音、義を明かならしめんとせば、字源を知らざるべからず、よつて六書の法に從ひ、其字源を說明せり。（中略）

六書について

凡そ、世界の文字を大別すれば、義字、音字の二種となる。

漢字は、卽ち、義字の種類に屬するものなり。

古來、漢字の構成、及使用を分ちて六書とす。

六書とは、像形、指事、會意、形聲、轉注、假借、是なり。

周禮に、六書の語見ゆれば、其子目をば掲げざれど、已に紀前自四六二年ー至百十年周初に現はれたるを知るべし。漢に至りて劉歆。班固、始めて子目を擧げ、許愼が說文を著はすに及びて、始めて其義解を與へたり。而して、子目の名稱、學者によりて異り、其主なるもの三種を擧ぐれば、

(一)　象形、象事、象意、象聲、轉注、假借　(漢、劉歆、班固說)

(二)　指事、象形、形聲、會意、轉注、假借　(漢許愼說)

(三)　象形、指事、會意、諧聲、轉注、假借　(後唐徐諧說)

の如し。而して、轉注の解につきて、一は結構上の名といひ、一は使用上の名なりと說き、議論多けれど、本書はその後說に從へり。而して、六書を分類すれば、象形、指事、會意、形聲は字體の結構法を說き、轉注、假借は、文字の使用法を說くものなり。(詳細は大字典を見よ。)

御断り

一九三頁より二〇四頁まで全部を削除し
闕本として印刷します

秦、漢以前の筆墨

大字典の著者曰く、

『秦、漢以前に於ては、筆硯紙墨の便なく、僅に竹簡木牘を以て事を傳へ、其多くは口舌を以て相傳承せるが故に云々』

と斷定してゐる。秦の始皇帝は皇紀四百四十年前後の人である。皇朝に於ては神倭八代孝元天皇の即位は紀元四百四十七年である。

併し、朱や墨は太古神代からあつたと思はれるが、日本と最も緣故の深い支那、日本の神字文化に依りて發達した支那に、朱や墨が無い筈はないと思つてゐる。『殷商貞卜文字考』に依ると此問題が解決されてゐる。

『殷商貞卜文字考』は宣統二年の書籍で、新しいものであるが、その內容に織り込んだ史料は、殷商時代の出土品である事を主張してゐる、それに墨や朱の事が載せてある。

而して、その書に聚錄してある文字の如きも、說文古籀疏證、說文古籀三補、說文古籀補、古籀拾遺等に聚錄してあるものと略ぼ似通つたものである。その序文を掲げて參考とする。

殷商貞卜文字考序

光緒己亥、予聞く、河南之湯陰古の龜骨獸骨、共上に皆辭を刻し有るを發見す。福山王文敏公の得る所となり、遽に見るを得ざるを恨む。翌年拳匪京師に起り、文敏國難に殉ず、藏する所悉く丹徒劉氏に歸す。又翌年、始めて傳へて江南に至る。予、一見詫して奇寶となし、劉君亟て拓墨を從恿して千紙を選ばせて影印を付し幷に序を製することをなす。顧ふに行篋藏書無し、第就周禮史記、載する所略に考證を加ふるのみ。亡友、孫仲容徵君、詒讓亦た其の文字を考究し、稿を以て寄せらる。惜らくは亦た未だ能くせず、洞析奥隱嗣南朔奔走五六年にして來都、復た目を寓せず、去歲、東友林學士泰輔、始めて詳考を爲して之を史學雜誌に揭ぐ。且つ遠道郵示す。援據談博、補ふに足る、正子歸之を序する疎略なり、顧ふに尙ほ懷疑決する能はざる者あり、予、乃ち退食餘暑を以て、盡く所藏を發き、拓墨、又、佐人の中州より來る者を従へ、博く龜甲獸骨數千枚を觀、其尤殊古者七百を選び、幷に發見の地を詢知す。乃ち安陽縣西五里の小屯に在りて、湯陰其武乙の墟にあらず、又、刻辭中、殷帝王の名謚十餘を得たり。乃ち恍然として此卜辭は實に殷室王朝の遺物たるを悟る。

其文字簡略なりと雖も、然かも史家の違失を正すべし。孝小學の源流、古代の卜法を求め、爰に是三者を本とし、三閱月の力を以て、考一卷をなす。凡林君の未だ達せざる所、是に至て一一剖析明白、乃ち亟寫、林君に寄せ、且つ當世考古の士を洽く以て仲容の墓、已に宿草相與に討論に及ばざるを惜み、憾事と爲す。宣統二年歳庚戌に在り、仲夏上虞羅振玉記す。(原文は漢字)

とあり、殷商時代の遺物と見るべき出土品を資料としたものゝ如くである。而して殷商貞卜文字考、餘説第四中に曰く

前略、故龜卜文字爲古人書契之至今有者其可珍貴殆逾於漢唐人墨迹其文字小者及黍米而古雅寛博於此見古人技術之工眇更逾於楮墨柳三代之時尙爲銅器時代甲骨至堅作書之契非極鋒利不可知古人練金之法實已極精也

右に述べる所は、龜卜文字で書いた古人の書契の今日に至つて存する者、其珍貴とすべきは殆んど漢唐時代の人の墨迹を逾へてゐる。其の文字の小なる者は、黍米の大きさに及ぶ、而して古雅寛博、此に古人技術の工眇を見る事が出來る。更に楮墨柳三代之時を逾え、尙ほ銅器時代を爲す、甲骨至つて堅く、書契を作すには極めて鋒

利に非ずんば出來難い、依て古人の練金之法は實に已に極精であつたものと斷ぜられる、と古代の文化を絶讃してゐるのである。依て、殷商時代を石器時代、又は野蠻時代の如く觀測するは、認識不足といふ外ないのである。

朱や墨の如きも、學者中には近代の發明の如く考へてゐる者があるけれども、日本は神代の太古よりあり、支那に於ても殷商時代以前から存在してゐた事を、同章に於て述べてゐる、曰く

於此知古器多塗朱墨予所藏龜與骨文上塗朱者甚多。（註、但亦有文字數段獨朱塗其一二段者此殊不可解）其塗墨者至罕予所藏一二枚而已朱色至今明艶墨則如煙煤深入字中滌之不去予所藏古陶尊（註、亦洹水之陽出土殆亦殷器）塗朱亦未滅又見端午橋尚書方所藏古玉刀亦然至漢之凡當亦有塗朱者其意雖不可曉然知此風自殷周已然矣

と、秦、漢以前、既に朱や墨の存在を立證してゐる。今日に於ては秦漢以前を野蠻時代と思つてゐたが、世界の文化が日本島に發祥し、それが隣接の支那に及び更に世界に波及したのである。即ち東亞の文化が世界を支配したのである。然るに、朱や墨が日本や支那に無かつたと思ふ事が既に認識不足である。日本書紀に基いて年代を計算すると神武天皇より仁仁杵天皇まで既に百七十九萬二千年以上に達して居り更に遡つた天照大神時代に精巧な三種の神器が日本に存在してゐたのである。日本の歷史は夢物語ではない、總ての出土品が之を立證するのである。

『重文』を解剖す

支那の古文書に、往々重文なる文字あり、文字が餘りに平易な爲め、その實體を知らずに簡單に葬つて了つてゐるが、漢字の構成の上から見ても一面、支那古代の文字が、皇國の神代文字にその源を發してゐる左證とも見られるのである。

殷商貞卜文字考の二、古象形字因形示意不拘筆畫の内に、「重文」の例を示してゐる。

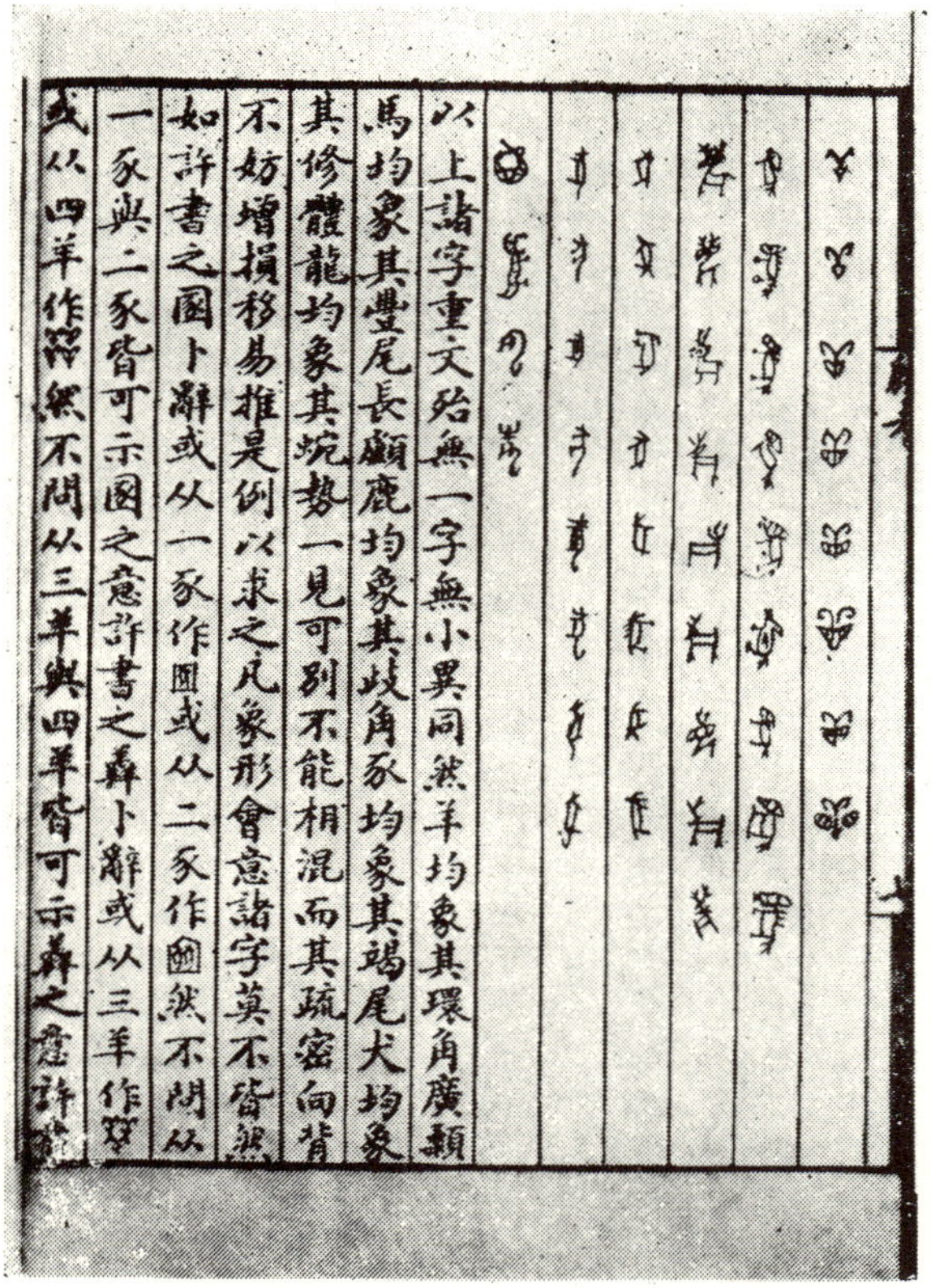
以上諸字重文殆無一字無小異同然羊均象其環角廣顙
馬均象其豐尾長鬣鹿均象其歧角豕均象其竭尾犬均象
其修體龍均象其蜿勢一見可別不能相混而其疏密向背
不妨增損移易推是例以求之凡象形會意諸字莫不皆然
如許書之圂卜辭或从一豕作圂或从二豕作圂然不問从
一豕與二豕皆可示圂之意許書之羴卜辭或从三羊作羴
或从四羊作羴然不問从三羊與四羊皆可示羴之意許

右は羊、馬、鹿、豕、龍の六字の重文の例を示してゐるのであるが、第一行の八字は羊の重文、第二行の九字は馬の重文、第三行の九字は鹿の重文、第四行の八字は冢の重文、第五行の八字は犬の重文、第六行の四字は龍の重文として片付けてゐる。

併しその各字の内容を見るに、皇國の神代文字として竹内家に傳はる左の神字と同一、又は甚だ酷似せる文字が多いのである。竹内家所傳の文字は、神主家の神秘術傳の文字として、傳へられ五十一音字調つてゐる由であるが、事件勃發の際何れへか紛れ込み、目下所在不明でその全貌を識り得ないのを遺憾とする、判明せるものとしては

皇統第十一代神皇産靈天皇御作

五十一字

皇統第三十八代
葺不合十三代　豐明國押彥天皇御作（天皇卽位紀元前一九、三一六年）

五十一字

皇統第十四代國之常立天皇御作

外に、體系不明の神字に

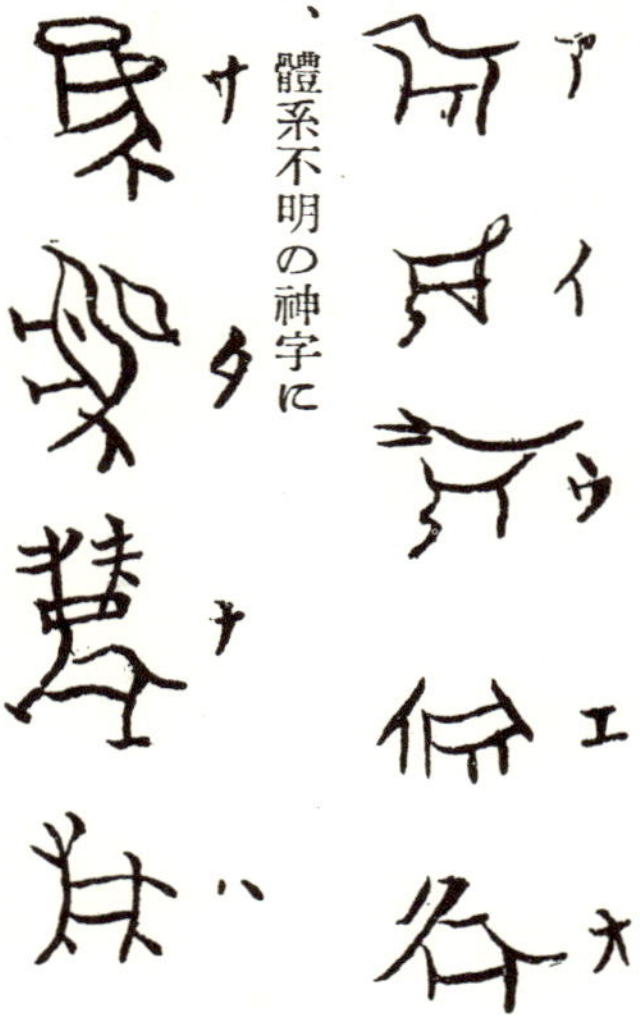

等の文字も傳はつてゐる由、半端であるが參考に掲ぐる次第である。

右の神字を參酌して考ふるに、わが五十一字中の多數の異つた文字を一括して一字の如く取扱ひ、之を一字の漢字となし、之に重文なる名稱を附したものと思はれる。果して然りとすれば隨分思ひ切つた粗雜な構成法と謂ふべきである。

支那に於ける漢字構成の裏面を知るべき參考として『殷商貞卜文字考』より左に之を掲ぐ。

二、古象形字因レ形示レ意不レ拘ニ筆畫一　許汶長之說象形也。曰。畫成ニ其物一。隨レ體詰詘其說至明。蓋古象形之文以レ肖ニ物形一爲レ主不レ拘ニ字畫之繁簡向背一。徵ニ之刻辭中所レ載諸文一歷歷可レ證。玆試擧ニ羊馬鹿豕犬龍六字之重文一、示ニ其例一

『重文』を解剖す

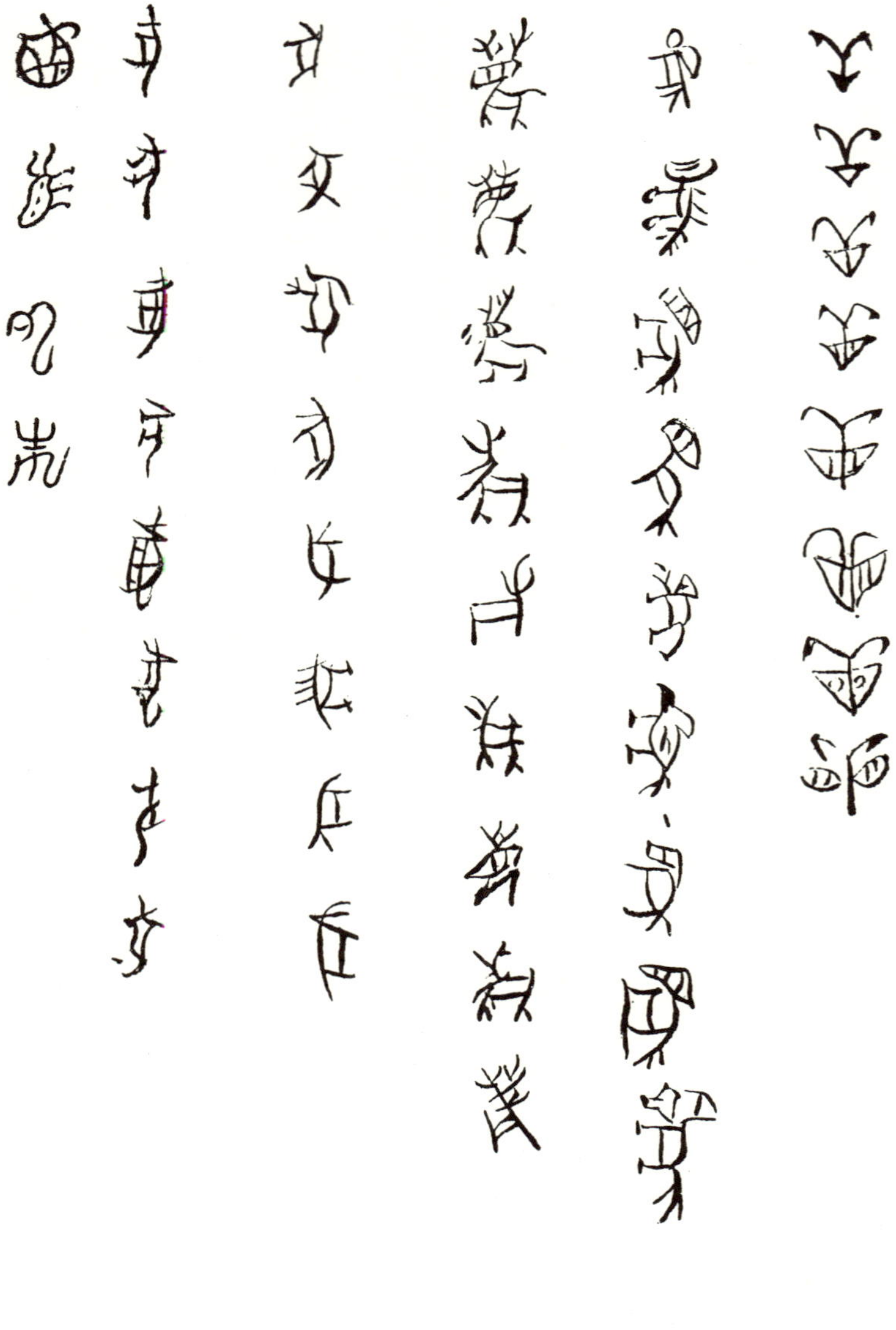

以上諸字重文、殆無㆓一字㆒、無㆓小異㆒同然、羊均象、其環角廣顙、馬均象、其豐尾長鬣、鹿均象、其岐角、豕均、象、其竭尾、犬均象、其修體、龍均象、其蜿勢一見可㆑別、不㆑能㆓相混㆒、而其疏密、向背、不㆑妨㆓增損移易㆒推㆓是例㆒以求㆑之凡象形會意諸字、莫㆑不㆓皆然㆒如㆓許書之圂㆒、卜辭或以㆓一豕㆒作㆑〓、或以㆓二豕㆒作㆑〓、然不㆑問㆘以㆓一豕㆒與㆗二豕㆖皆可㆑示㆓圂之意㆒、許書之𦎫、卜辭或以㆓三羊㆒作㆑〓、或以㆓四羊㆒作㆑〓、然不㆑問㆘以㆓三羊㆒與㆗四羊㆖皆可㆑示㆓𦎫之意㆒、許書之牢、卜辭、或以㆑牛作㆑〓、或以㆑羊作㆑〓、然不㆑問㆓以㆑牛與㆑以㆑羊、皆可㆑示㆓牢之意㆒、許書之鄉饗食之初字卜辭、或以㆑〓作㆑〓、或以㆑〓作㆑〓然不㆑問㆘以㆑豆與㆖以㆑酒皆可㆑示㆓鄉之意㆒許書之〓晉命字卜辭、或以㆑〓作㆑〓、或以㆑〓作㆑〓或兼以㆑〓以㆑〓作㆑〓、然不㆑問㆓以㆑口以㆑廿、與㆓兼以㆑口與㆒㆑廿皆可㆑示㆓〓之意㆒、許書之逐、卜辭或以㆑〓作㆑〓或以㆑〓即兔字兔善顧象顧形又象短尾作㆑〓或以㆑〓作㆑〓然不㆑問㆘以㆑豕與以㆑兔以㆖㆑犬、皆可㆑示㆓逐之意㆒、又如㆓逆字㆒或作㆑〓或增以㆑〓作㆑〓、畢字田網或作㆑〓或增又作㆑〓姜字〓或在㆑上作㆑〓或在㆑旁作㆑〓、因字或作㆑〓人左向、或作㆑〓人右向、然不㆑問㆘其增減移易向背㆖而其意則一見而知㆘其無㆗稍差㆖也古人文字肖㆑形以示㆑意而不㆑拘㆑拘於㆓一筆一畫逮㆒後世拘㆑於㆓筆畫形失㆒而意、反晦、於㆓古金文字㆒尚可㆑窺㆓見此情㆒而不㆑如㆓卜辭之昭然易明㆒若僅觀㆓許書㆒固不㆑能㆑知㆑此矣

其述ぶる所に依れば、以上の諸字重文、一字なく、小異なくも一向に構はない、又、右に向けても左に向けても構はない、その增減移易向背を問はない、一筆一畫の如きは問題にしない。或は上にし、或は逆にし、甚だしきに至つては逆迎の法といふ樣式もあつたのである。今日の漢字のみを識る學者には氣付かざるも、支那が古代

の文字より今日の漢字に變化せる中間に於ては、斯くの如き驚くべき、亂暴な文字の構成法のあつた事を識り、併せて漢字が完成されるに至る迄の沿革をも記憶し置く必要があると思ふ。

神字を字源としたる所謂鳥獸蹏迒之迹

『殷商貞卜文字考』の餘說第四に

卜字文字於考證經史小學及古卜法外尙有數事足資博聞一於此知古書契之形狀倉頡之初作書蓋因鳥獸蹏迒之迹知最初書契必凹而下陷契者刻也、云々。

と、明かに皇國の神字に字源を探つて居る事が知られる。然るに支那に於ては、之を重文なりとし、或は繪畫とし、一般學者が古字として取扱はなかつたのである。

支那の古書に見る鳥獸蹏迒の迹とは、卽ち皇國の神代文字を指したものであるが、不幸にして支那の學者が變化して漢字となつた經路の研究に及ばなかつたのである。

學者の多くは古字を採らず

『說文古籀補叙』に依れば

爰取古彝器文擇其顯而見視而可識者得三千五百餘字彙綠成編參以故訓附以已意名曰說文古籀補蓋是編所集多

許氏未收有可以正俗書之謬誤者間有一二、云々

とある、卽ち古彝器の三千五百餘字を編修したのであるが、同書の凡例に示す所に依ると、古代文字、卽ち支那の文字の字源となつた文字は採錄しない事を明らかに錄してゐる、卽ち

一、古器中象形字如犧形兕形雞立戈形立旂形子執刀形子荷貝之類概不采入

とし、編者が自己の專斷に依り、後世の漢字に近きものゝみを採り、幾變遷の後、今日の漢字の構成せられたる過程を認識せざる爲めに、支那に於ける文字の根源を爲せる字源に就ては、毫も顧る所がなかつたのである。從つて篆書の如きも、大篆は之を斥け、新らしき小篆のみを採り、之を以て支那の古代の文字、漢字の字源としたのである。

蒼頡、結繩、鍥木等の文字は、往々書籍の上に散見するもその實體を知る能はず、其他の像形神字の如き、今日考古學上の問題とならざるは、全く前述の如き原因に依る事と思ふ。加ふるに秦火の災は一層太古文字の研究を不能ならしめたのである。

之を要するに、漢字の構成法は之を表面的に見れば六書と稱し、如何にも規則整然たる構成法に依る如くであるが、その內容を精査すれば、字源の多くは皇國の神字に採り、而して漸次改作變造し、或は簡なるを繁とし、或は繁なるを簡とし、扁や造りも、或は右に、或は左に、或は上に、或は下に、橫轉、逆轉、あらゆる技巧をした上一點一畫の多少の如きは論じなかつたのである。

秦火の爲め太古の文字の多くは煙滅された上後者の學者は支邦の文字の字源と認むべき文字を文字として採用せずに葬つた爲め、漢字の字源は一層不明になつたものと思料する。

人名に十干を用ゐた時代

『殷商貞卜文字考』その二、殷帝王の謚名に關する記録中に

史記殷世家振率子微立索隱引皇甫謐曰微字上甲其母以甲日生故也商家生子以日爲名蓋自微始考殷人名多稱甲乙傳世禮器中多有且乙且辛父乙父辛之類不僅帝王爲然然皆十干無用十二支者云々

とあり、之れに依れば殷商時代、十二支を用ゆる者なきも、生れた十干の日を以て、名としたと書いてある。

造物主欽崇

竹内文献に見る日支太古の關係に於ては、日本は宗家にして、支那は分邦なりと記録さる、一般の書籍にもそれ等に就て似通ひる點を記録するものが鮮くない。

支那には古來全國を總括した國號なく、時代の英傑の興亡毎に國號が變化するを常とした。又、日本が支那を

呼ぶ場合、太古に於て「アジチ」といつた、飛越地方の詞で「アジチ」とは分家の事である。昔から分家と呼んでゐたのである。又、支國《エダクニ》ともいつたが之れも分那の意である。支那で昔から支那國といふ時代が歴史上に見當らぬ、併し日本では隋、唐、漢といふやうな國名が多く書籍の上に殘つてゐるに拘らず、詞の上では一貫して支那と呼ばれるのである。之れは支那を傳統的に分家としてのみ考へてゐた遺風からであると思ふ。

今日の學者は、說文古籒などを以て、支那の文字の字源と考へてゐる向もある。けれども說文古籒が今日の漢字の構成される中間の一過程であつた事勿論であるが、それ以前の支那に於ける文字の字源であると決定するのは亂暴である。卽ち支那に於ける文字は伏羲の昔から使用されてゐた。卽ち、結繩文字、鍥木文字を始め、平田篤胤の神字日文傳に見えて居る像形文字並に其他の神代文字の如きも、當時日本には存在してゐた、それが太古の支那に使用されてゐた事は、太古に於て支那は日本文化に浴してゐた證據と見られるのである。

支那に於ける今日の文字、文化、思想は果して太古以來、一定不變のものとしてその姿を一貫してゐるものであらうか。又、如何なる經路を辿り、如何なる變遷を來してゐるかは別項に述べることにするが今は專ら漢字や其他の文字の沿革と並び合せて、支那文化の骨髓たる儒の變遷に就て檢討して見ることにする。

支那としては中古以降のものであるが、支那の古儒と古代の耶蘇教の教義に就て、比較對照し支那の風教の變遷を識り、同時に耶蘇教の神髓を把握する一資料として、今回偶然にも

『眞道自證』

主教亞第盎郎重准慈母堂藏版
泰西耶蘇會主　沙信信　述
馬若瑟
同會　赫蒼璧校訂
顧鐸澤
値會　利國安　准

を披見する事を得たのである。而して此の書は天主降生一千八百六十八年冬の編纂に成り、日本の明治二年頃の新らしいものであるが、その書に盛り込まれた資料は神道、儒學、耶蘇教の三教を貫く條理整然たるものである、即ちその内容を檢討するに、支那古への儒も、古代の耶蘇教＝天主教も、全くわが古神道の分派であった事を肯かれる節々が多く、又中世以降、何人かの作爲に依り教義の本旨が狂げられた事が伺はれる。モーゼの十誡も、キリストの絶叫も、今日に於てその眞意が正しく傳へられて居ない事も、判然するのである。

その書の記述する所に依れば、支那の古儒も耶蘇教も古代に於ては全く同一理であると說いてある。而して古儒と耶蘇の比較對照論を述べてある關係上、日本の古神道、即ち皇道と古儒の對照論を試みる代りに、本書に依て先づ古への儒と耶蘇に就て研究を進める事とする。書に曰く。

耶蘇教は天主、即ち造物主の聖恩を禮讃して眞道としたものである。

眞は宇宙の眞理、道は宇宙の規矩　即ち皇道の根本義を採つたもの。支那の古代に於て五行を尙ぶやうに、耶蘇教も『眞道自證』には

　眞卽東西南北之道也

又は

　二氣四元之行

といつて、皇國の古神道の五行神の根源に出發してゐる事が書いてある。五《イ》行《コウ》は神代「アヤ」といつたのである。而して曰く。

一　其國自レ古（降生於如德亞國）以欽崇天主爲崇

二　其民乃大聖之苗裔大聖亞巴浪也乃救世者之始祖

三　徵ニ降生之據ニ存ニ於此地一

四　據ニ古傳一原祖於ニ此地一而終

五　其地居ニ萬國之中道ニ可レ傳ニ於天下一澤可レ被ニ乎三洲一三洲一曰歐羅巴二曰利未亞三曰亞細亞降生之地如德亞在亞細亞與中國同洲

とある。即ちその國は太古より天主、即ち造物主を欽崇する事を宗旨としてゐる。そして大聖、即ち造物主の苗裔であると傳へて居る。世界の人類は世界の大祖國日本から分布されたものである。アダムイブイン民王の祖先は、皇統第二代造化氣萬男天皇御宇に於ける皇族インドチユラニア赤人民王の子孫で、アダムイブイン民王の

子孫が、モハモセス王、その子孫がモオゼロミユラス、その後胤がイエスキリス、即ちキリストなのであると古文献にある。

世界の人類にして造物主を欽崇するの觀念が亡びざる限り、わが天神皇祖を欽崇し、人類の總ては宇宙の創造、あらゆる生物の生成化育の神德を信仰するを宇宙の眞理とし、規矩とし、經緯とし、宗教も、道德も、政治も、經濟も、敎育も、產業も、その一元的信仰の下に綜合さるべきものである。而して造物主の再來たる現人神を欽崇すべき事が規矩とされたのである。

然しながら、星移り物變り歲月の久しき、遂にその地方の主權者や、祭官長が祖神を崇敬せしむるよりも先づ自己を民衆に尊崇せしむるの風潮を作爲し、祖神に繋がる歷史的の系圖は、何時とはなしに煙滅されて明瞭を缺き、終に神に對する系統的の史料は全く亡び、神―靈統―天國日本といふ連鎖を斷ち切らるゝに至つたのである。

末世に至つては、人々の信仰の的たる神は、宇宙創造神の歷史的連鎖が抹消された結果如何にして何處に存在せらるゝや、その質問に對し科學的に之を立證する事が不可能となつた、爲めに神の存在は人々の構想に依つて抽出されたものだとなし其結果實在の神の存在に就き一般人が疑を懷くに至つたのである。從つて造物主の國天國日本との關係は歷史的には煙滅され、漠然たる內に信仰の上にのみ殘り傳はつてゐるのである。

又、曰く。

今觀。天地有二運動一。日月有二循行一。家有レ護。國有レ庇。

とある。天地の運動、日月の循行とは、地球固成時代、即ち天神七代中に於て、神定め給ふ所の天の攝理中に地球並に日月星日震の公運の大法と、天地《アメツチ》を統べ治らせ給ふ無極の天統の御決定があるのである。而して諸々《モロ〳〵》の天神達《アマツカミタチ》、神謀《カミハカリ》に謀り給ひて、四方《ヨモ》の地中《クニ》、わが大日本帝國を御撰定になり、無極の天統を承繼すべき日の皇子即ち皇統第一代天皇を天降し給ひ、茲に人々の繁榮安住の護り神となり、地球上の全國全土を平らけく統べ治らせ給ふ祖神となり、茲にわが肇國の基は開かれたのである。之れが神國日本の肇國である。而して後世界萬邦が開かれたのである。神武天皇の偉業は、皇統第九十六代、葺不合七十一代天照國照日子百日臼杵天皇（神武天皇御父）即位二十一年十月（紀元前二百九十年）地殼大變動、萬國土の海となり、天國天越根、狹依信濃、道路奧、蝦夷、唐太國（樺太？）大變動、暖國全く寒く變化して雪國となり、人皆な死す。此地軸大變動の大災害に依り、全く荒廢せる國土復興の大業が神武天皇の偉業であつたのである。

イザヤが遙かに彼の地より、

『シオン（日の國）よ醒めよ
　醒めて汝の力を衣よ』

と、高らかに叫んだのは、神武天皇の復興の偉業を聲援し奉つたものと思はれるのである。

又、曰く、

導レ吉禦レ凶。此皆神之功而爲レ人也。然猶不レ止レ於レ是。且天主之德。亦若レ有下歸レ於レ人者上。全能化成。全智按排。全智保養。實爲レ人也。

とある。之れ五行の神德である。地上の全人類を吉に導き、凶を禦ぐ事は、天神の神勅であり、歷代の靈統《ヒツギ》神が最も震襟を惱ませ給ふた所である。爲めに天神皇祖を祭り、天地人の和合彌榮を御祈願なされ、五行神を鎭祭し、世の猛悪災厄を祓ひ、生成化育を祈らせ給ふたのである。化成、按排、保養、實に人の爲めに爲すは五行神鎭祭の理中の根本である。

明治天皇の御勅語の内にも、

崇二神明一　愛二撫蒼生一

とあるのはその眞意の存する所と仰ぎ奉るのである。而して

朕以二寡弱一夙承二聖緒一

と仰せられたのは、謙讓の御美德を御發揮遊ばされた絶頂と拜する。右の御勅語を拜し吾々は之れを各國の帝王、又は民王の尊大不遜に比するとき、誠に我大君の神々しさを拜し奉るのである。また

日夜怵惕。懼二天職之或顧《カクル》一。乃祇《ツツシンデ》　鎭二祭天神地祇一云々

と仰せあるのは、地上蒼生の福利の爲めに、神身倶に御捧げ遊ばさるる事と拜し奉るのである。又之れにより日本の古神道、並に神代文化を會得し、その深遠なる聖旨を拜し奉る事が出來るのである。神儒佛合一を以て惟

神の大道、祭政一致と合點する人々には明治天皇の聖旨が判らない。教育勅語を始め共他の勅語も神國の肇國史が明徴にされ神代文化が研究されて始めて正しく詳解され得るのである、世界人類の尊崇すべきわが皇室の三種の神器を拝し奉るに

八咫鏡　は月の御紋である、形に於ては八紘一宇、十方世界の姿である。天神地祇を御親祭遊ばされ以て天神皇祖の神靈と御感應遊ばされ、造物主の大御心を以て正しく御親政遊ばさるの御意と拝し奉る。之を日像と合せ、陰陽となるのも深い意義が存在するのである。

勾　玉　天體の公運、無極の天統、天地陰陽、五行、干支暦星、君臣の規矩を現はし、無私博愛天人地和合彌榮を祈る、廣大無邊の神徳を表彰されてゐるものと拝し奉る。

神　劍　は神聖、正義、純理、果斷、天地の邪氣を祓ひ、天人地和合彌榮を保證し、地球全土を保安し救世するの寶劍と拝し奉る。

神國の祭政一致は此の大精神に出發し、地上の全人類に對し、此神徳を施し給ふのである。

又、書に曰く。

所謂。天不レ爲レ天而生。地不レ爲レ地而成。二氣四行。不レ爲二二氣四行一而造。飛潜動植。不レ爲二飛潜動植一而設。將爲レ神歟。而亦非也。蓋天覆。覆レ乎レ人也。地載。載レ乎レ人也。二氣消長。元行變化。皆爲レ人也。品物資生。禽獸利レ用。又莫レ不レ爲レ人矣。云々

と。皇祖神以來、今上陛下に至るまで歴代の靈統神は、一として御自身の爲めを計られず、私を滅して神を祭り、地上蒼生は勿論あらゆる生物の爲めに天人地和合、生成化育彌榮の爲め御親ら祭政を遊ばさるのである。之を中臣祓、卽ち太祝詞に見ても、その精神とする所は、あらゆる罪穢れを祓ひ、純潔無垢な民として神を拜せしめ、人類の幸福を祈願するのを信條と遊ばされることが拜し得られる。天地開闢以來、日本は世界に誇る大祖國なるに拘らず、皇居の如きも人民を搾取して摩天樓の如き大宮殿を御造りにならず、租税の如きも足る事以上は御納めにならなかつた事は、各種神代文献の記錄する所である。

此の歴代《ミヨミヨ》靈統神の神德に感謝する庶民が、一切を捧げて奉仕し、敢て代償を求めないのは、正に玆にその原因を有するのである。

『眞道自證』に記述する所、全く皇國の古神道を探つたものと斷ずる外ないのである。殊に

天主以二萬物一爲二人之粮糧《キウリヨウ》一。而人以レ之爲二奉レ主之粢盛一。

粮糧とは乾飯之糧である。粢盛とは米の餅を器に盛る事で、鏡餅の意義である。日本の神道に於ては、原始時代の菰を祭壇に敷き、原始時代の海魚《ウナ》、河魚《カワナ》、野魚《ヌナ》、其他あらゆる初なるもの種々の供物や、地上に火を得た喜びを感謝する意義で燈明を捧げ、同時に神前に鏡餅を供へ奉るのである。粢盛云々の事は日本の神道の古式に出づる鏡餅と斷ずべきである。

天主、卽ち造物主に對する歴史的の連鎖が湮滅された關係上、歐羅巴に於ても、支那に於てもその眞相が不明

となり、亦、日本に於ても雄略天皇の御宇、蘇我韓子等五名の者が、御皇統の寫取出願の際、天之御中主天皇の上代の御系圖寫取を禁止された關係上不明になつたものと思はれる、若し古文献にして誤なくば、耶蘇教の天主、支那の所謂造物主として欽崇する所の神々は、その御神徳の上から拜し奉り、現在の歴史には見えないが古文献にいふ

天神七代の神々並に

舟代に祭る眞の三柱神

皇統第一代天日豊本《アメヒノムト》葦牙氣皇主《アシカヒキミヌシ》天皇皇后、並に天照日大神。」

造化三神

皇統第二代造化氣萬男《ツクリヌシキヨロツヲ》天皇

皇統第三代天日豊本黄人《アメヒノモトヒノヒイ》皇主天皇

皇統第四代天之御中主天皇

五行神

皇統第五代天八下王天皇　中央土神

皇統第六代天目降美天皇　東方木神

皇統第七代天相合主天皇　南方火神

皇統第八代天八百足日天皇　西方金神
皇統第九代天八十萬魂天皇　北方水神

以上の天神、並に皇統九柱神を合せ祭り、造物主、又は天主として、天國から各地に天降つた神々が御祭りになつたものではあるまいか、その神國神道の遺風が後世に迄傳はつてゐるに拘らず、各地の統治者又は宗教家の改作變造に依り歴史的の連鎖が不明になつたものであるまいかと思ふ。

果して竹内文献の示す如く、此の神々が神代に於ける實在の神である事が判明せば、儒教も、耶蘇教も、回教徒も當然わが神道の一分派乃至神道の教義に基くものとして包含さるべきものと思料するのである。神國の歴史の上に、此の所謂『造物主』と欽崇さるゝ神々の不明な爲め學者も神職も古神道教學の神髓に入る能はず、諸外國に於ても、指針を失ひ爲めに地上を總括する大なる平和が得られないのであると信ずる。

耶蘇教の人々が、從來日本に來朝して各神社の神々を調べ、天之御中主神以前の神々を識りたいと、伊勢神宮や其他の神社に質問した人が數知れぬ程であるが、聖書に關する古典を研究すると、此の點が當然起つてくる疑問である。此の疑問を闡明にしたとき耶蘇教は八紘一宇の皇道に合流し、茲に始めてその軌道に乘り得るのである。

『金石索』にある『漢武梁石室畫像』の伏羲神農の畫像の上に描かれた畫像（金石索、夏桀の次章參照）に付て見るに

畫兩獏神人趺坐其中。又。人首龍身、人首鳥獏。云々

又。

上紀。開闢邃古之初。五龍比翼。人皇九頭。可㆑見㆓漢人畫辭㆒。大率類肰。或以爲㆓佛像㆒者。非㆓是佛㆒。安能在㆓伏羲上㆒哉。云々

とある、支那に於ては之れに對し明確な解釋が與へられないやうであるが、「人皇九頭」とは皇統第一代より第九代に至る九柱神、卽ち、造物主を祭つた事に端を發し、後世の人々が無理解にして、幻影を追ふ如き心地で天地開闢當時の神々の御姿を描いたものであるまいかと思はれる。

又、その書に、『天主十誡』が掲げてある。

一　欽崇一天主萬物之上

二　勿㆘呼㆓天主聖名㆒以發㆗虛誓㆖。

三　守㆓瞻《セン》禮之日㆒。

四　孝㆓敬父母㆒。

五　勿㆑殺㆑人。

六　勿㆑行㆓邪淫㆒。

七　勿㆓偷盜㆒。

八　勿二妄證一。

九　勿レ願二他人妻一。

十　勿レ貪二他人財物一。

右十誡。總歸二一者一。愛二天主萬有之上一。及二愛レ人如一レ已。

天主十誡とは、モーゼの十誡の事と私は解釋する。モーゼの記錄は目下手元にない依て今はその大要を述べることに止める。

皇統第九十四代、葺不合六十九代神足別豐耡天皇即位二百年（皇紀前七八〇年）三月十六日《イヤヨツキマト》、ヨモツ國アラビアカバシナイ山より、五色人（黄人、赤人、白人、青人、黑人）政治法王アヂオ第二回目、モオゼロミユラス、神力通大海原船に乘りて、天國天越根能登の寶達水門にへ安着し、早刻に五色人祖神、棟梁《オムヤ》皇祖皇太神宮參拜。

天皇へ參朝拜禮し、モオセの表、裏、眞の三種の十誡石、縞瑪瑙石、已か魂《タマシヒ》形見石、を天皇に捧げ奉り、

天皇の詔に依り、能登寶達山（御前屋敷か）に住む。

モーゼ大室姫（後にローマ姫）を迎へて室となし、三兒を擧ぐ、身禊祓及び神道を修業し、神國の文化を究むること十二年。天皇即位二百十二年十月《カナメツキ》一日御皇城山に參朝、天皇に御別れを言上、モーゼの作れるアヂチ文字五十一字を奉り、天皇の詔を仰ぎ奉る。

同年十月六日能登寶達山より天空浮舟に乗りて、ヨモツ國イタリー、ボロニアに天降り、シナイ山に登り十誡法政治《マツリゴト》開く。

其後、ローマ姫は三児を伴ひ神宮に十誡法開くるを祈願し、モーゼの後を慕ひて彼の地に亘り、ローマを開き、老後夫妻能登に歸りて歿し、能登寶達山三ツ塚に葬る。

皇統第九十五代葺不合神心尊部建天皇、モーゼ夫婦を御勧請遊ばさる。

とある。モーゼ十誡には、表十誡、裏十誡、眞誠の三種あり、内容は同一でないが、表十誡は『眞道自證』の天主十誡と稍似通つてゐるが、太祝詞にある罪穢れもその憲章中に加味したものと思はれる。詳細は改めて述べたいと思ふが、殊に三枚の十誡石を通じて

天神、皇祖、日繼神を欽崇すべき事

天國の神宮を崇敬すべき事

五色人は各自その國々の法規を遵守すべきであるが、各國の立法は天國の法政に背いてはならぬ事

太祝詞に示す罪の條章は犯さぬ事

等の精神が織込まれてゐる。第一回の十誡石はシナイ山に於て打砕いて了つたのであるモーゼの持参した石は文字を刻み込まない素石を持参し、天皇の詔を仰ぎ、天國の法政から採つて二通りの十誡石に十誡法の憲章を刻し、一組は自身が携帯し、一組は天皇に奉つたものかとも思はれる。

モーゼの十誡は、日本天皇を世界の統治者と仰ぎ、神道は世界の總ての宗教の根源であるといふ立場から、教義の原則を採つたものと思はれる。惟神の道は宇宙絶體の眞道であり、天國の神は眞の神であるといふ固い信念を持つてゐた。故にモーゼは憧憬の日本に永眠し日本の神に祭られたのである。

キリストの事は、モーゼの修業を共儘踏襲したといふても良い。彼の伊太利國ローマ市のアラコエリ寺院奉藏の神寶

『パンビノ』

は少年時代のキリストの聖像である。彼が一生の服裝の繪姿中、タッタ一つの東洋色。悉く菊の花、菊の葉の模樣(日本の日章菊型紋は葺不合一代天皇御制定とある)、一見宮家の紋の如き服裝に就て、何時、何所に、彼にそんな時代があり、如何なる經緯に依りて東洋人の手で描かれたものか、前代未聞の此の疑問は、古文献の鍵に依り神國日本に於て始めて解かれる問題である。

彼が二十歳の時、煙波萬里、加賀國神代水門《カクミ》に上陸し、能登寶達山三ツ塚にモーゼの墓を詣で、それより越中皇祖皇太神宮神主武雄心親王(神倭八代孝元天皇曾孫)に師事し、日本の古神道、身禊祓、並に神秘術傳を學び、呉羽山の大平に住んでゐた。當時武雄心親王の從兄に彦太圖文命なる畫家あり、繪姿を描いて貰つたものであると傳へられる。而して十餘年の修業で神と感應する事に長け、神秘術傳に依り、「キリスタン、バテレン」の法術も自在に行ふ事が出來るやうになり、三十四歳の時ユダヤ國に立歸つたとの事である。

故にキリストの唇を破る正しい神道、不思議な日本古神道の法術は、疾風の如く天下を風靡した、ユダヤ教の長老、祭司の長、パリサイの學者達は自己の地位擁護の爲めにキリストに對する所刑以外に自らの地位を守る途がなくなつたのである。彼は三十七歳の時、十字架で磔にされる所を、三十三歳の弟イスキリが犠牲となり、彼は天國日本に來て百十八歳の長壽を保ち、青森縣戸來に永眠したのである。ユダヤに於ける弟子達が川で洗禮したのは日本の身禊祓その儘である。

又、耶蘇と儒教とは、その泉源を一にするといふ資料がある。

『眞道自證』に曰く

故在三明季徐相國文定公奉二主教一。或人譏三其背二儒理一。公曰非也。眞道不レ傷二眞儒一。抑且以レ有成レ之。何則。儒道有レ眞。主教證レ之。儒道有レ疑。主教解レ之。儒道失レ傳而有二不及一。主教能輯《ヲサム》而補レ之。故奉二主教一者。正成《ナス》三其爲《タルヲ》二眞儒一也。何背二之有一。徐公斯言。可レ謂レ得レ之矣。

として、耶蘇は後世に傳はる儒教より遙かに正しいものであると說いてゐる。

更に曰く

吁。佛、老二家。理無二根底一。事鮮二實據一。謊談邪術。略飾僞善以惑レ衆。三者並無。不レ堪レ稱レ教。況加レ之以レ聖哉。云々

と、佛、老の說は教と稱するに堪えないと道破し、天主の教は『古儒跡也』と主張してゐる。又、

論儒者之於上。則欽《ウヤマフ》惟一無對之尊。以造化言。謂萬物本。以生養言。謂民父母。以操權言。神臨下土。福善禍淫。不可欺瞞。認之天地主宰。而專祇之。事之以禮。享之以德。生賴之恩祜。修身善終。齊家治國。存義成功。死望弁天。在之左右。同福無彊。儒者之於下。則萬物。如同根之枝。同源之派。視萬民如同祖之弟。同君之臣。安務相勸。危赴相保。由此大公之德、發出爲人公律。且因人負欲。恆性。易敗。庶衆易亂。作之君師。謹制國法以扶教化。保民安治。子問吾儒。不外是也。余曰。噫。子摹擬《モギ》者。古儒跡也。余雖甚愚。古儒安旨。得之久已。竊問、後儒今儒何如

と、造物主を祇り道を樹つるは、儒教の造化の神（氣化の神、五行神の意か）を以て萬物の本と爲すと同一理義である。之れ古儒の旨とする所である。然しながら、支那には古儒と後儒、即ち今日の所謂儒教と二種あり、古儒に比し後儒は全くその眞精神を失つて了つたのである。漢字がその字源を悉く變造改作して了つたやうに、總てが眞精神を失つてゐると推定される。古儒と後儒即ち今儒の對照論に於て曰く

蕝、秦火之後。傳史解經。諸書雜說。及歷代以來。士民之風。百變千態。設使《モシ》・孔子復生亦無能・總攝而

歸成一致

子將何以言之。

客曰。

儒學無二。古今先後一也。

余曰。自レ漢以來。所謂解經言道之士、取レ小舍レ大者有レ之。强レ文背レ意者有レ之。紛差異レ術者有レ之。以レ之爲レ儒。誠恐レ辱下羲皇堯舜孔孟之名敎上也。矧《イハンヤ》以二庸士愚民一。羣趨レ於二佛老一。流二毒儒門一。豈能古今同轍哉。

と、古儒の傳はらざる所以を說き、加ふるに佛敎の爲めに儒門を毒された點を述べてゐる。

又子何以不レ明下言後儒與中今儒上也。客燮愚然曰。儒學本無レ一。經書要理是也。自二秦火後一。經文既缺。率皆失レ序。其所レ存者。經之餘耳。道理國事。又復相參。事繁理簡、必待二知者一方明。加レ之人分二淸濁一。心異虛蔽。故有二註解之談一。異說之昏。取二遺之失一。羣趨二之蒙一也。子謂此爲二國家之鉅患一。先聖之大羞。儒人之重病。愚亦同悲レ之而不二敢辨一。若云。古儒已亡。愚則不二敢言一也。譬貴敎爲二極西之敎一。今見西士之德。可レ知二西域之敎化一。迄レ今未レ變也。

とあり、秦火以後の儒は古儒の眞精神を逸し、註解の誤謬、遺之失を取りて正しきものゝ如く傳へ、凡衆此の違失に趨いてゐる。之を耶蘇の敎化と比較し、羞恥に堪えないとしてゐる。

『韓非子』にも、孔子の後、儒分れて八と爲るといつて、子張子、子思氏、顏子、孟子、漆雕子、仲梁氏、公孫子、樂正氏、各々自家の說が混淆して各自思ひ〳〵に道を說き、秦火に依り古資料の湮滅の爲め全く古の儒と根本に於て相違するに至つたのである。卽ち、古儒に於ては造物主の欽崇讚禮を本としたるに、世後の儒に於ては方便としての王道、利慾の爲めの權道と化した觀がある。と說いてゐる。

卽ち造主欽崇の根本問題を捨て、單に國を治めんと欲する者は先づ其家を整ふ、家を整へんと欲する者は、先づ其身を修む。身を修めんと欲する者は、先づ其心を正しうす。之れ儒教の神髄、王道の要諦であると説いたが之れ王侯たらんことを目標とする慾望を滿すため處世の一方便として案出した字句であると解する。後儒に於ける忠孝も亦、王侯に對する自己の榮達の慾望を達せん爲めの一方便、即ち小乘的忠孝である。

皇道に於ける忠孝は、感謝報恩の爲めに一切を捧げ、何等の代償を求めない所の大乘的忠孝で世界的の大忠である。之れが皇道の忠孝と、王道の忠孝と其本質を異にする核心である。

然しながら、耶蘇は果して古代の正しさを今日に傳へてゐるか、禁斷の實を偷んだ罪の子として自暴自棄に陷り、最古の精神たるモーゼの十誡は今日殆んど顧みられず、世を欺く僞善の假面となり、口に人類愛を唱へながら心は利我の一點となり、神に捧ぐる至誠よりも、先づ己に幸福を與へよとの要求と化したのではあるまいか。

今日耶蘇教國といはるゝ國々に於ても、その思想が全く自我主義、個人主義、利己主義に墮し、モーゼの表十誡、裏十誡、眞誡を通じての大教訓を理解し、實行しつゝある牧師、信徒、果して幾人ありや、キリストが天國の神の加護と神託に依り、十字架の難を逃れ、多數の信徒を天國の神に導かんとした眞意を、今日諒解し、キリストの教への如く行はんとする信徒、今日果して幾人かある。

モーゼの啓示する所、キリストの指す所、眞實の天國の神を拜し、天國日本の神と結ばれてこそ、そこに始めて世界の全人類を包含する大樂園の存在を見出さるべきである。天人地和合彌榮は、聖者の教訓に從つて、初めて得らるべきである。

支那に於ても、日支は同根の枝、同源の派である。同祖の弟、同君の臣である。安務相勤、危赴相保の仲にある。造物主の德は卽ち現人神たる天職天皇の德である。天は天の爲めにせずして生じ、地は地の爲めにせずして成る。二氣四行、二氣四行の爲めにせずして造られ、飛潜動植、飛潜動植の爲にせずして設らる。將た神の爲めか、亦た然らざるなり。蓋し、天の覆ふや人の爲めに覆ふ也、支那同胞の爲めに覆ふ也、地の載するや、人の爲めに載する也、卽ち支那同胞の爲めに載するのである。二氣の消長、元行の變化、皆な人の爲めなり、卽ち支那同胞の爲めである。品物資生、禽獸利用・又支那同胞の爲めならざるはないのである。皇國の義軍・萬難を排して戰ふ、之れ皆な此の意義に外ならない。

最近、支那に於ても建國軍の組織を見、また新政權が樹立されて皇軍の偉業に呼應活躍すといふ、皇協運動は造物主欽崇の古儒の精神に還元するの運動である、支那祖先の傳統、支那本來の精神に復古する運動である。支那太古聖哲の精神を承繼し、近代浮動する泡沫的雜音を一掃し、回天の事業に第一步を印する皇協團の躍進は、やがて興亞の礎石となり、東亞を心臟部とする世界建設に轉回せしむる運動である。左に景敎流行中國碑を掲ぐ

金石萃編卷一百二

賜進士出身　誥敎光祿大夫刑部右侍郞加七級王昶譔

唐六十二

景敎流行中國碑

碑高四尺七寸五分廣三尺五寸三十二行行六十二字正書在西安府

景敎流行中國碑頌并序

大秦寺僧景淨述

朝議郎前行台州司士參軍呂秀巖書

粤若常然眞寂先生而无廱睿然靈虛後後而妙有總虛樞而造化妙衆聖以元尊者其唯　我三一妙身无廱眞主阿羅訶歟判十字以定四方皷廱風而生二氣暗空易而天地開日月運而晝夜作匠成萬物然立初人別賜良和令鎭化海渾元之性虛而不盈素蕩之心本無希嗜洎乎娑殫施妄鈿飾純精閒乎大於此是之中隟冥同於彼非之內是以三百六十五種肩隨結轍競織法羅或指物以託宗或空有以淪二或禱祀以邀福或伐善以矯人智慮營營恩情役役茫然得煎迫轉燒積昧亡途久迷休復於是　我三一分身景尊彌施訶戢隱眞威同人出代神天宣慶室女誕聖於法理家國於大猷設　三一淨風無言之新敎陶良用於正信制八境之度鍊塵成眞啓三常之門開生滅死懸景日以破暗府魔妄於是乎悉摧棹慈航以登明宮含靈於是乎既濟能事斯畢亭午昇眞經留廿七部張廱化以發靈開法浴水風滌浮華而潔虛白印持□字融四照以合無拘擊木震仁惠之音東禮趣生榮之路存鬚所以有外行削頂所以無內情不畜臧獲均貴賤於人不聚貨財示罄遺於我齋以伏識而成戒以靜愼爲固七時禮讃大庇存亡六日一薦洗心反素眞常之道妙而難名功用昭彰强稱景敎惟道非聖不廱聖非道不大道聖符契天下文明　太宗文皇帝光華啓運明聖臨人大秦國有上德曰阿羅本占青雲而載眞經望風律以馳艱險貞觀九祀至長安　帝使宰臣房公廱齡總仗西郊賓迎入內翻經書殿問道禁闈深知正眞特令傳授貞觀十有二年秋七月詔曰道無常名聖無常體隨

方設密濟羣生大秦國大德阿羅本遠將經像來獻上京詳其教旨麤妙無爲觀其麤宗生成立要詞無繁說理有忘筌濟物利人
宜行天下所司卽於京義坊造大秦寺一所度僧廿一人宗周德喪青駕西昇巨唐道光景風東扇旋令有司將　帝寫眞轉摸寺壁天
姿汎彩英朗景門聖迹騰祥求輝法界案西域圖記及漢魏史策大秦國南統珊瑚之海北極衆寶之山西望仙境花林東接長風
弱水其土出火綄布返魂香明月珠夜光璧俗無寇盜人有樂康法非景不行主非德不立土宇廣闊文物昌明　高宗大帝克
恭纘祖潤色眞宗而於諸州各置景寺仍崇阿羅本爲鎭國大法主法流十道國富元休寺滿百城家殷景福聖麤年釋子用壯騰
□於東周先天末下士大笑訕謗於西鎬有若僧首羅含大德及烈並金方貴緖物外高僧共振麤綱俱維絶紐　麤宗至道皇
帝令寧國等五王親臨福宇建立壇場法棟暫橈而更崇道石時傾而復正天寶初令大將軍高力士送　五聖寫眞寺內安置
物絹百疋奉慶睿圖龍髯雖遠弓劍可攀日角舒光天顏咫尺三載大秦國有僧佶和瞻星向化望日朝尊詔僧羅含僧普論等一
七人與大德佶和於興慶宮修功德於是天題寺牓額載龍書寶裝璀翠灼爍丹霞睿札宏空騰凌激日寵賚比南山峻極沛澤與
東海齊深道無不可所可可名聖無不作所作可述　肅宗文明皇帝於靈武等五郡重立景寺元善資而福祚開大慶臨而皇
業建　代宗文武皇帝恢張聖運從事無爲每於降誕之辰錫天香以告成功頒御饌以光景衆且乾以美利故能廣生聖以體
麤故能亭毒　我建中聖神文武皇帝披八政以黜陟幽明闡九疇以惟新景命化通麤理祝無愧心至於方大而虛專靜而恕
廣慈救衆苦善貸被羣生者我修行之大猷汲引之階漸也若使風雨時天下靜人能理物能淸存能昌歿能樂念生響應情發目
誠者我景力能事之功用也大施主金紫光祿大夫同朔方節度副使誠殿中監賜紫袈裟僧伊斯和而好惠聞道勤行遠自王舍
之城聿來中夏術高三代藝傳十同始効節於丹庭乃筞名於王帳中書令汾陽郡王郭公子儀初總戎於朔方也　肅宗俾之

從邁雖見親於臥內不自異於行間爲公爪牙作軍耳目能散祿賜不積於家獻臨恩之頗黎布辭憩之金罽或仍其舊寺或重廣法堂崇飾廊宇如翬斯飛更効景門依仁施利每歲集四寺僧徒虔事精供備諸五旬餧者來而飰之寒者來而衣之病者療而起之死者葬而安之清節婆未聞斯美白衣景士今見其人願刻洪碑以揚休烈詞曰　眞主无靈湛寂常然權輿匠化起地立天分身出代救度無邊日昇暗滅咸證眞靈　嚇嚇文皇道冠前王乘時撥亂乾廓坤張明明景教言歸我唐翻經建寺存歿丹航百福偕作萬邦之康　高宗纂祖更築精宇和宮敞朗遍滿中土眞道宣明式封法主人有樂康物無灾苦　靈宗啓聖克修眞正御膀揚輝天書蔚映皇圖璀璨率土高敬庶績咸熙人賴其慶　肅宗來復天威引駕聖日舒晶祥風掃夜祚歸皇室祓氛求謝止沸定塵造我區夏　代宗孝義德合天地開貸生成物資美利香以報功□以作施暘谷來威月窟畢萃　建中統極聿修明德武肅四溟文清萬域燭臨人隱鏡觀物色六合昭蘇百蠻取則道惟廣兮應惟密强名言兮演三一　主能作兮臣能述建豐碑兮頌元吉

大唐建中二年歲在作噩太簇月七日大耀森文日建立　時法主僧寧恕知東方之景衆也

右碑下及東西三面皆列彼國字式下有助檢校試太常卿賜紫袈裟寺主僧業利檢校建立碑石僧行通雜于字中字皆左轉弗能譯也按碑三一妙身元元眞主阿羅訶者教之主也大秦國上德阿羅本者于貞觀九年至長安也京兆府義寧坊建大秦寺度僧廿一人貞觀十有二年也此即天主教始入中國自唐至今其教偏天下矣予讀西域傳拂菻古大秦國居西海上去京師四萬里與扶南交阯五天竺相貿易開元盛時西戎冒萬里而至者百餘國輒貢經典迎入內紬經殿遂使異方之

敎行于中國然惟建寺可以度僧計當時寺五千三百五十八僧七萬五千二十四尼五萬五百七十六凡兩京度僧尼御史一人涖之僧尼出踰宿者立案止民家不過三宿九年不還者編諸籍甚嚴也今天下寺不常建而僧尼遂至無算何耶 金石錄補

今在西安城西金勝寺內明崇禎間西安寺晉陵鄒靜長先生有幼子曰化生生而雋慧甫能行便解作合掌禮佛二六時中略無疲懈居無何而病微瞑笑視㒸然長逝卜瘞於長安崇仁寺之南堀數尺得一石乃景敎流行碑也此碑沉埋千年而今始出質之三世因緣此兒其淨頭陀再來耶則佳城之侍沈彬開門之俟陽明此語爲不誣矣見頻陽劉雨化集中字完好無一損者下截及末多作佛經番字 來齋金石刻考略

大秦卽梨軒說文作麗軒漢書西域傳所稱犂軒條支臨西海者是也後漢書云以在海西故亦云海西國水經注恒水又逕波麗國是佛外祖國也法顯曰恒水東到多摩梨軒國卽是海口釋氏西域記曰大秦一名梨軒道元據此蓋以梨軒爲卽波麗矣攷條支卽波斯國魏書云地在忸密之西東去梨軒猶一萬里長安志義寧坊有波斯寺唐貞觀十二年太宗爲大秦國胡僧阿羅斯立應是大秦僧人入中國之始合之碑則云于義寧坊造大秦寺兩國所奉之敎略同故寺名通用耶阿羅斯碑作阿羅本當是敏求之誤 關中金石記

右景敎流行中國碑景敎者西域大秦國人所立敎也舒元輿重岩寺碑襍夷而來者有摩尼焉大秦焉秋 疑神字 神焉合天下三夷寺不足當吾釋氏一小邑之數今摩尼祆神祠久廢不知所自獨此碑敍景敎傳授頗詳蓋始於唐初大秦僧阿羅本

擕經像至長安太宗詔所司於義寧坑造寺一所度僧廿一人高宗時崇阿羅本爲鎭國大法主仍令諸州各置景寺其僧皆削頂留鬚七時禮讃七日一薦所奉之像則三一妙身无元眞主阿羅訶也今歐羅巴奉天主耶蘇溯其生年當隋開皇之世或云即大秦遺教未審然否後題大簇月七日大耀森文日建立所云大耀森文亦彼教中語火貌布即火浣布也　潜研堂金石文改尾

萬歷間長安民鋤地得唐建中二年景教碑士大夫習西學者相矜謂有唐之世其教已流行中國問何以爲景教而不知也按宋敏求長安志義寧坊街東之北波斯胡寺貞觀十二年太宗爲大秦國胡僧阿羅斯立又云醴泉坊之東舊波斯寺儀鳳二年波斯三卑路斯請建波斯寺神龍中宗楚客占爲宅移寺于布政坊西南隅祆祠之西冊府元亀天寶四載九月詔曰波斯經教出自大秦傳習而來久行中國爰初建寺因以爲名將以示人必循其本其兩京波斯寺宜改爲大秦寺天下諸州郡宜准此此大秦寺建立之緣起也碑云大秦國有上德曰阿羅本貞觀九祀至于長安十二年秋七月于京師義寧坊建大秦寺阿羅本即阿羅斯也寺初名波斯儀鳳中尙仍舊名天寶四載方改名大秦碑言貞觀中詔賜名大秦寺夷僧之誇詞也舒元輿重巖寺碑云合天下三夷寺不足當吾釋寺一小邑之數釋寺唯一夷寺有三摩尼即末尼也大秦即景教也祆神即波斯也今据元興記而詳考之長安誌曰布政司西南隅胡祆祠武德四年立西域胡天神也祠有薩寶府宮主祠祆神亦以胡祝稱其職東京記引四夷朝貢圖云康國有神名祓畢國有火祆祠疑因是建廟王溥唐會要云波斯國西與吐蕃康居接西北拒佛菻即大秦也　其俗事天地日月水火諸神西域諸胡事火祆者皆詣波斯受法故曰波斯教即火祆也宋人姚寬曰火

祆字從天胡神也經所謂摩醯首羅本起大波斯國號蘇魯支有弟子名元眞居波斯國大總長如火山後化行于中國然祆神專主事火而寛以爲摩醯首羅者以波斯之教事天地水火之總故諸胡皆詣受教不專一法也太秦之教本不出于波斯及阿羅訶者出則自別于諸胡碑言三百六十五種之中或空有以淪二或禱祀以邀福彼不欲過而淵焉初假波斯之名以入長安後乃改名以立異地志稱默德那爲回回祖國其教之事天爲本經有三十藏凡三千六百餘卷西洋諸國皆宗之今碑云三百六十五種肩隨結轍豈非回回祖國之三十藏與若末尼則志磐統紀底之獨詳開元二十年敕云末尼本是邪見妄稱佛法既爲西胡師法其徒自行不須科罰大歷六年回紇請荊楊等州置摩尼寺其徒白衣白冠會昌三年秋敕京城女末尼凡七十二人皆死梁貞明六年陳州末尼反立母乙爲天子發兵禽斬之其徒不茹葷酒夜聚婬穢畫魔王踞坐佛爲洗足云佛上大乘我乃上上乘蓋末尼爲白雲白蓮之流于三種中爲劣矣以元輿三夷寺之例覈而斷之三夷寺皆外道也皆邪教也所謂景教流行者則夷僧之黠者稍通文字膏脣拭舌妄爲之詞而果有異于摩尼祆神也錢氏景教考

右錢氏景教考曰大秦曰回回以入中國獨回回之教種族蔓衍士大夫且有慕而從之者其在唐時史固稱其創邸第佛祠或伏甲其間數出中渭橋與軍人格鬬奪含光門魚契走城外而摩尼至京師歲往來西市商賈頗與囊橐爲姦李文饒亦稱其挾邪作蠱浸淫宇內則其可絕者匪特非我族類而已作景教續考　回回之先卽默德那國國王穆罕默德四譯館考作謨罕蓦德生而靈異臣服西域諸國尊爲別諳援爾華言天使也而天方古史稱阿丹奉眞宰明諭定分定制傳及後世千餘載後洪水泛濫有大聖努海受命治世使其徒衆四方治水因有人焉此去阿丹降世之初蓋二千餘載後世之習淸眞之致

者乃更衍其說曰阿丹傳施師師傳努海海傳易卜剌欣欣傳易呈馬儀儀傳母撒撒傳達五德德傳爾撒爾撒不得其傳六百年而後穆罕默德生命曰哈聽猶言封印云按唐之回紇即今之回回紇之先爲匈奴元魏時號高車或曰勅勒曰鐵勒其見於魏收李延壽宋祁之史班班可攷異端之徒創爲荒忽幽怪之談以欺世而眩俗如天方古史云云者其尤可軒渠者也又言國中有佛經三十藏自阿丹至爾撒凡得百十有四部如討剌特降與母撒之經名　則逋爾降與達五德之經名　引支納降與爾撒之經名　皆經之最大者自穆罕默德按經六千六百六十六章名曰甫爾加尼此外爲今淸眞所誦習者又有古爾阿尼之寶命眞經特福西爾噶最之噶最眞經特福西爾咱吸提之咱希德眞經特福西爾白索義爾之大觀眞經密邇索德之道行推原經勒瓦一合之昭微經特卜綏爾之大觀經侏𠌯昧任不可窮詰而其隸在四驛館者回回特爲八館之首問之則云書兼篆楷草西洋若土魯番天方撒爾兒罕占城日本眞臘爪哇滿剌加諸國皆用之夫篆楷草爲吾中國書法之次第其徒特借以神其誕幻而顧倒道而行迕道而說以爲得天之明諭噫是何其無忌憚之甚也今以其敎之在中國者而考之隋開皇中國人撒哈八撒阿的斡思葛始以其敎來故明初用回回歷其法亦起自開皇至唐元和初回紇再朝獻始以摩尼至其法日晏食飲水茹葷屛湩酪見新唐書回紇傳　二年正月庚子請於河南府太原府置摩尼寺許之見舊唐書憲宗紀明洪武時大將入燕都得秘藏之書數十百册稱乾方先聖之書中國無解其文者太祖勅翰林編修馬沙亦黑馬哈麻譯而之回回之敎遂盤互於中土而不可復遺矣至於天方則古筠沖地舊名天堂叉名西域其國本與回回爲鄰明宣德間乃始入貢而今之淸眞禮拜寺遂合而一之念禮齋課朝五之類月無虛夕異言奇服招搖過市而恬然不以爲怪其亦可謂不齒之民也已道古道文集

按此碑原委景教考言之已詳潛研跋謂今歐羅巴奉天主耶蘇或云卽大秦遺教据碑有判十字以定四方之語今天主教常舉手作十字與碑言似合然　日下舊聞考載天主堂構于西洋利瑪竇自歐羅巴航海九萬里入中國崇奉天主云云歐羅巴在極西北須從海中大西洋迆西而南經小西洋大南洋抵占城瓊島泊交廣以達中土有九萬里之遠也若大秦國以　本朝職方會覽四彝圖說諸書攷之大秦一名如德亞今稱西多爾在歐羅巴南雖陸路可通而甚遼遠似不能合爲一也杭氏續考專論回回之教其說亦詳然謂唐之回紇卽今之回回說亦未然唐之回紇卽回鶻其地與薛延陀爲鄰距長安祇七千里若回回有祖國以今職方諸書攷之在古大秦國之東一名伯爾西亞今稱包社大白頭番與回紇隔遠亦不能合爲一也碑稱大秦國上德阿羅本兩唐書西域傳所載諸國惟拂菻一名大秦然無一語及景教入中國之事唐會要稱波斯國西北距佛菻卽拂菻則波斯在拂菻之東南故長安志所載大秦寺其初謂之波斯寺玩寶寶四載詔書波斯經教出自大秦則所謂景教者實自波斯而溯其源於大秦也唐書西域傳波斯距京師萬五千里其法祠祆神與唐會要語同然亦無所謂景教者祆神字當以示以天讀呼煙切與以夭者別說文云關中謂天爲夭廣韻云胡神所謂關中者統西域而言西北諸國事天最敬故君長謂之天可汗山謂之天山而神謂之祆神延及歐羅巴奉敎謂之天主皆天該之唐傳載波斯國俗似與今回回相同　此碑稱常然眞寂戢隱眞威亭午昇眞眞常之道占青雲而載眞經學眞字不一而足今所建回回堂謂之禮拜寺又謂之眞教寺似乎今回回之教未始不源于景教然其中自有同異特以彼教難通未能剖析姑備錄諸說以資博攷至碑稱景教景字之義文中只二語云景宿告祥懸景日以破暗府是與景星景光臨照之義相符然則唐避諱而以景代丙亦此義歟

佛の本地垂迹説

印度に於ける梵天、造物主崇拜の思想の根據、並に佛教の本地垂迹説に對し、予は竹内文献と對照し、左の如き意見を持つて居る。

中古より上代に於ては、支那に於ける古儒でも、歐羅巴に於ける耶蘇教でも、造物主を欽崇し、その後胤たるを信じてゐたのである。印度では之れを梵天と稱し、等しく造物主を尊崇し奉つたのである。

假りに印度に於ても造物主の後胤たる信念を持つて居つたものとせば、竹内文献に示す左の系圖が、之れに關するものと思はれる。即ち皇統第二代造化氣萬王天皇《ツクリヌシキヨロツオスメラミコト》の皇子、支國《エダクニ》インドウ天竿萬山黒人民王《テンヂタバンザンコクジンミツトソン》が印度に天降り、印度の祖神となられ、その子孫が繁榮したものとして傳へてゐる。

支國インドウ天竺萬山黒人民王《テンヂクバンザンコクジンミツトソン》——天竺西城迦尊《テンヂクサイジヨウカソン》——天竺摩竺迦尊《テンヂクマチクカソン》——天竺摩迦尊《テンヂャマカソン》—

—東天竺氣尊者《トウテンヂクキソンジャ》

—南天竺萬尊者《ナンテンヂクマンソンジャ》

—中天竺迦尊者《チウテンヂクカソンジャ》—

—西天竺男尊者《セイテンヂクヲソンジャ》

—北天竺女尊者《ホクテンドクニウソンジャ》

┌インドウマシタレ尊者
├ハルマス王尊者
└唐《カラ》羅《ラ》王《オ》尊《ソン》者《ジャ》――中の代省略――釋迦如來天空坊神

右の如き系圖となつてゐる。そして釋迦は釋迦如來天空坊神として、日本に神として祭られてゐると記されてゐる。

又、釋迦は入寂と傳へられてから以後、印度を逃れて歐羅巴、亞細亞を遍歷し、日本の加賀テライ水門《ミナト》（金澤市附近）に着き、釋迦ケ嶽に五年間居住し、日本語を研究の後、越後の黑媛山――太古に於て黑人民王等が、天國日本に參朝の折居住せる黑媛山を根據として全國各地を巡り、岩手縣大釋山に到り、帝釋山と名づけ、八十五歳にして長逝し、狹依信濃尾寺《デラ》の角塚に葬る。釋迦の後胤に唐羅、黑石、難波等の姓がある、と記されてゐる。後世一族の善光坊の名を採り、善光寺の名となつたと傳へられてゐる。彼が天國日本の天祖を崇拜し、遙々日本に來朝して日本の土となつたのは何の不思議もない事である。

而して佛敎の「本地垂迹」の說の起つたのは、平安朝の時代である。即ち弘法大師等の佛敎萬能時代である。弘法大師は竹內文献を研究し、天神以降の御皇統譜、神代神々の神陵、並に神代文化の淵奥を極め、神陵附近の地を相して殆んど寺院を營んだのである。同時に上古皇國の祖先神族は高山地帶に神居を定められし事を識り、從來一般の佛教徒が世俗に沈溺してゐたに反し、山上に自力修業の道場を設け、神の靈光を拜するに努力したのである。神號に菩薩、權現などの稱を用ひ、神體の安置が始まつた時代である。神代の建築も佛寺の手法を採り入れ、神事と佛事と相混じ、僧侶が神社を管理するやうになつた時代である。

此の時代に生れた「本地垂迹」の説とは何であるか、曰く。

『神の本地は佛である。迹《アト》を我皇國に垂れて、權《カリ》に神として現はれたのである』

と、いふ説である。此の説は神代研究者の前にも、皇國の神道に關する者の前にも、如何にも奇怪千萬の説と思はれるが、印度に於ける梵天と、竹內文献の皇統譜の天神時代に就ての記錄と結びつけて檢討すれば、釋迦の説かれた「佛」なるものゝ實體は、決して架空の妄想でないのである。

歐羅巴の耶蘇教徒や、支那に於ける佛教反對者は、佛教は亡國教である、佛教は根據のない妄説であるとして罵つてゐるが、釋迦の所謂「佛」なるものは、確乎不動の根據を持ち、耶蘇教や、支那の儒學の泉源を爲す、天地開闢、大根元の神を以て「佛」としてゐるものと解せられる。モーゼの教へから分派したと思はれる回教も、此の神一本槍で進んでゐるものと思はれる。今日に於ては或は之れが變化したかも知れぬ。

果して然らば、耶蘇の説く「天人地《アミン》」、釋迦の説く「佛」の實體は抑も何であるか。予の管見を以てすれば「佛」とは「佛《ナムモ》」といふ天地開闢の大根源の神靈を稱し奉り、耶蘇は之を稱し「天人地《アミン》」と唱へ奉るのである。之を竹內文献に見るに、天地未だ分れず、萬物未だ生ぜざる以前、宇宙創造、絶體萬物の司神の神靈で、皇國皇統譜の天神《アマツカミ》の始祖神、即ち天神第一代として崇め奉る元無極體主王大御《ムトフミクライヌシオウオホミカミ》を申上ぐるものと解する。太古印度に於ては之を梵天として尊崇したことは既に述べた通りである。

此の宇宙萬物創造の始祖靈神が、天神七代を經て宇宙の森羅萬象を御創造になり、皇統をわが皇國日本に天降し遊ばれし事を佛教に於ては

神の本地は佛である。迹《アト》をわが國に垂れて、權《カリ》に神として現はしたものである。即ち造物主は萬世一系の皇統を日本國に垂れ、その靈統《ヒツギ》神たる日本天皇は、元無《ムトフ》極體主王《ミクライノシオ》大御《オホミ》神《カミ》の化身である。

と說ひた事に歸着するのである。釋迦が此の神を以て佛と唱へ奉つたものとすれば、日本天皇は造物主として總ての宗教の仰ぎ奉る神の天統であり、天神の化身であり、天地《アメツチ》即ち世界萬邦を統治し給ふ現人神に渡せらるといふ竹內文献と同一の結論を得るのである。

弘法大師は俗名、僧眞漁弘と稱し、永らく竹內文献を漁り、彼が大師の糀《カユ》の傳統は延曆二十年十一月二十四日、竹內家逗留中の事柄で、彼が唐に赴いた三年前の事である。而して日本神代文化の神秘に觸れて、或は五行を考案し、印度、支那の佛典を究め、玆に或は上古神代の聖地や神陵を辨へて、高山に修業道場を設け、或は神號に菩薩、權現等を用ゐ、或は神佛一體論を唱へ、或は日文神歌、祝詞に倣つて佛讃いろは歌を編み、字體を神代文字の天日靈草穗神字《アヒルクホカナ》に採つて、凡俗老幼をして歌ひ易からしむる佛讃歌を造つたのである。かく弘法大師は遠慮なく、神道の繩張りを荒したやうに思はれるが、釋迦の說く所の佛が此の解釋と同一であるとすれば、當然の進路

を歩むだものとも云へるのである。

日蓮上人も良く竹内文献を研究し、印度に於ける梵天と結んで徹底した説を立て、佛教を脱線して神道を説くかと思はれる程に皇道を説いてゐる。天に二日なく、地に二王あるなし、鎌倉殿は民ぞかし、と叫んでゐる。又宇宙表現の十界の法本尊を創作し、

大日天王　　天照皇大神
南無妙法蓮華經　八幡大菩薩
月天王　　月讀命

と書いてある。小松潤三氏の報ずる所に依れば、弘安四年日蓮聖人蒙古折伏を祈願して書かれた本尊は

南無妙法蓮華經　天照大神
聖天子金輪大王
八幡大菩薩

とあり、『妙理妙法を如實に體現せられたるは皇祖皇宗にして現實に之を體得發揮せらるゝが、現人神たる日嗣の御子たることを示せるものと思料す』といはれてゐる。

南無妙法蓮華經とは、竹内文献にいふ「元無極大神」《ナムモ》であり、釋迦のいふ「佛」《ナムモ》であるまいか、大日天王は天照日大神、月天王は大陰月神、聖天子金輪大王は現人神の日神即ち靈統神と解し奉る。之れに依り宇宙の本體を表現したものと思はれる。金輪大王とは耶蘇教の所謂金の祭壇と同一義と思はれる。

耶蘇教に於ては、天國の造物主の神胤でありながら、金壇の果實《コノミ》を食して下界に追放されたといつてゐる。金

壇の果實とは何であるか。按ずるに世界人類の遵守すべき大憲章は、日本神道の大祓祝詞の上にも揭げられてゐる、聖書よりも、モーゼの十誡よりも、佛典よりも尊き、世界の憲法であると思はれる。曰く

如此《カク》知食《シロシメ》ス國《クニ》ノ中《ウチ》ニ成出《ナリイデ》ム天之益人等《アメノマスヒトラ》ガ過《アヤマ》チ犯《オカシ》ケム雜雜《クサクサ》ノ罪事《ツミゴト》ハ

（一） 天津罪《アマツツシ》トハ畔放《アハナチ》、溝埋《ミゾウエ》、樋放《ヒヘナチ》、頻蒔《ヒキマキ》、串刺《クシサシ》、生剝《イキハギ》、逆剝《サアハギ》、屎戶《クソベ》、許々太《ココダク》罪ノ罪《ツミ》ヲ天津罪《アマツツミ》ト宣別《ノリワ》ケテ

（二） 國津罪《クニツツミ》トハ生膚斷《イキハダタチ》、死膚斷《ナヲリノハダタチ》、白人胡久美《シラヒトコクミ》川入《カワイレ》、火燒《ホヤキ》、『己母犯罪《オノガハハオカセルツミ》、己子犯罪《オノガコオカセルツミ》、母與子犯罪《ハヘトコトオカセルツミ》、子與母犯罪《コトハヘトオカセルツミ》、畜犯罪《ケモノオカセルツミ》』昆虫《ハブムシ》ノ災《ワザワイ》

（三） 高津罪《タカツツミ》ノ災《ワザワイ》、高津鳥《タカツトリ》ノ災《ワザワイ》、畜仆《ケモノタフ》シ、蟲物爲罪《マジモノセルツミ》ヲ國津罪《クニツツミ》ト宣別《ノリワケ》テ許許太久《ココダク》ノ罪出《ツミイデ》ム

如此《カク》出《イデ》ハ天津宮事《アマツミヤコトモチ》以テ、云々。

と、此の祝詞の條章を見るに、一般的の罪に就ては悉く明細に列擧してあるに拘らず、特に重復して人倫の最も嚴守すべきは、血族結婚と、畜類と相犯す罪であると明記されてある。金壇の果實《コノミ》とは此の禁を犯し、天孫民族たる資格を失つたものであるまいか。最近神主で此の大切な部分を省きて唱へない者のあるは宜しくない。

モーゼも、キリストも、下界に突き落された人々に對し、天國の神に導くべく努力したのである。而してモーゼの教へは用ひられたが、キリストの叫びは用ゐられず、十字架の難に遭つたのである。後世モーゼ十誡を基とし、宇宙造物主の大根元の神靈を讚美へて、回教の旗揚げとなつたのも宇宙の元無極體主大神の解釋上に就ての相違から出發したのであるまいか。

世界に於ける總ての宗教が、わが御皇統中の神々を宇宙絕體の神として祭つてゐるに拘らず、不幸世界の總ての歴史の不備缺陷から、此點の明徵を缺いた爲め、多くの宗教が實質に於て世界の靈統神欽崇とは反對の方向に進んだのであるまいか。

弘法大師が神代歴代神陵と拜せらるゝ附近に悉く寺院を營んだ事は、單に信徒獲得の爲めとのみは思はれぬ、併し、後世に至り事實上神陵の荒廢するに至つた罪は歴史の缺陷にあるかも知れぬ。大日本史を編纂した學者は異口同音に佛徒の史料史實湮滅を攻擊して居り又今日の神代研究者も同樣憤慨を重ねて居るが、佛徒の立場からすれば、神道家及び史家の怠慢により、古代神々の御名さへ自然消滅の姿となり、殆んど無緣に陷らんとした神靈を弔魂してゐたのであるといふかも知れぬ。而して遠慮なく神を菩薩、又は權現として了つたのであるがそれは佛徒として別個の立場に立つたからではあるまいか。筑波山御鎭座傳記に依れば

男體山神宮	陽神	滿珠	歡喜天
女體山神宮	陰神	干珠	辨財天

四所明神

稻村神社	日神	火德	毘沙門天
安座常社	月神	水德	吒《ダ》枳《ギ》尼《ニ》天
子原本社	西宮	土德	大黑天

渡利神社　祇園　金徳　大荒神

とある。また、一般的に知られてゐる神名を佛名に變へてゐる神々としては

八意思兼命　を　虚空藏尊

八幡神社　を　阿彌陀如來

武雷命　を　麻利支天

天照大神　を　正觀世音菩薩

豐玉姫命　を　辨財天

等として佛に取り入れて祭つてゐる、詳しく調査すれば限りのないことと思ふ。中世以降佛教徒としては、佛と日本の國體とは何等の關係なきものと思料し、佛教は日本に於ける總てに超越した比類なき存在であるとし其尊嚴を自負してゐたが、今日に至つて見れば佛教は國體に添ふて歩んだのである。則ち佛教は形式的には日本の精神界を征服し佛教國日本の觀あらしめたが、實質的には却つて日本精神に征服されたのである。將來は釋迦の梵天、また本地垂迹の根源を再檢討し、實質的には勿論形式的にも日本天皇が宇宙創造以來世界統治者であつた事實を明徴にする必要ありと思ふ。

或者は曰く、竹内文献世に出づれば、佛教との正面衝突は免れざるべしと、併し、冷靜に考ふれば、竹内文献に記する神々の實在が明徴にされてこそ、玆に始めて各宗教の根源が確認され、總ての宗教は日本を祖國として

全世界に普及されたものである事が明かとなり從つて惟神之道の本來の使命も之れに依つて始めて明確になり得るものと思ふ。

筑波山神社

竹内文献に、五行の初神は皇統第五代天八下王天皇で、筑波山に鎮り坐すとある。

予は、此角度から研究を進める。此所に記述する所は、予の研究の結果の公表を爲すものでない。要は各位の御研究に資料を提供し、各位の御判斷を乞はんとするのである。

日本古神道には、天の五行、地の五行あり、天の二十八方、地の三十六方等あり、支那に於ては天の五行も、地の五行も混同して、單に五行や、十干を說き、天の二十八方を天の二十八宿とし、地の三十六宮といつてゐるやうであるが、內容の趣きには可成り相違があるやうであるが、微細な點は改めて述べる事とする。

筑波山神社の資料

社格は茨城縣の縣社である。紋章は德川幕府の定紋と同一で癸の紋である。

紀元前の事は別として、筑波山は紀元元年(辛酉)神武天皇の御勸請遊ばされた社である。鹿島神宮、香取神宮は何れも紀元三年（癸亥）の御勸請である。

祭神は伊邪那岐尊、伊邪那美尊の二柱を主體とし、多くの神々が祭られてゐるが、史料逸失の爲め、當山で大切な神々が不明になつてゐるのでないかと察せらる。

天臺宗沙門德溢の開基、大同年間空海、卽ち弘法大師結界して密敎弘通の道場となり爾來全く佛敎徒の巣喰ふ處となり、當山に傳はつた神寶文献の如きは全く湮滅され、明治初年神佛分離の際の如き一の鳥居に掲げてあつた嵯峨大覺寺宮の御染筆に成る『天地開闢筑波神社』の大額までも、僧侶が取り外して持ち去つた程である。

從つて現在社務所には神社に關する史料の何物もないのである。併し『聖書』に

末世には多くの僞豫言者現はれ、世人を惑はすべきも、論者及學者は默し、石叫ぶべし

といふ句のある通り。記錄は湮滅され、當山を占據した佛者は、史料に就てあらゆる變造改作を爲し、僞豫言者の如き言辭を弄したものもあれど、立體的に、科學的に之を調査研究せんか今尙その眞相を捕捉し『石叫ぶ』の結果を得られるものと確信する。

御皇城山と筑波山

五萬分の一の陸地測量部地圖に就て見ると、竹內文献にいふ御皇城山と、筑波山が甚だ共通した點が多いのである。

御皇城山の東北に當つて赤池あり、白龍神を祭つてある。筑波山には社殿の東北即ち山の中腹に白龍神を祭り。社殿の西南方に池があり辨天を祭つてゐる。此所にも龍神を祭つてゐるものと思はれる。圖面の上に見ると、御皇城山も筑波山も、西に金井、竹垣があり、東に金谷、竹内がある。太古に於て、靈統神、卽ち天皇の皇居として定められた周圍には必らず竹の園のあるのを常とした。筑波山も地名の上に殘つてゐるのである。

太古神代に於ては、黄龍、白龍、赤龍、靑龍、紫龍の五龍神が祭られてゐた。支那が採つた五龍の意は之れである。

キリストが太平洋を渡り八戸に着いた時、靑龍神を船上に祭つて來たのは、茲に原因するものと思ふ。

筑波山にも、御皇城山にも、太古に於ては五龍神が祭られてゐたものと思ふ。

筑波山に鎭まります天八降王天皇は、五行神中の中央神、卽ち土神として御祭してある神德ある神である。支那に於て五龍神を祭つたのは、支那の祖先が日本に往來し龍神を祭つた事に習つたものであり、又、龍文字等の關係から尊崇したものとも思はれる。日本天皇が天浮船に召され、雲上を飛航し給ふたとの記事に就ても一考を要するものと思ふ。

五十音の五行

五行神の神徳を加味して排列された、アイウエオ五十音の排列と對照して見る時、さすがに五行神を祭る筑波だけに最も正しくそれが地名に殘されてゐる。

アは中央土神の位置である。五十一字の文字の意義は深遠であるが解説は省略する。

當山の祭禮は四月一日、十一月一日の二回である。祭禮の御輿が一臺は上りて奥の院へ登り、一臺は六丁目鳥居前の御假家に出車する。奥の院へ登つた御輿が御假家で一緒になり、御宮入りをする。之れ天地交歡の意である。天の氣を地に降し、地の氣を上に昇し、能く天地の氣を通和して、所謂上下和親。萬物の生育彌榮を司るの意であると解する。

アは中央神で、靈統神である。上下天地を無限に貫く神である。金色で表象され、黄色人之を衛る。

イは位第一位の神北方に位する司神。水德神である。陰氣を主り、あらゆる生物の身を養ひ太らす神である。黑、又は紫で色を表さるゝのである。

筑波山の眞北に、紫尾村。伊佐。金井。入山尾。白井等がある。

ウは南方に位する、位第二位の神。火の神で、陽盛を司り、あらゆる生物の身體の溫熱を保ち、甘みをつけ、色どる神德である。赤がその色を現はすのである。

筑波山の南方に、臼井。漆所等の地名がある。

エは位第三位の神、東に位する木の神。東方一陽を惠み、あらゆる生物の氣、心、精の發動を司る。發育の神彌榮の神である。

青の色で現はす。

筑波山の東方に、石澤、飯塚、石岡等の地名がある。鄉土人の特長として、イエを混同し今日に至つてゐるのも妙である。

オは位第四位神、西方に位する金神である。あらゆる生物の納まる、生物の體形が何年も保ち腐らぬ神德、太平に治まる司神である。世界の治安を保つのも此神德である。

白い色で表はされる。

筑波山の西方に、大島、大村、山王寺がある。

五行神の神德に因まれた名に、五言《イコト》、五十音《イソコト》、五色《イロ》人、五龍神、五倫、五常、五臟等がある。

五十音といふが、實は五十一字《イソイシ》である。五十一字は、神代に於ける日文神歌祝詞を唱へ奉つた以前、即ち皇統第二十代惶根天皇が神歌祝詞御作製以前は、五十一字神歌祝詞を唱へ奉つた由聞いて居る、沙庭の昇神、降神の際は今日に於ても、之を唱へ奉つてゐるが、詳しい解説は後日に讓る。五十一字神歌祝詞の意義は、宇宙創造、天地萬物構成の意義、日本天皇は地上唯一人の天地統治の現人神の原理が含まれてゐるのである。此の原理が、あらゆる文献を抹殺された筑波山に現存してゐるのは、確かに神國日本の神秘であると思料されるのである。

筑波の高天ケ原時代

神武天皇以前の記録は不幸にして明確を缺いてゐるが、常陸式內鎭座本記、並に竹內文献を參照して考ふるに、神代に於ける筑波山の高天ヶ原時代の存在は充分に確信されるのである。

伊邪那岐天皇時代以降にも、相當の誤謬はあるが、尙歷史として役立つ所が多い。併しその以前の事柄に就ては、殆んど知る由もない。そして筑波山に祭られた神々中に於て、大神名の不明になつた神々が多々あるやうに拜される御神德の上から拜し奉ると、竹內文献の五行初神もその內に祭られてあつたのに、資料の散逸や、僧侶の作爲に依り明瞭を缺くに至つたのであるまいかと思はれる。

筑波山頂に登り、日の出を拜して東方を望む時、脚下の霞ヶ浦は神代に所謂「神《カ》住《スミ》が浦」の意義であるまいかと感ずる。右に香取神宮、左に鹿島神宮があつて、共に國民崇敬の的となつてゐる。筑波山は神武天皇即位元年に祭られ、香取、鹿島の神宮は紀元三年に祭られたのである。

而して兩神宮共に、御神德の尊き神々であるが、何れも臣下の神である事は、一般の公認する所である。筑波の神が竹內文献にある神々に關係ないとしても、靈統神、並に皇族を多數御祭りしてある事は爭ふ餘地がない。卒直にいへば、神武天皇が紀元元年に筑波神社を御祭りになり、その守護神として兩神宮を御祭りになり神代の祭祀を御復活なさせられたかとも察せられる。

地上遺跡から見、また記録の上から見て、五行神の筑波山に祭られてあるのは動かない事實のやうに思はれる。又、五行初神から見れば八代の後世に當る、皇統第十三代天之常立男天皇時代の高天ヶ原か、筑波山に御造營遊ばされたものと思はれる。

竹内文献に依れば

天之常立男天皇、詔して皇子皇女達三十九名を國守に任じて、萬國の平民に天降らせ勸農頭に降り給ふ。吉道路《ヨヂチ》國（常總の地）筑父母《ツクチバ》山に大宮を造りて仙洞とし、國政を統べ、後常陸國と名づけ、筑父母山を筑波山と改稱す、天吉道常姫尊、加波山に住み、農作神に祭る。

とあり。陸地測量部の地圖を見ると、筑波山を中心とし、その周圍に「田」の字の附く地名が著しく多いのである。昔。水田、山田(卽畑)の改墾を爲し、農業を御奬勵遊ばされたものが、今日地名の上に現はれ殘つてゐるものと推定されるのである。一例を擧ぐれば

新田、猿田、田上、大田、石田、上野田、片岡新田、新田、新田、小山田、笛田、靑田、根小屋新田、粟田、五反田、半田、小田村、田井村、田中、田水山村、池田、作岡村、池田、國松新田、東石田、鶴田、吉田、田宿、有田、東飯田、養蠶村新田、茂田、北茂田、新治村細田、羽田、阿部田、神傳田、伊作、村田村、等の如き之れである。

筑波山を中心とした「眞壁」五萬分の地圖一枚にかくも多數にあるのである。更に近郷を調査すれば驚くべき

多數に上る事と思ふ。如何に皇祖の神々が農業を指導奬勵遊ばされ、又人畜五穀の生成化育を御祈念遊ばされたかが窺はれる。殊に筑波山頂から、日足の最も永い日に、日の出の方を望むと、岩間上郷に「日向」といふ地名のあるのも妙である。

竹内文献に依れば、

皇統第十三代天之常立男天皇、皇統第十四代國之常立天皇、皇居御造營地鎭祭の祝詞中に「豐芦原」の文字見ゆ

と傳へてゐる。豐芦原瑞穗國の稱號は、此筑波山天ヶ原時代から起つたものかとも拜せらる。而して文献には天之常立男天皇の御陵は、新治郡高濱町附近の舟岡山古墳に相當すとある。同地圖を見ると、筑波山麓には豐芦原瑞穗の名を連想する。

芦穗村。樺穗村

等の村名もある。僧侶の爲めに多くの文献を抹殺されたがそれでも暗中模索裡に、現存する地名や、散在する古石に依つて尚研究を進め得るものと思ふ。

竹内文献にある天豐鍋釜瓱彦《メカマヲカマホカラヒコ》尊、天野埴安食物主尊の二王子をして、天八下王天皇か鍋釜食器類を造らしめ給ふとあるが、附近各地から出土する石器に就ての松村瞭博士、柴田常惠氏の鑑定に依れば右は、何れも硅石質石器の未成品であり、その石質は津屋弘達氏の鑑定に依れば、チャート(Ghert)だといふ、チャートは此の山附近

には無い他の地方から移入して作製したものだと主張してゐる、當時は廣く海外との交渉をも持つて居た事は、高濱町在の舟岡山の名稱や、筑波山頂に於て出船入船の現存する事實から見て充分に之れが立證され、又之れにより當時の産業狀態も偲ばれる。從つて神代の日本民族は岩窟内に生活した低級な蠻人であつたが如く想像する妄念も破らるるものと思ふ。

醫藥の法に就ても、古文献に依れば皇統第一代天日豐本葦牙氣皇主天皇の御宇、既に天豐禁厭建彥《マシナイタテヒコ》命、天日體《ムク》骸《ライ》醫師《マシナイ》彥命等、卜占醫藥を掌る皇子達あらせられ、皇統第三代天日豐本黃人皇主天皇の御代には、天日體骸藥師王命、天日長命、藥師守命、天豐醫師主命等の皇子は醫藥に關する任務の御管掌あり、又皇統第四代天之御中主天皇、卽ち筑波山に鎭まります天八下王天皇の御父天皇時代に、天豐禁厭建彥尊、天豐醫師主尊等の六名を萬國に御派遣になり、御教示になられたと記錄にある。筑波山高天ヶ原時代に、各種の藥草を世界に集め繁殖された事は、今日當然の名殘と認められる。

一般の考古學者は、祖先神族の居住は高地にあり、從つて遺蹟の多くも高地であるといふ目標を度外視し、太古神族の奴隷にて低地に生活したアイヌ族を吾國の先住民族と思惟し、太古の神蹟靈山等の調査を度外視し、又精巧なる出土品あれば之を先住民族の使用品なりと誤認する故、三千年以前の事には觸れる事が出來ないのである。加ふるに、日本が太古に於て世界を指導した神代文字の存在を知らない爲め、之を發見しても解釋がつかず、自己の解釋のつかないものは、總て先住民族の遺蹟として片着けて了つたのである。

筑波山を調べてゐると、支那の易學、儒教、並に天主教の二氣四元之行の水源地の、大森林中を歩いてゐる氣持ちがする。新らしいものであらうが、五亭といふは五行の意を表はし古來增減を許さない、建造物はお話にならぬが、その規範、格式は之を破らない所に尊さがある。また現存する名石に就て、之を解說した文献は無いが、古神道の規格に照し、立體的に、科學的に研究すれば、左に掲ぐる名石は、五行及び古神道の型典として見るべきものが多い。

男體矛石、女體開石、立身石、寶鏡石、室石、鶴領石、杉形石、翁石、天拜石（今日は破られて無く、天抔石か）甘露石、龍神石、白狐石、子種石、御判石、大黑石、寶劍石、北斗石、御船石、神樂石、鳥居石、國割石（方位石）

同時に神代文化の紀念物とも見られる。鳥居龍藏博士の如き神代文字に理解を有たざる人にありても、筑波山を稱して「人工に依る巨石が多い」と述べてゐる。

予は各位に筑波山の御研究を御願ひし、筑波山高天ヶ原時代を明徴にしたいと考へて居る。

紀元前後の筑波附近の農業

『古語拾遺』の神武天皇御宇の記錄に

天富命、更に沃壤を求め、阿波の齋部を分ち、東土に率ゐ往きて、麻穀《スガソカヂ》を播殖し、好き麻《スガソ》の生する所、故《カ》れ之を總《ソ》の國と謂ふ。穀《カヂ》の木生する所、故れ之を結城郡と謂ふ。

と述べ、更に之に註して曰く

古語、麻《スガソ》之を總《ソ》と謂ふ也、今、上總、下總、二國是也。

太古以來、筑波山の祭政に必要なる麻が、筑波山の西麓《セイロク》なる結城郡に播殖せられ、麻が古語に總と謂はれ下總、上總の名は之れに起つた事に傳へられてゐる。

以上の事實は筑波山高天ケ原說の根底を有力にすると同時に、太古以來の農業の發祥地たるを明かにし得るものと思ふ。

文献に依る考證と誤謬に對する卑見

常陸式内鎭座本記中、筑波山に關係ある部分の拔萃に就て見るに

筑波山は、天地開闢《ヒラクル》の始め、洲壤《クニツチ》浮びたるに依る。譬へば猶ほ魚の水上に游《ウ》けるが如し。時に、伊弉諾尊。天祖の詔を奉じて高ケ天原に遊び、天の浮橋の上に立つて、共に計《ハカ》りて曰《ノタマ》はく、底《ソコ》つ下に豈國無からんやと、廼ち天瓊矛を指し下し、磤馭盧嶋を造り得て、筑波山に降《アマクダ》り居まして、男神女神を現し給ふ、卽ち人體氣化之初神なり。

とある。此の文意からすると、伊弉諾尊が男神、女神を御降しになつた、お降しになつた神が伊弉册尊である

といふ事になる。之れは伊弉冊尊以前の神々が判らなかつた爲め、斯樣な文章となたものと思ふ。又

於是《ココニ》、日神を生み、次に月神を生む、蛭兒宮、素戔嗚尊、稚晏神、旣に八百萬《ヤホヨロツ》の神達現じ給ふ。

とある。佛徒に史料を抹殺された爲め、天神《アマツカミ》時代の日の神、月の神と、皇統第二十二代時代の蛭兒宮を同一時代の如く書いたのであるが、

六親《ムツノシタシミ》を以て永久常《ヒタフルトコシヘ》なり。

とある點から觀察し、又、父母二神、四柱の皇子共に遊戯し給ふ、と別書にある點から見て、當山が太古に開かれた時、日神、月神を初め四皇子を祭られたものと拜される。蛭子宮、素戔嗚尊、稚晏神では三柱である。

予の觀察では、日神、月神の外に、四代の靈統神を合せ祭られたもの、卽ち皇統第四代天御中主天皇、卽ち天八下王天皇の御父天皇から上代四代と、その祖先の父母たる日神、月神を皇統第五代天八下皇天皇が御祭り遊ばされたものと拜し奉る、卽ち六柱神とは

天神《アマツカミ》　天御光太陽《アメミヒカリオホヒ》貴王《ナカキオ》日大神《ヒノオホミカミ》　亦名日神

同　天御光大陰貴王女大神《アメミヒカリオホインナカキオミトノオホミカミ》　亦名月神

皇統第一代　天日《アメヒ》豐木葦牙氣皇主《ノムトアシカヒキミノシ》　天皇《スメラミコト》

皇統第二代　造化《ツクリノシ》氣《キ》萬《ヨロツ》男《ヲ》天皇《スメラミコト》

皇統第三代　天日豐本黄人皇主《アメヒトヨムトキヒトミイミノ》　天皇《スメラミコト》

皇統第四代　天之《アメノ》御《ミ》中《ナカ》主天皇《ヌシスメラミコト》

を當山開拓の皇統第五代天八下王天皇が、上代の祖神を御祭り遊ばされた事に解される。而して山上の宮殿《ミアラカ》は天照大神五世の御孫《ミマ》、鸕鶿《ウガヤ》草葺不合尊《フキアハセス》、第四皇子《ヨハシラニアタリマスノゴ》。神日本《カンヤマト》磐余《イハレ》彦《ヒコ》火火出見天皇。辛酉元年。下津磐根に宮柱太敷《シ》き立ち、高天原に千木高知りて、西の嶺に在す陽《ヲ》の神は、伊弉諾尊、男體神宮と稱へ奉り、東の峯に坐す陰《メ》の神は、女體神宮と號《マウ》し、兩體合して神宮と齋《イツ》き祀る。日本二柱の大神也。

とある。神武天皇に對し奉り、天照大神より五世の御孫《ミマ》とは、鸕鶿草葺不合朝を御一代としての計算に記録されてゐるが、葺不合朝七十三代目が神武天皇であると記した『上つ記《フミ》』がある。内に闕文はあるが代數には影響はないのである。

『上つ記』は貞應二年（紀元千八百八十三年、今を去る六百五十六年）從四位侍從大友左近將監藤原能直朝臣（朝臣は源頼朝卿の二男齋藤次官藤原親能主の養子、豊後國守護職。母は上野國利根郡司大友相摸守經家の娘大友の局）の編輯した史である。

其體は上代文字、卽ち神代文字で書かれ、引用する所の古書は

高千穗の大宮司の傳書

同國主元雄が傳書

常陸國新治郡富田某が家記

以上三部を原本と云ふ

出雲國造上世記
常陸國鹿島國造文
伊豆加茂三島の傳書
屋張中島逆手記
伊勢度會文
攝津住吉大餘坐記
肥後八代縣文
阿波田村記
筑前後老家文
豊前後老家文
薩摩霧島記
越白山舟人文

の總計十五部である。常陸にも上代の文字で書かれた新治郡富田某の家記、鹿島國造文等の傳はりて存在せることが記されてあるが此事は、卽ち古代常陸文化の片鱗とも見るべきものである。

又、伊勢皇典講究所、四國光丘文庫、靑森縣圖書館にある『豐葦原神風和記』は何れも內容が同一の樣であり、葺不合七十三代目が神武天皇となつてゐる。

依つて神武天皇は天照大神から五代目の靈統神であるといふ事に就ては、今後大に再調査の必要がある。併し、神武天皇が卽位元年筑波山に皇祖皇宗を御祭りになつた事は動かない事柄であると思はれる。

然れば、伊弉諾尊をも御祭りされた事は當然と思はれる。又火火出見《ホホデミ》天皇《スメラミコト》とあるのを異樣に感ずる人もあるかも知れぬが、之れは靈の神の直統たる靈統神、現人神としての意に解し得るのである。此の點に就ては更に後世史家の研究に俟つことゝする。

次に

北に四の柱岑あり、一の御殿は鷲の嶺、日神、天照大神、南方火得、陽盛を司り、五穀成熟の御神靈、故に稻村の神社と拜し奉る。

之れは上代の神も、後世の神も混合した解說で、此の時代の五行に依る火の神としては、

皇統第七代天相合主天皇　南方火神

を御祭り申し上げた筈である。火の神は南方に位する位第二位、陽盛を司り、あらゆる生物の身體の溫熱を保ち、甘味をつけ、色どる神德を具へ、赤がその色を表象するのである。次に

二の御殿《ミアラカ》は寶珠ヶ嶽、月の神。月夜見尊。北方水得、陰氣を主《ツカサト》り、故に安座常《アザトコノ》神社といふ。

之れも月の神と、月夜見尊と混同してゐるやうに思はれる。日蓮上人は、十方世界の本尊として、日の神に就て世上の紛らはしさを解決して、大日天王と天照皇大神と二柱の區別を明確にし、又、月天王と月讀尊とを整然と區別して、二柱に祭つてゐる。

竹內文献に依れば、

北方水得の神は皇統第九代天八十萬魂天皇である。

水德神は位第一位、北方に位し、陰氣を司り、あらゆる生物の身を養ひ太らす神德の神で、黑又は紫の色で表象される。

古文献には月夜見尊を水德神としてはお祭りしてゐない。

次に

三の御殿は吉野の岑蛯兒神、小原木の神社と崇む。土德を司り、賣買の祖神なり。

とある。土德の神は中央に位する靈統神の意義である。天の氣を地に降し、地の氣の天に昇し、能く天地の氣を通和し、所謂上下和親、萬物の繁榮を司る神である。靈統神の高御座で天職天皇の高御座は茲にある。卽ち、無私博愛、天地神明に祈り、天人地の和合彌榮を希ふ、之れが皇道の規範である。

中央土神は天の底地の底を貫く靈統の天統である。金色を以て表象され、黃人之を衛るのである。土神は賣買の神でない。賣買の神は蛭兒尊である。蛭兒尊は或書に不具者の如く書いてあるが、神代を知らぬ妄論である。

蛭兒尊は本土東北から北海道、南米、北米等も總督された神で、商運神、惠比壽神として祭られてゐる。惠比壽神は賣買の神で、靈統神でも、土神でもない。當山の開拓の神、皇統第五代天八下王天皇が、五行神の初神として、土德の神として祭られたのは偶然でない。

皇國の神代文化を學んだ伏羲氏六代目に、中央氏の名がある。之れ皇國に倣つて中央土德神の神德を偷まんとしたものと思はれる。

次に

四の御殿は國割峯。渡神社と拜す、素戔嗚尊。金德の元神なり。中津六合《クニ》を開き初め、諸《モロ〳〵》の厄神を平げ給ふ、祇園牛頭天王の御神座なりとある。

月夜見尊と素戔嗚命は同一神である。筑波山には合せ祭られてゐるかも知らぬが、五行神中には祭られてゐない神である。殊に、同一神が二ケ所の位に配せられてある點から見ると、五行神が佛徒に依て出鱈目に配列され、それを史家が採つて記録に收めたものと思はれる。

金德の神は、位第四位、西方に位する神である。總ての生物が收まり、體形が何年經ても腐らぬ神德の司神で、世の太平に治まる司神である。世界の治安を維持し、人體、五穀の長壽を保たしむる神である。古文献には

皇統第八代天八百足日天皇　西方金神

とある。

五は稚日女尊《ワカヒルメ》。末の皇女《ミコ》なる故に、女體山御同岑、横雲嶽に在《イマ》す、東方一陽を惠み、木德の元神なり（當山は深秘社なり）即ち水火木金土五行大元の御神德なり。

木德の神は位第三位、東方に位する神である。一陽を惠み、あらゆる生物の氣、心、精の發動を司る神、發育の神、彌榮の神であり、青色で表象されて居る。

稚日女尊《ワカヒルメノミコト》は、即ち天照大神である。御一柱にて南方火得神と、東方木德神とを御兼任遊ばさるゝ事となる。既に素戔嗚尊は北方水德神と、西方金德神との御兼任といふ事になるが、此の記錄の上から考ふれば五行とならず、三行となるのである。

加ふるに靈統神にあらざる蛭兒命が、中央土德神として祭らるる事は、大義明分、國體の本義上許されない。故に本記の述ぶる所、中央土神の御神名の解說に誤りがあると斷ずるの外ない。但し四方位の御神德に就ては正しく傳へてゐる。之れは結局御殿に納められてある五行位神の大神名に誤謬があつた爲めと思ふ。

五行神を祭る事は祭政一致の根幹であり、皇道の大本である。支那上代に之れに學びて、日本は皇道、支那は王道の規矩を明かにしたのである。伏羲の示した規矩は此の條理である。八卦は五行より出た八紘一宇の八方位を基幹とし、その狀態を表はし、儒學はその精神を採り、『天地位し、萬物生育す』の原理を說いたものと思はれる。日蓮の『十方世界』親鸞の『十方世界』は天地八方の意である。

天地四方を平面とし、東西南北の點を一線に繫ぎ、之を交叉して耶蘇の章十字の型としたのも、その根本理は五行に出發してゐる。而して耶蘇教國に於ては水火木金土の五行に、日神、月神を加へて七曜となし、日の神を祭る日曜日に、一般が公休して日神に感謝の祭りをするのである。歐米人にして此の由來を知る者なきに至つたのは、歳月の久しき、太古の歴史的關係が忘却された爲めで、八紘一宇の破らるゝに至つたのも之れに原因すると思はれる。併し理由を判らずに中央土神に對し、金の祭壇として崇めてゐるのである。

尙ほ、常陸式內鎭座本記に記す所に依れば、

總じて廻社は百廿社、御番神殿御表は天神地國々總社。御裏には八百萬の神達、百億四萬三千五百七十二神の御鎭座なり。旣に天地の根元、陰陽二德之靈山なり。

とあり、御祭り申す神々は非常に多い、殊に天神皇祖を祭り、全國の總社である。此の神の中には、記錄を佛徒の爲めに抹殺され、御祭りされずに無緣となつた神々が多いのでないかと拜し奉るのである。

本記に曰く

二季の夏至、冬至の日、一陽一陰、來復の節となり、於是《ココニ》、山上山下の神、天地交替の祭祀る、初、夏至は一陰來復《ライフク》の時なり、陰氣是より昇り上りて、陽氣は降り下る、故に女體山上に昇り、男體山下に降る。冬至は一陽來復の候《トキ》なれば、陽氣此より騰りて、陰氣是より降る。故に男體、山上に在りて、女體山下に降る、云々

玆に、中央神の天地交替の祭の意を現はしてゐる。又、筑波山の名稱にき記されてゐる、

此御山、數多之名あり、自凝嶋《オノエロシマ》といふ、即ち大日本東方震位に生《ナ》り出《イヅ》る、故に長男山といふ、亦、天鹿兒山《アマカコヤマ》とも云ふ、又、三七十の異名あり。

即ち、筑波山は太平洋に面した、天國開發の發祥地である、太古に鎭まります神々、太古に御神跡を殘された神々、勸請された神々が多い丈けに名稱も頗る多かつたものと思はれるのである。

崇神天皇。(一に曰く、綏靖帝也)黄金山と爲さんと欲す、而して人力の能《ヨク》し難きを以て、上下の神祇に禱らしむ。

とある、黄金山とは靈統神の色彩を表象したものと思はれる、聖書に見る金の祭壇の意義は玆に出發してゐるのであるまいか、筑波山は又、紀國山ともいはれたことがある。

第一の大華表に掛け奉る御額は、天地開闢筑波神社の八字、即ち左大臣公《オオヤケ》の筆を賜り、陰陽、根元萬物造化を下し、王城鎭護の靈山と稱し奉る。

とある、王城の文字は皇國の國風に合はぬ文字である。王の字は漢字の影響で、天地を統治さるべき日本天皇の天職を、支那の帝王と同格に引き下げる文字である、此の思想を以て神跡に筆を染め、神の御事蹟を解說せんとしても、正しきを得難きは當然である。

又

當國の風土記に曰く、筑波の笙は高く雲に秀いて出つ、八國四面、之を望む、如一の坂東無双の名嶽なり云々。誠に和歌の道廣く、佛乘の讃、緣となり、神道の根元は自ら常盤《トキハ》堅盤《カキハ》、守護となる。時に大君嚴命を下し賜ひ、天下代々の御祈願所となされ、他山と異り益々御崇敬厚く、山上の宮社堂塔伽藍を御再營、新に天下泰平、五穀成就、國家鎭護之御祈禱、長月、怠慢する無かりき。彌榮《イヨヽヽサカ》へ千秋萬歲、遊樂を求け、之れ萬代不易の靈山たる由緣也。

八國四面は五行に基く、四方位、八方位の理である。和歌は古神道の祝詞である。佛は日本に渡りて形式に於て日本を征服し、精神に於て日本に征服された。神道の根元は當山の守護に依りて大磐石、形態に於て廢頽したが精神に於ては不滅である。天下代々の御祈願所となされ、益々御崇敬遊ばるゝこと他山と異るのは此の神靈を祭るが爲めである。誠に世界の平和、五穀の成熟、皇國鎭護の御祈禱、御歷代怠慢ならざるは此神秘に依るもので、千秋萬歲彌々《イヨヽヽ》榮へ、萬代不易の靈山たる、全く玆に由緣するものである。

和歌に就て

八雲立つ、出雲八重垣云々の素盞嗚尊の三十一文字は、日本の和歌の濫觴の如く傳へられてゐるが、竹內文献に依て

皇統第一代天日豐本葦牙氣皇主天皇の祝詞和歌に

アマツカミ　クニオヤイカミ

タマヤカミ
チカラヲ　ソイヨフ
アメツチノカミ

とあり、又、皇統第四代天之御中主天皇の和歌に

アヤマチヲ　ノリアラタメテ
ヨユトヨリ
ウミナシタマウ
イロヒトノヲヤ

とある。之を以て見れば、和歌は天地開闢の始めより詠まれたものかと思はれる。

御鎮座傳記

男體山神宮　陽神　満珠　觀喜天
女體山神宮　陰神　干珠　辦財天

盗賊は物を盗み現場に指紋を残してゆく、神徳を盗みて自派の布教に利せんとする佛教が、残した指紋は「觀喜天」「辨財天」と云ふ佛身である。即ち神々を變造して佛としたのである。

佛禍の災に遭ひ、日本の國體は抹殺された觀がある、歴史然り、神道然りである。殊に被害の最も甚だしいのは筑波山である。神社記錄や神寶全部を盜み去られ、當山に登つた沙門德溢は神代秘史『豐鉾卷　を盜み去つた、明治初年神佛分離の際、第一の華表に揭げてあつた『天地開闢筑波神社』の額までも取り外して盜み去つた。彼等の心底には恐るべき精神が流れ、皇國に對する觀念も、祖神に對する敬愛も無いのである。

而して、佛教布教、自宗繁榮以外に何物もなかつたのである。神德を傷け、改竄變造、平然として只宗勢の擴張に之れ努めたのである、彼等の心事は盜賊と撰ぶ所がない、併し、天なる哉、命なる哉、彼等の罪業は發覺せられずには居なかつた。

四所明神

稻村神社	日神	火德	毘沙門天
安座常社	月神	水德	吒枳尼天
子原木社	西宮	土德	大黑天
渡利神社	祇園	金德	大荒神

毘沙門天、吒枳尼天、大黑天、大荒神と、勝手に佛教が利用したのである。神を冒瀆するも甚だしいといはねばならぬ。

神々の御神德に就ては重複する故省略する。

神明日前社

秘社　祭神三座

稚日女尊

國常立尊

天御中主尊

右四所兩社六社と云ふ、日前を加へ五行七社なり、山上百廿末社表國々總社八百萬神と、右に記する所は誤字脫字があると思はれる。併し、日前三座とは、皇統第二代、第三代、第四代の天皇を御祭りしたものでないかとも思はれる、記錄が餘りに混線してゐるので判斷に苦しむ、追て研究の上資料や愚考を提供する事とする。日前三座は造化三神の意義であるまいか。

山　下　神

六所大神宮　祭神　山上六社　麓在二六所一

山下の六神は五行神の外に、五行初《イモ》神《ナヤ》の皇后宮を御祭したものであるまいかと思はれる。即ち

皇統第五代天八下王天皇　中央土神

皇后天八下美皇后

皇統第六代天目降美天皇　東方木神

皇統第七代天相合主天皇　南方火神
皇統第八代天八百足日天皇　西方金神
皇統第九代天八十萬魂天皇　北方水神

筑波の隣村田井村に六所を祭る社殿があつたが取毀された由、之れがその社かと思はれるが此點は再調査する積りである。

佛徒の筑波山解説

佛徒は筑波山文化を偷んで解說し、正直に神を讃へ奉らず、自己の考案の如く吹聽したのである。

當山佛閣の開祖、天臺宗の沙門德一は、參籠して北斗の法を行ずる時、

北辰妙見菩薩影向し給ふ、又、影向の岩山列て清水湧出づ、妙見菩薩を或は尊星王とも云ふ云々

又

北辰の五行神は精神なれば、常に降つて人の五臟に入り、又、五穀草木の中に入り、能く養ひ、能く育つ、南方の天に現はれては南斗と號し、北天に現はれては北辰とも北斗とも號す、遍く南洲の衆生を利益し給ふ云々

と、神道の五行より盜んで自己の考案の如く說いてゐる、併し、遍く南洲の衆生を利益し給ふといふのは、正

しい意味からいへば、天皇の治下、卽ち天下の衆生を利益し給ふと云ふ意味である。又、竹内文献に就て神代文化を研究した弘法大師は、五十一字の理義に就ての解説は不可能であつたと見え、一二三神歌祝詞を『佛讃いろは歌』に改造し、佛教布教の一策とした。（詳細は『神武天皇の神字の研究』を見よ。）また、五行に就て諸種の解説を試みてゐる。また、五行の理から不動尊を考案し、土（盤）に座し、手に劍（金）を持ち、北方水に向ひ、背に火を負ひ、體は木を以て刻み、五行神徳を一體とし、不動尊を凡衆に祭らせる事としたのである。

豊鉾巻

常陸式内鎭座本記に

人皇五十代桓武帝の延暦の初め、沙門徳溢當山に登り、豊鉾巻を得つ、天子に奉り、叡覽在らせられて、朝家無双の靈山と勅あり、神田三千町を寄せ給ひ、宮社を御再營あり。

とある。又、一書に

桓武天皇の朝、沙門徳溢、堀て得る所、豊鉾巻といふ。

按ずるに、一日《アルヒ》、聖徳太子、夢殿に入り、日本根元の神書を撰み給ふ。時に、日本の諸神來り、普く神代の古事を造り給ふ。尙又神代の隱錄あり、神武帝の御宇、豊天富命、天種子命、此の二神に令して、土筥《ヘニノミ》を按ず、河内國平岡宮、阿波國泡輪《マワ》の宮、是れなり。此れ是れ神代記錄なり。大子、此の土筥を永請して、太成經を撰定し給ふ。神代には紙なく、土を堅めて書記す、故に神代の書を土笥といふ。筑波山は、天地開闢の始めより、諸神鎮座の靈地なり。何ぞ豊鉾巻有らざらんや、今玆に豊鉾巻と稱するは、所謂土笥の類なるか。

と書いてある。竹内家にも、土器に文字を認め之を刻したと見られる神寶が澤山ある。此の土笥に幾多神代の記錄が印刻され筑波山に傳はる事はさもあるべきであると思ふ。

此の貴重な資料は、桓武天皇の天覧となり、朝家無双の靈山と仰せられ、勅に依り神田三千町を御寄進になり、宮社を御再營遊ばされたのであるから、土笥の內容は尊い史料であつたと推察される。此の種の尊い神道の神秘を、佛敎が偸んで太成經を撰定したといふ事は、實に恐るべき國體破壞であるといふべきである。德溢上人が之を偸み出し、何れに隱匿したか不明になつた此責任は重大である。筑波山は、歴代皇室に於て大切に御祭りなされた靈山である事は、文献の示す所である神代文化研究の結果から見ると、儒學、易學の原理、耶蘇敎の二氣四元の行の條理が此の靈山に秘められてゐることになつて居る關係上、筑波山の解說は延いて世界神代文化の解剖となるもので、世界的の靈山として仰ぎ奉るべきである。

果して然らば、神武天皇御卽位元年筑波神社に對し、第一に御祭りになられたのは、大に理由のある事と思はれる。又、歴代天皇が崇敬遊ばされた事に就ては、筑波山參考その一常陸式內鎮座本記に明記されて居る通りである。

神武天皇以降に於て久しく御祭祀の絶えたのを、武内宿禰が大臣時代、神功皇后が御祭祀を復活になり

『人皇十五代神功皇后世、奉二桂田一爲二神領一在二神祭一』

と、『常陸式内鎭座本記』にあり、桂田を奉り神領と爲すとあるは、愼重に吟味するの要ありと思はる。

筑波山に就ては、神秘的な龍燈の事、嬥《カカヒ》歌祭とて裳萩の東西に幄を張り、東には未通女《ヲトメ》、西には壯子《ヲノコ》集まり、歌垣の儀も傳へられて居り、筮や龜卜に關係ある蓍《メトキ》や、萬年草の茂つてゐる事、巫女之石、亦名、卜筮石も殘つて居り、五行を現はす珍らしい植物羽子の實もある。廉賣《レンバイ》デーとも見るべき市を開き安く物を賣つて人心を和らける政策もあり、羽子板にて遊戯した事も傳はり、弓矢の理も五行から物語られてゐる。

神代の祝詞に用ゐられた一二三の神歌祝詞も現はれてゐる。養蠶に關する記錄もあり、以て當時の産業狀態が知られ、土器、石器等の出土品に依り、當時の文化の狀態が知られるのである。

五行神の御神徳の遺蹟、燦然として今殘つてゐるのである。

筑波山神社と耶蘇教

耶蘇天主教の十字の解說が、何故に支那に於て、二氣四元之行、即ち五行として說かれたか。

『金石萃編』巻一百二

賜進士出身　誥敎光祿大夫刑部石侍郎加七級王昶譔

唐六十二
景教流行中國碑頌并序
大秦寺僧淨述
朝議郎前行臺州召士參軍呂秀巖書

の內に、
判十字以定四方皷廟諱風而生二氣暗空易而天地開日月運而晝夜作匠成萬物云々

とある。此の天地五行の理が、天主教に說かれ、天主（即造物主）を欽崇するを以て宗となしたのである。即ち、筑波山神社の神德、卽ち五行神を讃美奉祭するを以て、宗としたのである。五行は古代「アヤ」といつた、十字はアヤである。

然るに歲月の久しき、歷史的の連鎖全く絕たれ、歐米の信徒にありては眞の御姿に接する事を得ず、唯だ朦朧煙霧の如き間に、自己の心に描いて神を求め之を拜する以外に途がなくなつたのである。

日本に於ても、社傳其他の資料を悉く佛徒の爲めに湮滅されたが、現存する遺跡に依り、科學的に立證され得るものと確信する。聖書に於て見る「石叫ぶべし」の意義は、特に筑波山神社に意義深く感ぜらるゝのである。

當山に於ける「キリスト」の遺跡も、その內發見さるゝものと信ずる。石堂、又は石切等の地名は其殘された何物かであると思はれる。

又耶蘇教が、何故に支那に於て景教として布教されたかに就て、『金石萃編』の編者の述べる所に依れば

稱景教景字之義文中只二語云景宿告祥懸景日以破暗府是與景星景光臨照之義相符然則唐避諱而以景代丙亦此義歟

と、筑波山遺跡と對照し再吟味すべきであると思ふ。

筑波山の參考書　その一

常陸式內鎭座本記　抄寫

昭和十四年四月、予は縣社筑波山神社を參拜し、社務所に社掌塚本定吉、同駒井忠成氏に面會し、神社に傳はる記錄の拜觀を願つたが、明治初年神佛分離の際、嵯峨大覺寺宮の御染筆に成る『天地開闢筑波神社』の大鳥居の額までも取り外して佛徒が持ち去つてゆき、文獻の一も殘つてゐるものがない。

餘儀なく、常陸式內鎭座本記の內、筑波神社に關係ある部分の拔萃の謄寫を依賴し、郵送して貰つた。左に之を揭ぐ。

筑波山神社二座大小筑波郡

夫當山者。天地開闢始。洲壤《クニツキ》浮譬猶レ游二魚水上一。于レ時伊弉冊尊。奉二天祖詔一。遊二高天原一。立二天浮橋之上一。共計

曰。底下豈無國歟。迺以天瓊矛《サカホコ》指下。磤馭盧嶋造得。降居筑波山。現男神女神。卽人躰氣化之初神也。由所《カケマクモ》此山大日本之最初。震《ヒンガシ》之日出津之小戸之自潮瀨顯。生浪筑波山名自語也。已磐石昇降東西。並立。其高秀雲。最頂西岑崢嶸。曰之雄神。絕嶺東峰決屹。曰之雌神。御山容形陰陽分二蜂。妍哉《アナニイヤ》。可美少男《ウマシヲトコノ》神在東。雌神奉向。將。可美少女神坐西。雄神奉向得交道《ツトツキノミチ》。此時有鶺鴒飛來搖《タタク》其頭尾。二神見《ミソナハンテ》巡國御柱。卽陽神自左旋。陰神自右旋。一面會賜。後世。兩岑在嶋廻其緣也。生四方國土大日本名起。生萬物天下和合。于時。二神共議曰。吾已生大八洲國及山川草木。何生天下主者。於是生日神。次生月神。蛭兒宮。素戔鳴尊。稚晏神既八百萬神達現給。故以六親永常也。山上之宮殿天營大神五世御孫鸕鷀草葺不合尊第四皇子神日本磐余彥火火出見天皇。辛酉元年。下津磐銀宮柱太敷立。高天原千木高知。在西嶺陽神者。伊弉諾尊男體神宮奉稱。東峰坐陰神。号女躰神宮。合兩體神宮際《イツキマツル》祀。日本二柱大神也。北在四柱岑。一御殿鷲之嶺。日神天照大神。南方火得司陽盛。五穀成熟之御神靈。故奉拜稻村神社。二御殿寶珠之嶽。月神月夜見尊。北方水得主《ツカサトリ》陰氣。故曰安座常神社。三御殿吉野岑蛭兒神。崇小原木神社。司土德賣買之祖神也。四御殿國割峰。拜渡神社。素戔鳴尊金德元神。中津六合開初。諸厄神平給。祇園牛頭天王御神座也。五稚日女尊末皇女。故女躰山御同岑。在橫雲嶽。東方一陽惠木德元神也。（當山深秘社也）卽水火木金土五行大元御神德也。惣廻社百廿社。御番神殿御表天神地國々惣社。御裏八百萬神達。毛頭毛根。百億四萬三千五百七十二神之御鎭座也。既天地根元陰陽二德之靈山也。二季夏至冬至。日一陽一陰來復節也。於是以山上山下神天地交泰祭禮初。夏至一陰來徐時也。陰氣自㆑是昇上。陽氣降下。故女躰弁㆓山上㆒。男躰降㆓山下㆒。冬至一陽來復候也。陽氣自㆑此上騰。陰氣自㆑是下降。故男躰在㆓山上㆒。女躰降㆓山下㆒。尙社傳記深秘爰略矣。中古。有㆓神託㆒以四月十一月朔日定祭。世俗二度之御座替祭禮云々。同日神御衣《ミソノ》行㆑祭。十二月十十日弓矢羽子板弘祭。曰㆓之初市㆒。正月十八日四季曰祭。謂㆓之四筒度町㆒。本朝町始云々。年中七十餘度祭祀例式多略㆑之。此御山在㆓數多之名㆒。曰㆓自凝嶋㆒。卽大日本東方震位生出。故曰㆓長男山㆒（筑波山十號第一也）亦曰㆓天鹿兒山㆒。又在㆓三七十異名㆒。（未至擧之）中號㆓筑波山人皇始㆒。神武天皇御宇。東海波逆流國中爲㆑海。延及㆓山下㆒。然因㆓山高㆒故能捍《フセク》㆓海波㆒。如㆓堤防㆒。然山西諸國免㆑爲㆓魚鱉㆒。故號㆓筑波㆒也。又名㆓筑波㆒。昔時。天照大神爲㆑慰㆓論父母二神㆒。故登㆓山上㆒彈㆑筑。至㆓水波曲㆒鹿島海潮逆騰涵㆓着《ヒタシツク》山頂㆒。故號㆓〓波山㆒。又以㆔筑首動㆓海波㆒號㆓筑波㆒。謂㆔其海名㆓波上浦㆒也。常陸帶之口傳。自㆓此岑㆒起。三者名㆓黃金山㆒。崇神天皇（一日綏安帝也）欲㆑爲㆓黃金山㆒。而以㆓人力㆒難㆑能。故禱㆓上下神祇㆒。又名㆓紀國山㆒也、筑波縣古謂㆓紀國㆒。美萬貴天皇（崇神）之世、遣㆓釆女臣友屬《オントモツキ》筑葉命㆒。於㆓紀國㆒爲㆓國造㆒。時筑〓命曰。欲㆘令㆓我名㆒爲㆗國名㆖。故謂㆓筑波國㆒。人皇十二代景行帝世。以㆓忍疑見《ニキミ》命孫阿閉色《アベシヤ》命㆒立。爲㆓筑波國造㆒。此世奉㆓桂田㆒有神祭。司㆓第三皇子日本武尊東征之時㆒、自㆓日高見國㆒還㆑之。西南歷㆓常陸㆒至㆓甲斐國㆒居㆑于㆓酒折宮㆒。珥比磨《ニヒマ》利玖波搗須擬氏異玖用加禰菟流。在㆓御詠㆒。爲㆓連哥濫觴㆒。仁皇十五代神功皇后世。奉㆓桂田㆒爲㆓神領㆒在㆓神祭㆒。人皇三十代欽明帝朝二神化現。在㆓蠶養道㆒今稱㆓蠶影明神㆒。同三十六代皇極天帝㆒年癸卯奉㆓桂田㆒行㆓神禮㆒。（風土記）同四十代天武帝三年甲戌五月。亦奉㆓圭田㆒行㆓神禮㆒。（風土記）。同五十代桓武帝延曆之初。沙門德溢登㆓當山㆒。得㆓豐鉾卷㆒奉㆓天子㆒。在㆓叡覽㆒朝家無双靈山在㆑勅。寄㆓神田三千町㆒。宮社在㆓御再營㆒。同五十二代嵯峨天皇弘仁十四年正月廿一日丁丑。常陸國從五位下筑波神爲㆓官社㆒。以㆓靈驗頻著㆒也。（類象國史。日本逸史）。同五十四代仁明天皇承和九年冬十月壬戌。奉㆑授㆓筑波女大神從五位㆒（續日本後記）。同第二皇子二品忠良親王爲㆓常陸大守㆒。五十五代文德天皇天安二年夏五年辛酉朔壬戌。筑波山二柱大神授從四位下㆒。（文德實錄）。五十六代淸和天皇貞觀十二年八月二十八日戊申。授㆓筑波男神正四位下㆒。同十三年二月廿六日辛亥。授㆓從四位下筑波女神從四位上㆒。（三代實錄）。當山神道原。和哥始。成故。世々歌人無㆑不㆑仰㆓此山㆒。萬葉集。神代從人之言嗣筑波讀《トメル》。丹此眞人登㆓當山㆒。讀㆓筑波雪消道㆒。高橋虫麻呂郭山彥響。大伴卿來㆓此山㆒。男神女神之筑羽嶺平淸照讀《セトミ》。二條良基撰㆓菟玖波集㆒。又一條冬良撰㆓新筑波集㆒。或峰之紅葉。謠㆑月。詠㆑花。旣天照大神。自㆑花木實成止詑給。木華乃筑波之隨意浮出花乃波寄櫻川。貫之詠。其川末霞之浦落行。秋津洲外流。其惠筑波之陰《ヨリモ》茂。其水元二神立給自㆑間。最淸滴落磐水男女川傳。（夫婦川。水無川）。四時無㆓增減㆒。滴落山下淵每涌㆓蒼波㆒。深惠皇之五十七《ユヘラギノイソツ》代知倉。陽成帝御歌坐。筑波根乃峰與利落溜水無乃川戀曾積立淵止成奴留。忝御歌心顯㆑天坐。神在㆓地鎭㆒。其中生出人多蝿增長久常。日本之國榮初給。自㆑天筑波山降居男神女神二柱自㆓天逆矛神器㆒起。而鶺鴒賢六親和合種。此鳥准戀。皆男女川之流流積積世界之成㆓淵瀨㆒御歌也。哉。山上靈石秘窟恐㆑繁不㆑載㆑之。仁皇六十代延喜式神名帳云。筑波郡大小二座。大男神社。少女神社。奉載所也。山麓有橋諸參詣之道。俗名神在㆓來臨㆒迎取賜。仍誓號㆓迎來橋㆒。此川曰㆓橋川㆒。第一之大華表。奉㆑掛御額。天地開闢筑波神社之八字。卽左大臣公之再賜㆑筆。下㆓陰陽㆒根元萬物造化。王城鎭護之靈山奉レ稱矣。當國風土記曰。筑波䇳高秀二出於雲一。八國四面望レ之如レ一。坂東無双名嶽也云々。誠和歌道廣。讃二佛乘一爲レ緣。神道根元者。自常盤《トキハ》堅盤《カキハ》爲二守護一。于レ時。大君下二賜嚴命一。天下代々之御祈願所。益々御崇敬異二他山一。山上宮社堂塔伽藍御再營。新滿二天下泰平一。五穀成就、國家鎮護之御祈禱。長月無二怠慢一。彌榮千秋萬歳求遊樂之由緣萬代不易之靈山也。

御鎭座傳記

男體山神宮	陽神	滿珠	觀喜天
女體山神宮	陰神	干珠	辨財天
四所明神			
稻村神社	日神	火德	毘沙門天
安座常社	月神	水德	吒枳尼天
子原木社	西宮	土德	大黑天
渡利神社	祇園	金德	大荒神
神明日前社			
秘社	木德		稚日女尊

祭神三座

國常立尊
天御中主尊

右四所兩社六社明神と云ふ
日前を加へ五行七社也
山上百廿末社　表國々惣社八百萬神
山下神
六所大神宮　祭神　山上六社　麓在六所

山内攝社事

鹽影山權現　同擧末
山王權現　祭神　七社
春日明神　祭神　四座
常陸帶宮　長道磐神
五社稻荷社　擧末
口本武神社　景行皇子

末社之部

八幡太神　應神天皇

青龍權現　龍王

子安明神　天羽槌雄神

愛宕權現　軻《カ》遇《ク》突《ツ》智《チ》命

稻野神社　市杵嶋姬命

天滿天神　菅神

辨財天女　三女神

熊野權現　同　熊野三所

右の外數社在りと雖も少社は略し出ず

山上名石事

男體矛石　立身石

寶石　杉形石

女體開石　寶鏡石

鶺鴒石　翁石

天拜石（天抷石か）　甘露石

龍神石　白狐石
子種石　御判石
大黒石　室劍石
北斗石　御船石
神樂石　國割石（方位石か）
飯臺石　糸引石
胚內潜　屛風石
鳥居石（俗、辨慶七戻）

此外山內名石數多。恐ㇾ繁爰不ㇾ載。當山名　石誌大全出ㇾ之

寶窟禪定之事

寶窟者。今諸山如ㇾ所ㇾ謂。聖天岩屋始。山內一百九十餘所。名木等多矣。五月廿五日六月十四日廿日。自ㇾ古禪定日定。遠近有信道俗兼日沐浴潔齋。入ㇾ窟拜二諸尊像一。按。凡危嶮高峯。攀陟幽深。岩洞踣入。俗稱二禪定一。此怖畏地也。自專而諸緣絕却。心寂靜也。是佛說六度一而卽禪波羅密爲ㇾ行。宣哉。稱二禪定一哉。

豐鉾卷之事

桓武天皇朝沙門德一。所ㇾ得ㇾ堀豐鉾卷云。按。日聖德太子入二夢殿一。日本根元之神書撰給。于ㇾ時。日本諸神來晋

造神代之古事尙亦神代有二隱錄一。神武帝御宇。豐天富命。天種子命。令二此二神一安二士笥《ハニフミ》一。河內國平岡宮。阿波國泡輪《アハノ》宮也。此是神代記錄也。大子永二請此士笥一太成經撰定也。神代無レ紙堅レ土書記。故神代書云二士笥一。筑波山自二天地開闢始一諸神鎭座之靈地也。何不レ有二豐鉾卷一耶。今于レ玆稱二豐鉾卷一所謂士笥類乎。

龍燈之事

每年五月晦日夜。自二霞之浦一献二龍燈一。其光如二螢火之山上一。飛上至二兩峇頂一消。其數多。此故此夜遠近貴賤籠二山上一拜レ之。桃灯之炎禁及山谷曜《カカヤキ》如二日中一。町內產子此日腰帶レ鎌分登作道。俗曰二道刈一。曰行二宮薙祭一矣。

燿《カカヒ》歌祭之事　於二裳萩津一行レ之

裳萩津今共事事跡不レ詳。上古每年八二月二日爲二式日一。裳萩津東西幄張東通女集西壯子集間號二歌垣一結レ垣男女授受不親厚レ禮恭敬辭遜正レ義先壯子掛歌同音歌未通女《ヲトメ》哥同音唄反復屢興催祝納是曰二燿歌祭一。

萬葉集云

鷲住筑波乃山之裳萩津乃其津乃上爾。率《イツナイ》而未通女《ヲトメ》壯《ヲノコ》之往集加賀布燿歌《カカヒ》爾《ニ》他妻爾《ヒトツマニ》吾毛交牟《カラハム》吾妻爾他毛《イトモ》言問《コトトヘ》此山乎牛《ウシ》掃《ハク》神之徃度《ムカシヨリ》行事《ワサ》叙《ソ》今日《ケフ》耳者《ノミハ》串毛勿《ミル》レ見《ナ》事毛咎莫《トカナシ》云々。燿歌者東俗語曰二加賀比一。今絕無二此事一。中古以來。每年六月中旬。筑波男女之兒童。歌舞狂言而神慰行レ祭。上古之古實不レ辨是自然燿歌之餘風ナリト言傳云々。

夫女之原夫女石之事

山暘當。曠々有二原野一。眞中陰陽二石。高秀並立。各方二間餘。此原神代兩神所二遊樂一。故稱二夫女之原夫女石一。

亦二神曰二御幸原一。中世沙門德一登山時。現二神女一說二秘記一。故巫女之巫女石書矣。又名二卜筮石一。或記云。父母二神四柱皇子共遊戲。此原土人崇之爰祀前云山下六所明神卽是也。故村曰二六所里一。置二神主一不レ知二何代一。今大宮司長戸氏補レ之矣。

名産蓍《メトキ》之事

靈草第一蓍《メトキ》之名産當山及丹波龜山也。若稀生二一株百莖一必下在二靈龜一負二載之一也。故占二龜卜一今略稱二五十生一。今蓍之生茂所。夫女之原側。峯形似レ龜。故龜之峯。龜谷云。世俗傳曰二御寶山一。奉當山蓍之來由。往昔當國吉生鄉。安部清明朝臣。多歲抽二丹誠一。靈驗異現也。依レ之三月三日《コヤヨイ》。出二於陽男夫女之原一。生滋鹿鳴草《ヘギヲ》見。初五月五日刈レ之。日曝月乾。七月七日夜。巫女之原夫女石上捧レ之置。會星天河抔《ムスンデ》レ滴爲レ卜云々。嗾以通二達陰陽一遂至二博士之位一。誠貴二神通之妙草一。仰二陰陽神明德一。號二女夫萩《メトキ》一。日本第一稱二靈草一然矣。

萬年草之事

夫萬年艸言者。百代不易之靈草。當山及紀州高野山有レ之。亦。玉柏草書二壽命吉凶一。令レ知二清明一。人稽古在二夫婦道一。樹結二連理龜契一。爲二懷胎一時十月間鏡下入置望二於產屋一。時此草浸二清水一呑也。定陰陽交合之山出生靈草親子息災安產。亦他國行久無二音信一不レ知二生死一時。浸二清水一息災之時見二青葉一。常爲二懷中一其身拂二不淨一。在二壽命萬歲之奇特一。宣哉。令レ號二萬年草一而已。

羽子峯筑羽子之事

羽子峯立二陰陽中嶺一。生二名木一。年毎八月頃木實結。土人取レ之用。今和歌詠古岐乃子。或兒喜之子。又胡鬼子羽子實。波古之子書。自レ實生レ葉與二餘木一大別也。花咲樹不レ實。抽レ自二葉合一。如レ是實。三角表二天地人一。四葉象二四氣一也。誠自二上古一傳名木今尚榮生茂所號二羽峯一。和三才圖云。羽子伊草日光及所合山中有レ之葉似二白蒿葉《カハラコモキ》一。三月開二白花一。似二桔梗花一而小。六七月結レ子大如二無妻呂子一。三葉抽レ於レ實珍草也。味不レ美。入二臛《カク》汁一食レ之。木高八九尺不レ過也。今無妻呂子之實植二小羽一擬二千古岐子一也云々。

當山初市之事

抑於二當山一。造二弓矢羽子板一。以二冬至一陽來復日一。諸國賣弘成二春賑之物一。是少女少男悦二喜弓矢一。弄レ乎二羽子板一此事始也。今繁多而十二月十日定二弓初市一神勇之始。上古之古實。諸國市始云々。夫羽子板之始者。兩神登二山巓一給。菟玟波子採二日神一給。卽日神以二筑羽子一遊樂給。男數女數《デンスウダンスウ》アヤノウサヤイウキク以二文字一。在二御詠一打上給云々。後世持遊道具當レ子因緣也。亦云。以二檜扇一打上給。後世。以レ板略二扇形一盡レ美稱二羽子板一。古老緣起云。日神五歳迄在二筑波嶺一。諸神達其遊。或以レ手或持二木柯《カフ》一。兒岐之子打二飛於空一。戲弄卽詠哥曰。一二三四《ヒフミヨ》ト五マテ羽子ヲツクハ子ノ、月アラン夜ハ空ニスメ〳〵。後以二小板一弄給。終突二於羽子一板令レ號云々。夫弓者。神代在二四弓一。亦天鹿兒弓。天挽《ヘン》弓。在二天羽々矢一。天照大神云。退二近敵一以二八握十握劍一。退二遠敵一具可レ造。卽高産靈尊。月上張下弦中弦十五圓滿見レ形採二天香久山挽木一作二弓矢一。故天鹿兒弓。地羽々矢云々。御鎭座傳記曰。弓輪玉所レ造陰陽之儀。故天香子弓。地羽々矢云。自二當山一造出弓矢。天照大神以二治世弓一。治二天下國家一。卽神代四弓之古實也。天照大神籠㆓天磐戸㆒時。天下爲㆓常闇㆒。晝夜無㆑分。故八百萬神達。於㆓天高市㆒集々給。纂書曰。高市在㆓天上㆒。諸神集會取㆑儀云々。誠從㆓神代㆒。一陽來復。日神勇寶器。爲㆓市桂物㆒。初當山賣弘來。故稱㆓初市㆒云々。爾後聖德太子御在世之時。大和國三輪鄕初市立。去㆓人民猛惡㆒。爲㆓衆生濟度㆒。萬寶取出。號㆑市安賣。令㆑平人心㆒。是本朝市始也。其後日々立㆑市繁多。而人少也。故令㆑立㆓六濟㆒云々。

五社稻荷之傳

社記曰。人皇四十五代豐櫻彥天皇。天平年中。天女乘㆓白狐㆒。就㆓男女川流㆒天降坐。土人爰祀建㆑社。依地西澤稻荷云。（當山西裾輪也）古。稱㆓天女稻荷㆒相傳云。五十四代仁明帝朝。在㆓神託㆒吾四方國順行。可㆑司㆓百姓富饒㆒。於㆑是世俗集祀㆑之。今稱㆓西澤稻荷㆒所謂木葉隱富司稻荷是也云々。亦曰。常陸太守忠良親王。依㆓一柱神靈驗㆒。五所建㆑社。其一曰㆓西澤㆒。其二社地曰㆓平石㆒。其三曰㆓清水㆒。各地景得㆑名。是當山曰㆓三靈社㆒。其餘二社散在㆓山內㆒。合以五社稻荷明神際崇《イツキマツル》。各二月初午九月十五日。以行㆑祭。萬民不㆑飢不㆑寒者《ココヘ》。皆大神神德也。

山上一座　食保姬命
西澤神社　倉稻魂命
平石神社　稚產靈命
清水神社　大宮姬命
山下一座　太田命

山上在二男體峯一。其神祭神長道盤神。神代卷曰。伊弉諾尊。誓投レ帶化二一神一。名二之長道盤神一。上古常陸帶祭。在二古實一。今絶不レ行。今在二小祠陽岑一。殊此社地多有二躑躅一。中世以降。遠近男女。競來此木爲二結緣一。必男女好述定有。信レ之少女。書二我名與男名一。誓結二付社木一祈。果爲二夫々一云々。故諸人云二誓願躑躅一。或多結二付白紙一。貴賤願二其緣一。果以後此社木納二布麻一。曰二之滿願躑躅一云々。各社木自夫婦之勢枝尊レ之也。

蠶影明神之事

從二筑波一十丁餘館之里鎭座。祭神三座。稚產靈命。埴山姬命。開耶姬命。祀レ之。本朝繭之尋二藍觴一。神代卷曰。二神之御之子。軻遇突如娶二埴山姬一。生二稚產靈神一。此神頭上蠶生レ葉。是蠶影明神也。亦曰。天照大神將二神衣織一見レ在二齋機《インハタ》殿一云々。稚日女神在二齋機殿一織二神衣一。古語拾遺曰。天羽槌雄神令レ織二和絹一。即布絹之始也。風土記曰。崇神天皇朝。長幡部組多弖命。慈機建二機殿一。令レ織レ綾云々。社記。古老曰。上古時此常陸鹽盈。曰二豐浦津湊一。一人者二老翁壤一鉤之翁云。或曰。天磐橡《タス》船乘一人之少女來。翁悅以養二育之一廿日餘。而少女空退。翁壤朝暮泣悲。時少女之體化二蠶養虫一。於レ是男女神化二顯於翁一。蠶狼之道敎二鉤翁一云々。或抄曰。北天竺舊仲國帝王女。金也姬在。故來之空穗《ウツホ》船《フネ》乘流來。着二此豐浦一。爰權之太夫云。有二夫婦一爲レ鉤出。彼船見出。引上怪敷養育。無レ程歿。骸化二蠶虫一。爰老翁來蠶之道敎レ翁。時維人王卅代金刺宮御宇也。又曰。欽明帝皇女各耶姬。來二當山一蠶養始給。又富士山飛行由見。

按。日本紀及欽明帝在二皇子一。無二皇女一。然則各耶姫何氏女歟不レ知。又萬葉集富士山埜。在二竹取翁鶯姫之在レ説。亦曰。竹林生レ子其中有美女夫答備御申有也。三年云時虚空失給也。富士之根各耶姫是也。古今注見疑今皇女各耶姫云。此等附會哉、後君待レ考。

社地内攝社

大夫宮　權大夫祀

蠶山登口。在二森之中一。俗曰二太郎宮一。今朝日祭云。里人祭レ之。

（以上）

竹内文献 拔萃

波山に鎮まります大神、として記録にある。

（皇統第五代）天八下王天皇（土神）

天八下美皇后宮（天豊穀物類姫尊ノ姫）

天人人祖一神宮本殿《ムトタマヤ》及前殿の御造營成り、天皇祭主となり大祭禮を行はせらる。

天皇諸皇子に詔し、夫々職司を定め、且萬國へ教官に任命せらる。

天豊鍋《メカ》釜《マテカマ》甑《ホカラ》彦《ヒコ》尊

天野埴安食物主尊

土を以て鍋釜食器《クラヒビラカ》類を造らしめ同製造法を萬國に教傳ふ。

天日火甑主尊

天豊釜食造尊

同萬國教官に任命

天水分雲主尊

國水分別主尊

天水出主尊

井戸堀の長官に任じ同法を萬國へ教しむ。

天日牛平彦尊

天日馬能頭命

天日道乘行命

越根中國牛岳に於て牛馬の牧場を開き、且つ萬國教官に任命。

天豊倉納《クラオ》姫尊

天豊倉稲姫尊

天豊稲荷姫尊

穀物農事作法を百姓に傳授し、且つ萬國教官に任命。

百日言語教明尊

八意語學明尊

天豊言語知尊

天豊形假名主尊

萬國言語長官《コトカク》に任命。

文珠の神

萬國に派遣されたる諸皇子達、萬國を巡回教傳を了へて、越登神代川高濱に唐歸（歸朝の意）天皇の大前に參朝して委曲奏上す。群臣評議の末萬國言語學長官四名を豊前文珠岳に勸請し、文珠の神と崇め奉る。

天皇、天神人祖一神宮へ皇族子々孫々の富貴繁榮を御祈願の爲め大祭禮を行はせ給ふ。

天日降主尊（次代天皇）天愛合彦尊、天譲日天狹霧尊、國譲月國狹霧尊の天皇達御誕生。

天皇、吉道路彦日田地都來波《ヒタチツクハ》峯より神歸り坐す。陽峯といふ。

皇后、陰峯より神歸り坐す。

皇統第十三代　天之常立男天皇

天之常女皇后宮（高皇產靈天皇の孫女）

越根中日見日高見光池上神明皇祖皇太神宮大前にて兩神祭主となり即位大禮祭を擧げ給ふ。

諸皇子御降誕

國之常立尊

天惠比合尊

國道奥主尊

國野道磨尊

天武藏津媛尊

天狹依志濃媛尊

天遠江三媛尊

天淡海根主尊

越根中加能若姫尊

天伊勢津媛尊

天秋津媛尊
天草木彦尊
天丹波岩家姫尊
天吉比津彦尊
天出雲彦尊
天穴日媛尊
天建愛犬飯姫《ケヒメ》尊
天豊日五都《イッツ》姫《ヒメ》尊
天吉道常姫尊
天阿志阿四《アシアヨミ》姫尊
底ヨモツ六媛尊
天夫利三姫尊
天雄世阿二姫尊
天ヒナタ姫二尊
天ヒウケ二姫尊

皇子皇女の御降下

萬國王となる

天皇詔して皇子皇女達三十九名を國守に任じて萬國の平民に天降らせ、勸農題に降り給ふ。吉道路國筑父《ツクチ》母《ハ》山に大宮を造りて仙洞とし、國政を統べ、後常陸國と名づけ、筑父毎山を筑波山と改稱す、天、吉道常姫命が波山に住み、農作神に祭る。

月國狭霧女《メ》卜命 ┐
天日天狭霧男命 ├三柱長壽守護《ナカイキマモリ》の神
天日月間星男女命 ┘

天星、越根中日見日高見皇祖皇太神宮前殿にて皇位を譲り、筑波山仙洞宮方《ヤカタ》より神歸坐《カンザリマ》す。

備考　天之常立男天皇。國之常立天皇（皇統第十四代）皇居御造營地鎭祭祝詞中に「豐葦原」の文字見ゆ。

吉田云、豐葦原瑞穂國の國號の起りは此時代からの事か。葦は天人《アシ》とも讀まれる。アキツ島とは現人神島《アキツシマ》といふ意味にも讀まれる。秋津洲と漢字を當てると意味が判らなくなる、神代文字を漢字に引直すには注意を要する點と思ふ。天之常立男天皇の御陵は、新治郡高濱町附近の舟岡山古墳かと思料さる。

筑波山研究參考書

筑波山の參考 その三 筑波山測候所要覽

昭和四年十一月　中央氣象臺刊行

筑波山測候所長　高山四郎
中央氣象臺囑託　畠山久重　著

筑波山測候所の近況より抜萃

女男川の茶屋の側に「石碑」と「後の行者の窟」がある。碑の文句は

つくばねの嶺より落つるみなの川ふかみ惠みはすへらきの五十七代をしろしめす陽成帝の御製にて世々の歌人よみつゞけ此名の所昔よりかき集めたる言の葉の端山茂山しげればば短き筆に及ばれず仰げば高く二なみにいの字の如くそばだてる西はいざなぎ男神山東はいざなみ女神山分れし嶺の間よりいはほの下をおのづから出る流れの行く末は麓に落ちて淵となり浪の花よる佐久良川わたる磯邊の春がすみ此の面彼の面としたひ來て心筑波の嶺の川こゝぞと指していつまでも朽ちぬしるべにのこす石ぶみ

明かに和らぐみづのえたつの春

武原　上生庵誌焉

櫻塚附近から先史時代の土器や石錘などが出たそうである。

辨慶七戻りを過ぐると、土師器や須惠器が多く採集される。「筑波山の考古學的資料を參照せよ」

之より上方には多くの奇岩怪石がある。胎内潜り、紫雲石、大黒岩、北斗石、出船入船等が夫である。

高天原を過ぎると胎内潜りに入る、その入口の左側の岩に穿ちたる、大小二箇の凹穴を見逃してはならぬ、之に就ては「筑波山の考古學的資料」を見よ。

北斗石は、鳥居龍藏博士に據れば、本山の古代民が建てた一種の巨石紀念物だといふ。

北斗石、ヒウケ石、ヒ石、イ石、南の方を指したヒナタ石、ウマミ石、北斗石附近に動かぬもの七ツ位ある、北斗と合せて八ツとなる。

吉田曰く、古代民か、わが神代の神の御造營の巨石紀念物か、天文、理學、太古史、古神道、古儒等の各方面の角度より研究して決せらるべきものと思料さる。

寶珠嶽附近の枯木を注意すると、キセルガヒ數種を採集する事が出來やう。

女體山頂に近づくと、又、土器の採集が出來る。之は辨慶七戻り附近のものと同じく原吏時代のものである。

女體山頂には、橄欖石、斑糲岩の巨巖が聳え立つて居る。

此所から眼界が遠く開いて、一樹の遮るものなく、東を望めば柿岡の盆地が手に取るやうに見え、之に續いて右方に展べられたる鐵盤は霞浦である。

吉田曰く、霞浦は上代筑波高天原時代、幾多の神々が水路を利用して往復遊ばされし時代、神住《カス》みゲ浦の光景を呈した事もあつたと思はれる。

又、左方には加波、雨引、蘆穂等の連峯が眼下に重疊してゐる。

更に南方には、遙に絹を布きたる如き鬼怒、小貝等の清流を望み、天氣晴朗の日には、遠く富嶽の冲天に聳ゆるを眺められよう。

風返峙よりの東口　柿岡方面よりの登山者は、須釜、小幡を經て、十三塚より坂路を登ることゝなる、柿岡より小幡まで乘合自動車の便あり、貸切ならば十三塚まで乘る事が出來る。

須釜村の小祠は古墳で、その附近で土器の採集が出來る、又、十三塚より風返峠の途中なる「吉澤山の不動尊」附近にて、斑狀黑雲母、花崗石の好標本を採る事が出來る。風返峙の杉林附近はキャンプに適してゐる。

峠の上より屋根傳ひに登るのが東口である。斑狀黑雲母、花崗石は可なり上方まで露はれてゐる。此邊りは風當り甚しき爲め、高度は夫れほどでないが、樹木は丈高く助長することが出來ないで、矮樹雜草が繁茂し恰も、高原の如き景觀を呈して居る、昆蟲採集の好適地である。

屛風岩の下、白瀧よりの登り口と相合する邊りからは眼界開け眺望絶佳である。四月はアヅマギク、ホタルカツヲなどが咲き、七月には花菖蒲で彩られる。辨慶茶屋で女體登山道に合する、途中に「石カサネ」とて小石を積み重ねたる塚が幾つもある。

筑波山を、パノラマ的に一巡しようとする者は、ケーブルで登り、男體、女體を參詣し、徒歩女體を下山し、辨慶茶屋から此處を下りて風返峠に至り、夫れから右へ折れ、白瀧を廻つて筑波山神社に戻るが良い。

筑波鐵道で　上大島、又は、推尾に下車、藥王院に參詣し、寺の後の澤で片麻岩、半花崗石、變質した斑糲岩を採集し、男體山頂の觀測所傍に達する。途中には、「石カサネ」が幾つもあるが、男體の下にあるのが一番大きい。

里俗「下より石を持ち來りて此處に積み重ねる時は、お山を容易に登り得る」といつて居る、此の俗說は可なり後世に起つたものだらうが、此大きな「石カサネ」の起原に就ては全く不明である。或はケールン（Cairn）即ち、石積塚ではなからうかとも思はれるが、充分なる證據はない、一說には經塚ではないかとも云ふ。

（後略）

自然科學資料

モンキアゲハ

本種は從來、臺灣、琉球、九州、四國、長門、八丈島、駿河、三浦半島等にて採集されて居り、暖地性のものと考へられて居る。處が、今回、筑波小學校の採集品中に、その完全なる標本の存するを實見した。此種の幼蟲は柑橘類の葉を食ふことが知られてゐるのだから、本標本は筑波山の中腹に栽培せるフクレミカンによりて生育したことが想像される。

本種は學名を Papilio helenus nicconicolens Butl. といふ、體翅共に黒くて一見クロアゲハに似て居るが、後翅の中央に一大黄紋があるので、直に之から區別する事が出來る。

植　物

ウラジロ。サカキ。ジヤケツイバラ。ヤマトグサ。等の如き、主として溫帶植物から成立つて居る云々。

四季の花

五月、六月、七月、八月、九月、十月の間は、百花五色に咲き亂れ、次から次へと、色が變つて美觀を呈してゐる。又、筑波特有の植物もある。

藥　草

（一）根又は地下莖の藥用となるもの

ギボシ（玉簪花）　サルトリイバラ（山歸來）　シラン（白及）　キノコヅチ（牛膝）　タウキ（當歸）　カラスビシヤク（半夏）　ヒメハギ（遠志）　リンドウ（龍膽）　ヲケラ（蒼朮）

（二）莖、葉の藥用となるもの

アヲキ（桃葉珊瑚）　アケビ（木通）　イチヤクサ（一藥草）　イヌタデ（馬蓼）　オホバコ（車前草）　ヲトギリサウ（弟切草）　カキドウシ。キンミヅヒキ（龍芽草）　キヅタ（當春藤）　センプリ（當藥）　フウロソウ（風露草）　メギ（目木）

（三）　花が藥用となるもの

アキノキリンサウ。ウツボグサ（徐州夏枯草）　ニハトコ（接骨木）　ニンドウ（忍冬）

（四）　果實、種子の藥用となるもの

イヌザンセウ（崖椒）　クコ（枸肥）

吉田云、竹内文献に載する所に依れば、皇統第一代天日豊本葦牙氣皇主天皇の御宇に天豊禁厭建彦命、天日體骸醫師彦命等の禁厭、醫藥の事を掌られた皇子あらせられ、皇統三代天日豊本黄人皇主天皇の御宇に天日體骸藥師王命、天日長命藥師守命、天豊醫師主命等の皇子あり、藥師、醫師に關する御任務の御管掌あり、皇統第四代天之御中主天皇の御宇、天豊禁厭建彦尊、天豊醫師《マシナイ》主尊等六名を萬國に派して教へしむとある。

筑波山に勸請し奉る大神が、皇統第五代天八降王天皇とすれば、藥草の莖を世界に求めて移植されし事は當然である。

伊邪那岐尊は皇統第二十一代天皇に渡らせらるゝとせば、その十六代前既に筑波高天原時代があつた事となる。

筑波山の動物

アカガヘルの分布

筑波神社附近を境界とし、此處より上方に棲息するヤマフカガヘルは、普通のアカガヘルに比し、形狀を異にし、四月頃石下に產卵し、此期節に盛んに鳴くが、恰かもホトトギスの鳴聲を遠方より聞くやうで、仲々捨て難い趣がある。

普通のアカガヘルは神社より下の方に住んでゐるが神社より上方には居らぬ。

吉田曰く、山頂の赤蛙は神代の記錄に見ゆる「タニココ」と思料す。

エゾセミ

八月頃、四〇〇米なる櫻塚附近から山頂までの間に身長一寸三分位のエゾセミがゐる。」

キクガシラカウモリ。ホトトギス。ハコネサンセウウヲ。等がゐる。

ムジナ。シロマダラ。モンキアゲハ。ナミキセル。五倍子蚜蟲等がゐる。

蝶　類

各種の珍らしい蝶類がゐる。（詳細は省略す）

筑波山の考古學的資料

一、筑波山の先史時代

筑波山に關する神話

筑波山は富士の山と相對して關東平野の左右に聳立し、古くから此平野に居住する武藏人の憧れの的となり、色々の詩的感想や、神話傳說を生み出した。その中でも彼の常陸風土記に載せてある傳說の如きは、最も興味を惹くものであらう。次に之を收錄して見ると、

昔、祖神尊《ミオヤノカミノミコト》が諸神の處を巡行し、駿河の國なる福慈岳に到り、卒ひに日暮になつたので、どうか寓宿したい、と福慈神社に請ふたが、彼の神は之に答へて

『今日は、新粟《ワセノ》初嘗《ニヒナメ》して家內《ヤヌチ》は諱忌《モノイミ》して居るから、今日の間《ホド》は冀許《ユル》する事が出來ない。』

と、云つた。

そこで祖神尊《ミオヤノカミノミコト》は恨み泣き罵つて

『汝《イマシ》の親を何で宿すことを欲しないのか、汝の居る所の山は、生涯《イキ》の極み、冬夏雪霜があつて、冷寒重襲、人民《ヒト》も登らず、飯食を奠《マツ》る者もないであらう。』

と云つて、止むを得ず筑波山に來り、筑波の神に客止《ヤドリ》を請ふた處、筑波の神は之に對して

『今夜は新粟嘗《ニヒナメ》をして居るが、尊旨を奉ぜぬわけにはわかない』

といつて、飮食を設け敬んでお宿を許した。そこで祖神尊は歡んで、斯く歌つた、曰く

『愛《ウツク》しきかも我胤《スヱ》、巍《タカ》きかも神つ宮、天地《アメツチ》と竝齊《ヒト》しく、日と月と共に同じく、人民《ヒトヒトツト》集ひ、賀《ヨロコ》び、飮食富豐《ノミモノユタカ》に、代々絶ゆることなく、日々に彌《イ》や榮《サカエ》て、千秋萬歳《チトセヨロツヨ》、遊樂《タノシミ》窮《キハマ》りなし』

と、是に於て、富士山は神罰で、常に雪降り登臨する事が出來ないが、獨り筑波山は、人々往き集ひ、歌ひ舞ひ、飮喫《ヘミクヒ》すること今に至るまで、絶えないのだと。

斯る傳説は一種の神話に過ぎないとは云へ、『四時、白雪を戴ける富士の山に居住出來ないが、紫匂ふ筑波の山には居住し得る』との古人の信念から出發して居るものと云ひ得るであらう。然らば果して筑波の山に先史時代の居住民が居たらうか。

吉田曰、富士山は皇統第一代天日豐本葦牙氣皇天皇鎭まります靈山としてあり、筑波山神社の神殿が天神時代高天原と思料さる日球國(飛越地方)に向いて建てられてゐる事も、研究すべき資料である。

筑波山の先史時代　筑波山の過去の歴史に就いては、未だ專門的に調査されて居ないから、その詳細を知ることが出來ないが、先史時代に於て既に此處に居住せしものゝあつた事は確實である。

それは、白瀧附近から打製石斧の出て居ることや、沼田の八幡社祉から石鏃の出て居ることなどによりて立證

されてゐる。而も打製石斧が農耕に用ひられたことや、又、石鍬が狩獵に使はれたことなどから推察すると、此山には先史時代に於て、既に土着せる居住民が居て、山麓を耕し、且つ山林に分け入りて鳥獸を狩獵したことが想像される。

特に、最近女體山頂附近に於て、珪石質石器一個、及び同石屑一個を採集したが、此石器は松村瞭博士、柴田常惠氏の鑑定によると未成品であり、その石質は津屋弘達氏の鑑定によれば、チャート（Chert）だといふ。此事實より推察すると、筑波山の先史時代の住民は、啻にその山麓のみならず、山頂附近にまでも及んで居たらしい。

而かも此チャートは本山、及び本山附近に全く產せざるものなることよりして、本山の先史時代居住民は、他の部落と交易を營んだことも想像されよう。

柿岡附近の先史時代遺跡と遺物　更に本山を少しく北に隔つた柿岡町を中心として、その附近に於ける遺物を檢査した處によると、

富士山（中央氣象臺附屬地磁氣觀測所は此の山の北麓にある）の南麓から石匙（黏紋粘板岩製）。磨製石斧（砂岩製）等が出で、同じく富士山の東麓からは、繩紋土器の破片が多く出で、又、峰寺山の東麓からは打製石斧（粘板岩製）が出た。

それから、波附岩附近よりは石劍（黏紋粘紋岩製）。大形石庖丁（同上長さ一尺二寸）。磨製石斧（砂岩製）。石槌

（砂岩製）。石皿（津屋弘達氏の鑑定によれば砂岩だといふ）。繩紋土器等が出る。

此の波附岩は「筑波山の地質」に於て述べた通り、點紋粘板岩（粘板岩が花崗岩の迸發に遇ひて變質し、多くの黑雲母の小點紋を生じたもの）であつて、普通の粘板岩よりも硬いから、各地に產する石劍、石匙、石庖丁等は多く此の岩を原料として居るが、此土地の附近には、石劍その他の未成品が多く殘存することから推察して、此處は先史時代に於ける石器製造工場の遺跡であつたらうと思はれる。そして往時、此處から點紋粘板岩製の石器が、本邦各地へ供給されたのではなからうか。

但し、此の土地に出る石槌、石皿は砂岩を原料として居ることは前に述べたが、是は此の附近に粘板岩と互層せる砂岩の礫となつたのを拾つて加工したものであらう。

筑波地方の先史時代遺物發見地名　今、次に從來知られたる筑波地方（陸地測量部五萬分の一地形圖水戶十五號「眞壁」の區域內）の先史時代遺物と、其出土地を『日本石器時代遺物發見地名表』より摘錄し、之に前記の石器發見地名を併記して參考に供しよう。

筑波町沼田八幡社祉	石鏃。磨石斧。
同沼田八幡丘附近	磨石斧。
筑波山白瀧附近	打石斧。
北條町古城	磨石斧。

作岡村作谷　打石斧。磨石斧。

菅間村洞下《オラゲ》　石鏃。打石斧。磨石斧。

女體山頂附近　チャート未成品。

眞壁郡長讃《ナガサ》村宮後《ミヤゴ》　土器。

同郡谷《ヤ》貝《ガヒ》村　土器。石鏃。打石斧。凹石。

同郡紫尾村椎尾　磨石斧。

同郡紫尾村酒寄　石鏃。打石斧。磨石斧。

新治郡瓦會《カワラヱ》村瓦谷八幡　土器。土偶。打石斧。石棒。

同郡瓦會村芝間山の下　磨石斧。

同郡柿岡町富士山《ヤマ》東麓　土器。

同郡柿岡町富士山南麓　石匙。磨石斧。

同郡波附岩附近　石劍。石庖丁。磨石斧。石槌。石皿。土器。

同郡峰寺山東麓　打石斧。

吉田曰、竹内文献に

皇統第五代天八下王天皇諸王子に詔し、夫々職司を定め、且、萬國へ敎官に御任命の際、

天豊鍋釜瓱彦命《アメトヨヲカマメカマホカラヒコノミコト》
天野埴安食物主命《アメノヘニヤヌウケモツヌシノミコト》
に土を以て鍋釜食器《ヲカマメカマクラヒラカ》類を造らしめ、天日火瓱彦主尊《アメヒホラカヒコヌシノミコト》、天豊釜食造尊《アメトヨメカマウケツクリノミコト》をして同製法を萬國に教へ傳ふとある。

筑波山の原史時代

上に述べたやうに、筑波山及びその山麓地方には、先史時代に於て既に居住民が土着して居たが、原史時代に入るに及び一層その數を增加した。此事實は本地方各地に古墳の多いこと。居住地の址と思しき處から、土師器《ハジノウツワ》、及び、須恵器《スヱノウツハ》、の破片が多く出土すること等から想像される。

本地方の古墳は非常に多くて、一々此處に之を敎へることが出來ないから、その最も著しいもの一つ二つを擧げて置かう。

八幡の古墳　沼田の八幡丘は古墳だといふが、その內容は盡く發掘せられ、保存すべき何物も殘つて居らぬ。前方後圓型で、その南方に陪塚（里人之を「土藏塚」と呼ぶ）が唯一個だけ殘つてゐる。

此の陪塚の石棺は、そのまゝだが、內部は既に發掘されてゐる。試みに此の石槨內に入つて見るに、奥行二間、高五尺。幅四尺五寸位。奥にゆくに從ひ深くなり、後壁に沿ふて下方に小溝が掘られ、左壁には窓に擬した小石段がある。用材は全部雲母片岩である。是は北條町の北方なる平澤産らしい。但し此陪塚は東京在住の某氏の所有になつてゐるといふ。

此陪塚内からば砂岩製祇石一個（八幡一郎氏鑑定）馬土偶破片一個（柴田常惠氏鑑定）その他土器の破片數個が出た。

高友の古墳　上に述べた「八幡丘」よりも一層規模の大なるものは、新治郡柿岡町の北方約十四五町なる高友村の古墳である。

是も前方後圓型であるが、小丘上にありて周圍は湟と土堤とで圍まれてゐる。里人の言ふ所によれば、崇神天皇の皇子豐城入彥尊の墳墓であるといふ。

土堤の外に一個の陪塚があるが、之は既に發掘せられて石槨は左側に移され、其址に「佐志能神社」なる小址を建てゝある。此石槨材は雲母片岩であるが富士山のものではなく、峰寺山のものゝやうに思はれる。

但し、本地方の古墳の多くが現代人によりて發掘されてしまつたのに、獨り此の主塚のみが、未だ完全に保存されて居ることは實に、本地方としては不思議の感があるが、それは蓋しその周圍に、堤と湟をを廻らされて居ることからして、之を城址と誤認し、陪塚のみを發掘して主塚に及ばなかつたのであらう。

土師器、須惠器の出土する地方　次に、原史時代の土師器《ハジノウツハ》や、須惠器《スエノウツハ》の破片が澤山出土する所は、柿岡町方面では峰寺山の東麓、須釜村の小祠（古墳）附近、龍神山附近であり、筑波町方面では蠶養神社附近、平澤附近、藥王院附近等であるが、特に筑波山中にては御幸原、同女體山頂附近、胎內潜の下、辨慶七戻茶屋附近、女男川茶屋附近等である。

筑波山の山岳民(神)　女體山頂附近、及び御幸原等に散亂せる土師器や須惠器は、此時代に於て此處で祭祀を營みし時の器具であらうと思はれるが、其他のものは、往時、先史時代の後を受け繼いで、原史時代に居住した山岳民の遺物と認める外はない。殊に女男川附近の如きは清冽なる飲料水があるのと、北に山を負ふて居るので、山岳民には絶好なる住處であつたらう。

但し、女男川茶屋附近に「後の行者の窟」と稱する小岩窟がある。之は穴居の遺跡ではなくてドルメン(Dolmen)ではなからうか。今はその內部の石壇の上に、石で刻める神體を祠つてあるが、此神體はもと男體の頂上にあつたのを近年此所に移したのだといふ。

「胎內潜」も亦、奥に石段があつて、小祠を祭つてある、之も亦、「ドルメン」の樣にも思はれるが、此岩窟に就て異樣に感ずるのは、その一方の口の處にある岩石に、大小二個の凹穴の存する事である。此の凹穴の大なる方は直徑六寸、深さ七寸位あり、常に水を湛えて綠色を呈し、里人「此の水にて眼を洗へば眼病を治癒する」と云つて居る。此の水が眼病に效めの有無は論外として、此の凹穴が先史時代から存したものとすると、此岩石は當時の料理場の樣でもあり、又、冬時に作つた扉の木材を入れた跡とも思はれる。兎に角、此岩窟は南向で可なり廣く、山岳民には好適の住所であつたらうと思はれる。

それから、辨慶茶屋附近であるが、此處は東方遙かに眺望が開け、北と西とに山を負ふて居る狭い平地である、此處にも矢張り山岳民が居住したものではなからうか。

尤も、鳥居龍藏博士の說によると、

『男體の頂上附近、卽ち、山頂、觀測所の柵の處にある岩石は、古代人が靈地の周圍に垣石として配置せるクロムレヒ (Cromlech) の一種だ』

と云つてゐる。

斯して筑波山中に、一種の巨石紀念物 (Megalithic mournment) の存在を認めるならば、辨慶七戻の笠石も亦、自然物ではなくて、古代人が態々此處に載せたものではなからうか。

つまり、辨慶茶屋附近を靈地と考へ、彼の大岩石上に笠石を載せて、その笠石としたものであらう。若し然りとせば、此の附近に散亂せる多數の土師器や須惠器の破片は、矢張り往時、此處で祭祀を營んだ器具であらうと云ふことになる。

吉田曰、太古神代に於て神族は山に住み、賤族(アイヌの如き)は低地に生活した。

従來考古學者と稱する者は、二千年內外に對する智識のみを以て低地を目標として研究してゐた爲め、神族の遺跡たる高山地帶、年代に於ても何十萬年前の事に就ては全く見當が附かなかつた。最近太古を研究し國體明徵を期せんとする志士多く輩出し、各地に踏査して、神代文字、巨石紀念物、神代遺物の出土品に就て實に偉大なる收穫を見つゝあり、神代神々の神陵、鏡石、方位石、ドルメン、彌廣殿《ピラミツト》等、實に驚くべき神代文化の遺跡を發見し、皇國は天地創造と共に肇國せる世界の大祖國にして、地上人類を統治し世界文化の源泉たる事等立證せられつゝあり、筑波山も神陵を中心とした彌廣殿《ピラミツト》ではあるまいかとの說も生じてゐる。

神代に於て太平洋に面せる高天原として筑波山は最初の遺跡で之れが爲め、『天地開闢筑波山神社』の名あり、『氣化の初神』は五行神の初神で、耶蘇教の天主、又は造物主、支那の儒學の五行土神として、欽崇さるゝ尊き神で、五行、天地四元の行等と仰がるゝ神であるまいか、從つて伊邪那岐尊より十六代も上代の神であるとの記錄に就ては大に參照して調査すべき事柄であると思ふ。

筑波國造邸宅の址　筑波町東山の人家より、少しく南方に下つた畑地の中に、釋迦院といふ眞言宗の寺院の址がある。今は櫻の老樹一株と石垣とがあつて、僅にその後庭の面影を殘して居るに過ぎない、此の附近は、釋迦院建立以前には、筑波の國造の居住した處だと云ふ。現今、此の邊の畑地には土師器の破片が多く散亂して居り、又、瓦の破片も見られる。

此の釋迦院の南方なる竹藪中には石塔が數臺あつて、それは國造の墓だと言ひ傳へられて居る。又、此附近に的場といふ處があるが、此處は國造時代に射術を修練した處だと言はれてゐる。

筑波山の歴史時代

北條の國分寺　かうして筑波山地方の居住民の文化は次第に開け、遂に歴史時代に入つた。そして、奈良朝時代には、北條町に國分寺が建立された。

此地の國分寺に就ては、毫も記録に載つてゐないけれども、それは此處から採集された瓦に、蓮華紋の存するによりて知られる。

當時瓦を用ひて屋根を葺いたものは、寺と役所に過ぎなかつたので、此の國分寺の建立によりて、筑波地方の居住民は當時の文化に浴したのである。

但し、此の壯大なる建築物を一個人として建立したものは誰であらうか、それは何れ此の地方の豪族であつたらうが、恐らくは筑波の國造の後裔であつたらうとは、柴田常惠氏の說である。

德溢再建以前の堂宇　筑波神社前からは、珍らしい屋根瓦の破片が採集される、之は裏に布目があり、表に格子紋が存するもので、柴田常惠氏の鑑定に據ると、奈良朝以後、平安朝以前のものであらう、と云ふ。

抑も、筑波神社は延曆元年に、僧德溢が此處に錫を留め、之を再建した事になつてゐるが、その以前の事は良く分つて居ない。それで此の屋根瓦は、此の德溢再建以前の堂宇を語るものではなからうか。

辨慶七戻の經塚址　次に、辨慶七戻の茶屋附近からも瓦の破片が出る、之は柴田常惠氏の鑑定によると、平安朝のものであつて、それが多數に出るならば、堂宇の址と指定し得るけれども、其數の少ないことや、瓦の形狀が細長くて管狀をなすもの丶樣に思はれる事などからして、此瓦は經塚から出たものだらうと云ふ。蓋し、筑波神社は後世眞言宗になつたが、始めは天臺宗であつた。天臺宗の寺院では、往時、盛んに經塚を造つた事實から考へて、筑波山に於ても、亦、辨慶茶屋附近に經塚を作つたと推定して間違なからう。（以上畠山久重稿）

筑波山測候所の沿革

明治三十四年、故山階宮菊麿王殿下の御創立にかゝり、「山階宮氣象觀測所」と稱したが、殿下薨去の後、明治四十二年四月、中央氣象臺に於て御遺業を繼承し奉り、現に「中央氣象臺附屬筑波山測候所」と改稱する事となつた。創立以來二十八年の歴史を有してゐる、昭和三年十二月廳舍の改築成り、昭和四年五月二十日には、山階宮大妃殿下の御臺臨を仰いだ。

筑波山の參考その三

筑波名跡誌

上生庵釋亮盛編

御斷り

本誌は安永九庚子の年、上生庵釋亮盛氏の編輯に係るものを其儘摘錄したるものにして、今より百七八十年前の記録に屬す、故に現在と共の形狀を異にせるものあるべし。請ふ諒せらたよ。

昭和八年五月誌す

筑波山の名跡を誌す

筑波山　此の山は天地開け始まりけるより、東方震位に當り先きに成り出づる山なれば、或は長男山とも名附く、峰は假名のいの字の如く二並びに峙ち、自ら陰陽の形勢あり、その西を男體山と稱す、伊弉諸尊鎭まり給ふ、東を女體山と號す、伊弉冊尊坐まし給ふ、農夫女の田植歌にも

　あれ見さえ筑波の山の横雲を、雲の下こそ我等が元の親里なり

關東の百姓久しき世より歌ひ來れり、且つ此の山を連歌の濫膓とし、此の神をその祖神と崇むるも二神自凝洲《ヲノコロシマ》に天降り、女神男神と成り給ふことを詠める故なり。

又、日本武尊、蝦夷を征治に下り、歸り上り給ふの道、此山より甲斐國酒析の宮に至り、新治筑波を過きての御連歌あれば、宜なるかな連歌をつくばの道といふことや。その後二條の良基は筑波問答を著し、宗祇法師は新治波集を撰めり、殊に極りなき御代の繁榮の御祈として、月次の連歌怠ることなしと傳ふ。

佐久良川　筑波山より三里あまり麓の川なり、之を渡りて北條、神郡、沼田を過ぎて臼井より筑波山に登る。

　貫之の歌に　常よりもはるべになれば櫻川

浪の花こそまなくよゐらめ

又、謠曲にも「さくら川瀬々の白波しげければ」と謂へり、川の濫觴は筑波山の北七里、磯部村磯部明神（今は西茨城郡）の社地より出るなり。社木は勿論一村の林は皆櫻の木なり。春毎に花散り落ちて、水面に花滿ち流るれば、櫻川と名附くと（享保年中江戸飛鳥山の櫻は此社地より移植したるものなりと云ふ）磯部村より三里の間は至つて細流なれども、男女川の水落ち入りて船筏をも通ふ廣き流となる。

續古今に　筑波根の峰の櫻や男女川

流れて淵とちりつもるらん

人皇第二代綏靖帝の御宇、支那、五臺山巽《タツミ》の峰裂けて雲に乘り日本に飛び來る、空中にて二片となり、一片は吉野山に落ち、一片は筑波山に墜る、昔し五臺山の麓に二人の氏家あり、一方は男子を持ち、一方は女子を持てり。其の子供成長して互に夫姉の望みあれども親ども之れを許さず、男思ひ死するに望み我彼女を戀ひ死するなり、彼の女も頓て死すべし、必ず同じ處に埋め給はれと、言し如く男女對ひて死せり。親共歎き悔めども甲斐なく、其の望に任せ同じ處に埋む。然るにその墳より二本の樹生ひ出て、枝に枝を竝べ、葉に葉を重ね、茂り榮へて林をなし、其の木の雫落ち流れて川となる、彼の塚より生ひ出でし樹は日本の櫻なれば、吉野筑波は共に櫻の名所となる、戀ぞ積りて淵となるの御製も此意を詠めるとかや。

又筑波の東三里麓に戀瀬川と云ふ流あり、續後集に

戀瀨川うきなを流す水上も

袖にたまらぬ涙なりけり

此の川も筑波山の麓より起り末は船筏の通ふ流となる、山の南の櫻川と同じく霞ケ浦へ流れ坂東太郎の水と共に東海に注くなり或は高友川とも云ふ柿岡村より船筏を出せりといふ。

酒香《サカ》川　又酒匂川とも書く（逆川は誤也）筑波權現の末社の中に神酒造《ミキツクリ》の神あり、祭神は保食神《ミケモチノカミ》の御子豊宇氣比女神なり、此社のほとり常に酒の匂ひあり、是の岩洞より湧き出る、故に酒匂川と名附けたるなりと。

蠶養山　蠶影《コカゲ》明神の社あり日本養蠶の始と言ふ。

萬葉集に　筑波根の新桑眉《ニヒクワマユ》の衣はあれど

君が是けしはあやにきまほし

彼の緣起に曰く、人皇第一代神武帝の御宇、此の神日向の國吾平山に現はれ、爾後、第十二代景行帝の御宇日本武尊東征し給ふ頃、東海の激波筑波山の腰を浸し、波浪鹿島の浦より續く。時に神人船に乘來り、數日の間此岳に遊樂して一顆の寶玉を貽し去る、其玉晝夜輝き渡り、光の及ぶ所には蠶と桑とを生す、里民悅び玉を蠶影明神と崇め祀る、今も近國の養蠶する者は此神に祈らざるはなしと。

橘川　迎來橋　筑波山下臼井村にあり、耕地の用水なり。橘は此の山の名物にて、東谷より流れ人氣橋の匂あれば、里人橘川と稱するなり、又、古來土人の傳ふる所に依れば、能く神慮に叶ふ人、此山に詣で來るときは、神靈凡人の形を現はし、茲に來り迎へて慰諭し給ふ、故に迎來橋と言ふ。

宗祇法師行脚の時此橋に一人老翁ありて

　道のべのちりに光りをやはらげて

　　迎ひ來にけり橋の川

と詠みければ、宗祇之に返して

　道のべのしらぬあづまのはてにしも

　　迎ふる人のあれば來にけり

此の歌にて迎來橋と名附けたりと言ふ。

一の大鳥居　額は嵯峨大覺寺宮の御染筆にて天地開闢筑波神社の八字なり。鳥居の側に金剛密迹の銅像あり、一尊立てる故に、俗に筑波の一王といふ、昔此像を作る者、過て口を閉ぢたる方を來に作り、口を開きたる方を後にせし故に、障害ありて開口の像出來ずと言ふ、其の故は、二神の天降り國中の御柱を廻り給ふ時、雌神先に言を發し給へば雄神悅ばず、改めて旋り給ふと、當山は二神の神鎭座なれば、總て陰たる方を先としては、往古より何事も成就せずと云ふ。是れ天地陰陽、私なきの理なり、書經の中にも、牝鷄之晨惟家之索《ツクル》也と云へり、俗に雌鷄時を告ぐれば家に禍ありとは是なるべし。

夫女《フジョ》之原　夫女石　筑波町の東に曠々たる原あり、其の原に方五六丈の奇石二つあり、その形男女の竝びたるが如くなれば、夫女石とも、夫婦石とも、陰陽石とも名附く、此の石に依て夫女が原と云ふ、三里登りて絶頂よりも見ゆ、石の上に各々櫻木あり、三本相對して枝を交ゆ、斯る木石までも陰陽の不離の理りを顯はす、皆是れ二神の神德なるべし。

龜が丘　夫女が原の東の方にあり、山の形、龜の甲に似たる故に龜が丘と名附く、此の丘は蓍の名産にて一株百莖の下には必ず龜ありて負ふと、一株百莖は稀にして得がたし、丹波の龜山と此山とは日本蓍《メトギ》の名産にて、易家者流の信用するものなり、里人毎年七月七日の夜、之れを採り夫女石の上に晒して用ゆるなり。

白瀧　此の瀧岩山を傳ひ、或は玉を飛ばすが如く、或は糸を懸るが如く、岩のふじ〳〵に隨ひ落る模樣、色々に變る、白き捻り糸を散し、巖の上に掛くるに似たれば、土人白瀧と名附るなり、たま〳〵來り眺むる人は、此の風景に歸るを忘る故に、日暮しの瀧とも云ふ、一遍上人遊行の時詠める

　くり出す手にも亂るゝ白たきの
　　玉をつらぬく糸のかず〳〵

此の時、上人男體の峰に上りて、諸佛の影向を拜せられ、山の靈なるに心を留て暫らく庵を結ひ住み給ふ、其の庵は後に來迎寺と稱す、今筑波町にある是れなり。

本坊知足院　大御堂總門の下にありて、大書院玄關の脇に連歌の間あり、天正年間、臺命を承り、月次の連歌執行の處なり、雲霧常に座席に至り、瞬息の間に風景變じ、一顧萬境の眺望凡舌に述べがたく、禿筆に記し難し、

天正より慶長年中までは、江都へ年勤の御祈禱所なり、臺命に依りて江都に移り、享保中類燒の後は音羽護國寺隣地に移り、筑波諸伽藍等は院代の僧守護すと。

大御堂中禪寺　坂東三十三所觀世音第二十五番本尊は、千手觀世音行基大士の作、山上諸神の總本地とす、巡禮詠歌二首あり。

大御堂かねは筑波の根にたちて
かたゆふくれに國そゆかしき

鷲の峰飛きてここに筑波根の
神や佛の淨刹《ミクニ》となる

按ずるに、初めの一首は俗歌にして後の一首は古來の詠歌なり、山上には父母の二神と御子の一女三男、及六十末社鎭座し給ふ。半腹には佛菩薩天等を安置す、是れ後の歌下の句の意なり、舊事本記に曰ふ、就葉《ツクバノ》、神社ヘ盧戸宮《イホコノミヤ》　天皇時ノ 人皇第七代孝靈帝事也 西極國《テンジクノ》諸神割ニ取高鷲山ノ東北隅ー飛來奉レ貢ニ日本於ノ二神ー　依レ之去來諾《イザナギ》大神　去來冊《イザナミ》大神鎭ニ座此國ー矣。

此れ後の歌、上の句の依る所なり、或人先きには唐の五臺山の一片飛來ると云ふ、今又天竺の靈鷲山の一峰來ると、天竺唐土一事兩說にあらずや、答靈鷲の飛來るは絕頂の二峰なり、仍て見馴れぬ異木奇草あると、又、五臺山の一片は男女川以下の半腹に加はる、仍て此邊は櫻の木多し、山上の諸神は神代より鎭座し給ふ、半腹の佛閣坊は延暦年中徳溢上人の開基。爾後、大同年間高野大師結界して密教弘通の道場となり給ふ。而して爾後千歳の今に至り、永く眞言の法燈を揭ぐ、尙天正文錄の頃より、將軍家の御崇敬淺からずと云へり。

觀音菴　大御堂の西十町余の蕃谷にあり、菴の左右に男女川の流を帶ふ、誠に清淨閑寂の禪窟なり、昔宗祇法師の暫く杖を止め給へば元は種玉菴といふ、宗祇法師、曾て此の山に登り、男女川を傳へて谷の邊なる柴の庵を覗き見れば、時鳥の本尊を掛けたる彌陀の前に首を傾け、合掌し今勤行中の如し、物言はぬ觀念の妨ならん、靜かに佇みながら內の様を見るに、捨る世とは言ひながら、土の上に茅を敷き、叉茅を壁となし、松の枝を藤蔓にてからみ佛壇とし佛像の前には燈明の器物ありて、火は消えたる香爐の傍に花瓶に立てる樒《シキミ》の葉も凋み、身に添ふるは麻の衣に麻の袈裟のみ、食事の用意と思しき器もなく、石を並べて鼎となし、土釜一つに少き桶に竹の柄杓膝の前に硯と筆あり、書捨てたる反古も見ゆ、其の様を見るに必ずみていかなる人の德を隱し遁れ給ふや、早く問へたく思ひ近寄りて問ふに更に答なく合掌する手に觸るれば冷かにして生ける身にあらず此の人往生の素懷をとげらる。
無命終も目出度事ならん手に近き反古を採りて見れば
山居卑下の心と見へて

草の戸にすむかひありと□□なから
木の間の月そ影くもりける

一所不住の心と覺しくて
　松にだになるればしとふおもひあり
　　奥より奥の山をたつねん
元日と前書ありて
　一とせのきのふにくれておどろけど
　　今年も今日の入相のかね
終焉近き歌と見へて
　かぎりあれば泊り磯に住み果ず
　　霞の浦も春はくれゆく

此歌を按ずるに磯は隱岐の國なり遙る〳〵海山を越來り此の山に隱れ終れるならん。

陽爻華表《ヨウコウノトリイ》　大御堂西坂口に立つ、男體權現の鳥居也、當山限り參詣は是より登る。若し推野、雨引、加婆、日光山へ掛越の者は、大御堂東坂口陰爻の神門より上る、是を女體掛と云ふ、鳥居の銘に曰く

　竪形《トリ》レ天横《ニハ》鎭レ地《ニ》　若有《シレハ》二人《ノ》鞠容《スルコト》一　豈無《ン》二神《ノ》最負《シタマフコト》一　八島九洲此《ニ》肇《メ》レ基《ウ》　一日衆星　長《ヘニ》保《ツ》レ賜《ヲ》

神輿石　大御堂の西二十町余の處にあり、奇なる大石なり。往古より御祭禮の神輿、暫く此の石上に据奉る。然らざれば神輿動かず、神慮測り難しと云ふ。

牛石　上る道の左に一の大石あり、牛のうづくまる形に似たり、昔、土人猥りに神物を貪り、殊に不信邪見なりし者、祭禮群衆の中にて現に黒牛となり、死して又石となる、神罰怖るべきものなり。

櫻塚　此の邊櫻の木多し、日本武尊東征の御時、此櫻に諸神の遊樂を見せ給ふ、仍て影向櫻と稱すと古記に見ゆ。

千手樅《モミ》　或は神代木とも云ふ、昔大御堂火災の時、本尊は木上に來現し給ふ、然してより此の木夜光を放ち、樹毎に御手の形あれば斯く稱すと云ふ。

男女川　此の川絶頂に程近く道を透る細流なり、二神の社地の元より出ればかくは名附くるなり、石に刻せる碑文は左の如し。

「中央氣象臺文と同一字に付省略」　明和庚辰十年春

鳥居木　神木嫦男樹《ブナノキ》　二本、道の左右に相對ひ、自然に神門の形あり。俗に男體生木の鳥居と云ふ、和三才圖に云。

橅《ブナ》或《ハ》附《ブ》奈《ナ》乃木深山《ニ》多《ク》有レ之。葉《ハ》圓《ク》小冬凋落花似二空疏花《ウツギノハナニ》一　形少《シク》色白《シ》結レ實　似二蕎麥《ノ》形一　肌白《ク》無レ樸《モク》　柔而不レ堪《ヘ》二材用《ニ》一　紀州作レ椀《ニ》　近江多賀《ニハ》　造二杓子一也。

五亭　二神御幸の原にあり五行五季を表し、往古より増減なすことを得ず、餅でんがくの外商することならず、日々朝に登り、夕に下る、通夜する事ならず。
亭は和三に云。

道路ノ所レ舎《ヤドル》　曰レ亭。
亭ハ人ノ所ニ停集一也。
尺名ニ云。
此の秦亭は古來の名なり。
依雲亭たかね屋　迎客亭《コウカク》かすみ屋　遊仙亭あふき屋　向月亭《カウゲツ》をばなや　放眼亭ゆきみ屋

吉田曰、中庸に「天地位し、萬物育す」といふ詞あり、正しく位に居り、秩序を亂さゞる事により、天人地和合彌榮を見るのである、五亭の理は五行に出發した記念物である、敢て之を増減せず正しく傳ふるを尊としとするのである。

五行初神の靈山に此の紀念物が殘されたのは大に意義ある事である。

男體權現　此宮西の峰の絶頂にあり、伊弉諾尊鎭座し給ふ、宮居坤（ひつじさる）の方に向ひ、皇都、武城の鬼門を守護し給ふ、云。

二柱神　自ニ高天原一　天逆鉾差下　自凝洲《オノコロシマ》　造得　筑波山ニ落下　顯ニ男體女體一云云

延喜式神名帳に曰く
筑波郡二座大一座小一座　名神一大一小

日本總國風土記に曰く

人皇第三十六代皇極天皇二年癸卯三月筑波神社奉二圭田八十二束一　始行二神札一也　人皇第四十代天武天皇三年甲戌五月　亦奉二圭田一　行二神札一　云々

男體の宮の四邊に末社多し、此の地西南北の眺望に限りなし。

吉田曰、神社を權現とした事は重に大なる佛敎の罪悪である。

佛敎は巧みに神を採りて菩薩、尊者、觀音等の名に取り替へ、その神徳を偸んでゐる。世界の靈山筑波神社に對し奉り、權現とは何事であるか、筑波山は天八下王天皇の高天原であり、御神陵であるとの記録がある、又、皇統第十三代天之常立男天皇時代の高天原とも傳へられる。天之常立天皇、國之常立天皇（皇統第十四代）の皇居の地鎭祭に用ひた祝詞に「豊芦原」の文字があると傳へてゐる、之れが果して眞なりとせば「豊芦原」「瑞穂國」とは此の時代から始まつた國名であると思はれる。アシとは天人《アシ》とも讀まれる。

來迎谷　又影向の谷と云ふ、開山徳一大士、及び弘法大師此山に上りて、釋尊、文殊、普賢の影向を拜せられ、爾後、一遍上人、亦、佛の影向を拜す、親鸞聖人、柿岡如來寺に在りて、此山の靈なるを慕ひ登り、同じく爰に佛の影向を拜し給ふと、此谷は嶮岨にして登る難かるべし。

吉田云、「文殊」とは「文珠の神」と紛らはしい名である。

當山に鎭ります天八下王天皇の皇子百日文語敎明尊、八意語學明尊、天豊言語知尊、天豊形假名主尊が萬國言語學長官に御任命、萬國を巡回教傳を了へ、越根能登神代川高濱に唐歸り、天皇の大前に參朝して委曲奏上す。群臣評議の末、萬國言語學長官四名を豐前文珠岳に勸請し、文珠の神と崇め奉ると傳ふ。

神代歷代天皇、言語文字を世界に教へ傳へ給ふ。今日世界の各地より出土する神代の文字は此の關係に基くものと思はれる。

常陸帶宮　祭神は長道盤神《ナガミチヘハノカミ》也神代卷ニ云。

伊弉諸尊誓投レ帶化ニ一神ノ一名ニ長道盤神一是也。此地躑躅多し、此木に緣結びすれば、男女の好運ありと、俗に誓願つゞじ滿願つゞじと言ふ、二神は男女の始なれば宜なるかな、妹瀨守護の神、爰に跡を垂れ給ふとかや、呉竹集に云。

男女筑波山に詣て來り自他の男女相互に、めなしどちの如く嫁ぐなり、と。

立身石　若し靑雲の志ある者、此神靈石に立向ひ、謹で祈願の趣きを述ぶれば必然其の感應ありと、遠近の別なく詣り來る者多し、按ずるに舊事本記に云く、

亞肖氣《ニニキ》尊は天の氣を地に降し、地の氣を天に昇し、能く天地の氣を通和して、萬物の生長を司る、是惟曉星の神德なり

と、爰に知らん此の神德の人の立身出世を守り給ふことや、神體は地神第三瓊々杵尊也、伊勢にては內宮菟道

の御鎭座なり。

連歌乃嶽　俗に小男體の嶺と云ふ、男體の宮の南にあり、祭神は日本武尊也、蝦夷を討ち平げ都へ返り上るの道此山より甲斐の酒折の宮に至り

にひはりつくはをすきていくよかねつる

と發句し給へば舍人說兒《トキゴ》といふ者

かきなめてよには九よひには十日を

と御製の末句を續けり、且此の山を連歌の始めとし、兩大權現をその祖神と崇むることは神書に明かなり。

二神御幸原　男體女體二峰の間、此の原十二町あり、天神七代、地神五代の數、並に月の數、惠登の數に當る、常に二神往來し給へば、上古より御幸の原と稱す、但し二神の遊び給ふことは、此の原の雲立にて知ると、主人習ひ傳ふることなり、參詣の旅人も此道を過る、此所にて東西の峰を仰げば、彌や高く雲外に聳へ、絕嶮奇峰自ら貴賤男女神威に感ぜざるはなし。

女體權現　東の峰の絕頂にあり、去來冊尊《イザナミ》鎭座し給ふ、此の地に溫氣ありて自然に陰德を顯はし、社木岩等に至るまで皆溫順柔弱の模樣なり、又貝石と稱する女形の石あり、男體の鉾石に對するなり。

翁石　磐筒男神《イワツツノヲ》住吉明神黑翁の形を顯はし神樂を奏して二神を慰め奉り神作の面石に化すと云ふ但し三番面の起りは舊事本記に見ゆ。

荒雲之嶽　雷神の住める岩洞なり、安座常《アサトコ》の末社に屬す此の岩洞の奥測り難し、若し此の處に雲風起るときは東の里に必ず雷雨ありと云ふ。

大佛石　此の處、九折大難所なり、鎖を掛けて往來す、山を下る時は、右の方に高十五六丈の大石あり、脇より仰ぎ見れば座像の佛形、前に向へば常の岩石なり、此の道の邊りに何者か狂歌して

この所大佛石と申すなり
顏ふりあげて上を見給へ

安座常社《アザトコノヤシロ》　素盞雄尊を鎭座し給ふ、此の社地は地震なし、仍て安座常と稱す、社の下に寶劍石あり、末社に稻田姫を辨財天と祠り、大巳貴命を大黑天と祭る、四月、霜月、御祭禮の時、二神の神輿此社地に入らず、神輿行掛りて止まり、脇道を行み行き給ふ、之れ日の神に仇し給ふ故なりと、而して神慮測り難し、之を聞く貴賤皆怪しみ怖ると。

大黑石　寶珠之嶽と號す、自然の岩石大黑の形あり、大巳貴命、事八岨神と共に稻羽國へ行き給ふ時の裝なり、肩の袋を左に持ち、右の手は腰に按ず。

北斗石　光りて三角なる大石高十丈餘、下に三角の穴あり、參詣の諸人此穴をくぐりて通る、弘法大師

北斗供を修し給ふ時

北辰此處に影向あれば、此岩を北斗石と號す。

又、北辰は其の處を動かざれば、此の嶽地震なき理なり、地震なきことは神代よりの事なるべし。

砂喰　谷に臨みたる岩山にて、砂喰の處は壁に傳ふる如く手足の便りなく容易に至り難し、岩の中より白砂常に湧出づる、人之れを取盡くせば一夜の間に元の如く有り、大山跡《スミ》神の女盤長姫は、妹の木花咲耶姫と共に、地神第三瓊々杵尊に仕へ、盤長姫は形惡しき女にて御寵愛なく、妹の木花咲耶姫を妃となし給ふ、岩長姫は此之を恨み妬みて、終に岩角を喰ひ列きて死す、此の神靈砂を喰ひ出すと云ふ、口碑の事實測り難し。

小《コ》原《ハツ》岐《キ》　月讀尊鎭座し給ふ月弓、月夜見、月讀、三名一體と神書に見へたり、呉竹集に

伊勢山田の原外宮の神は月の神にておはします、故に月讀と云ふ。

吉田云、外宮の神とは別《ゲ》祖《ク》の神、外國祖神の意に通ず、月の神とは太古に於て日本本土以外の國土の司神名の意味に通ず。

新古集に

はるかなる鷲の高根の雲井より

影やはらぐる月よみの杜

月よみの神にもいかで祈り見ん

妷の空には雲なくもかな

御幸の廣原に對して小原岐と號するか。

渡《ワタリ》之社　蛭兒大神の宮居なり此神生れまして三年まで脚立ざれば天磐楠船に乘せ風のまに〳〵流し棄ると神書に見えたり津の國の西の宮に鎮座し給へども父母二神在す山なれば又此に跡を垂れ給ふなるべし世間に大黒と竝び按ずる像を西の宮蛭兒と心得たるは誤なり惠美須は大巳貴命の御子事代主命なり延喜式にも泉の國石津神社とあり商賣市立を守り財福を與ふるは事代主命なり。

盤船明神　又は船國明神と稱す祭神は鳥之岩楠船神此の神水渡りを守ると神書に見へたり此の社地に船の形の大石あり長十餘間餘丈三間餘相並びて舳艫入り違ひの形なれば俗に出船入船といふ神代卷に岩楠船といふは日本船の始めならん此の社地を渡の嶽と號し又盤船爰に現することも自ら神代の故實を顯はすなるべし。

　吉田云、太古神代に於ては靈統神卽ち天皇の世界御巡幸に就ては天浮舟（今日の飛行機か）又は、大海原船、岩楠船等に召されたと傳へてゐる。又、惠美須神とは蛭兒命の事である。

筑波山高天原時代に於て萬國《トコヨ》言學《コトカク》、穀物農す作法、井戸堀、鍋釜食器の製造法を萬國に教訓された記錄ある以上、航海用の船を祭り海運の發展を祈願された事も當然であると思ふ。

雫の田井　此峰より遠見の名所なり麓より三里東の鄉にあり萬葉集に

つくばねにのぼりてみればをはなちる
しづくのたゐにかりがねも云々

新後拾に

染てげり時雨も露もほしあへぬ

　しづくの森の秌のもみち葉

影向石《ヱウカウセキ》　國割石　影向石は往古諸神此の石上に於て日本分國の沙汰し給へば或は評定石とも云ふ、國割石は石の面に日本總國の方數を割り賦《クバ》る縱横大小の引目歴然たり是れ人をして分國せしむる神慮なるべし分國の始は日本記に曰

人皇第十三代成務天皇五年秌九月諸國に令し國郡を置き其造《ミマツコオサ》長を立て東西を目織とし南北を日横とす。

古事記に曰

成務帝の時建内宿禰をして國々の堺を定めしむ、と。

以上は舊事記に見えたり百四十四ヶ國の時なり爾後人皇第五十二代嵯峨帝の御宇編小《ヘンシヨウ》の國を合せて六十六州とし給ふなり。

胎内潜　六十間餘の石の下に人の往來する道あり伊弉冊尊神力を以て人の胎の出入を示し給ふと。

稻村社　天照太神の御宮なり岩山の形勢稻を積みたるが如し仍て稻村の嶽と號す或は傳へ云ふ神代神田の稻を積みたる所なりと、神代卷に云。

天照太神以㆓天猿田長田㆒云々

夫木に

つくばねの岡田の早苗いそくとて
　せくかたしぎきみなの川上

稲村と言ふ詞は竹一村柳一村杉一村などと道の並木や森林などを村といふ又稲藁を堤の如く積たつるを農夫の詞に稲ぶらといふ稲村の誤なるべし。

吉田云、稲村といふより、稲群《イナムラ》といふ事は實を現はすものと思はる。

　神代神々の御指導に依り、穀物の收獲を得て庶民の生活安泰となり、庶民が感謝祭神に初なるものを捧ぐ、米穀に就ても先づ初穂を納め奉る。國富み民榮え奉納の初穂山の如く群がる、之を稱して稲群といへたるものと思料す。又、國割石は太古神代に十六方位、十二支を御定めになつた遺跡と思はれる。

跳禪定《ハネゼンヂヤウ》　稲村の社地に高八九丈の峰あり其の嶮岨の岩角を昇り又一段高き向の岩山へ飛移る此の間五六尺深さ測り難し目を穿ちて無言に飛移る移り得れば矌々たる岩山にて四方の眺望かぎりなし土人之をはね禪定と名附け貴賤老弱皆行信するなり。

石門岩　岩開けて門の如く上に大石渡りて蓋木の如し仍て鳥居岩とも石門ともいふ、上へ渡る石の大さは竪二十間徑八九間計其の石三方放れて既に墜つべきもよふなれば諸人此の下を通りて過ぐに十に八九急がざるなし、仍て俗に鬼神返し辦慶戻しなどといふ、林道春の著す縁起に筑波山絶頂に登るに一つの石門あり眞言家に所謂阿字《アツ》門にして山は都率の內院なれば諸神諸佛是より出入し給ふ。と。

今按ずるに神武帝田向より大和國へ御幸の時國の方向道の案內しれざりしに夢に天照太神の御告げあり八咫烏をを遣はし導きせしめんといまし八咫烏飛び來りて先き馳すと此神の本身は神皇産靈尊の御孫鴨武津見命なり此時八咫烏盟つて曰く日の神の在す社には我必ず往て住まさんと此の所の蓋木石は蓋し八咫烏の化石ならん。

獨股《ドクコ》水《スヰ》　井泉にて淸水常に湧き出る目を疾む者爰に洗へば必ず痊る往古弘法大師禪居の砌修法の閼伽を祈求《キグ》し獨股を以て岩を穿てば忽ち岩劈けて淸泉となる此井金色の梵字浮ぶことあれば梵字水とも云ふ但し梵字を感見するにはその人によるべし。（吉田曰く、梵字にあらず神字であるまいか）

叶石《カノウイシ》　方十間餘の岩龍の蟠る形にて二つの穴あり十の字ロの字に似たり依て俗に叶石と號すロの形の穴より潜り入り岩洞の神天を拜し十の字の形の穴より出る。

聖天宮　雙身歡喜《ソウシンカンキ》　天の靈窟なり二柱の神男女の道を始め國土草木人物を產み我が日本の父母と成らせ給ふ、陰陽和合の根本の天なれば此の社を當山奥の院と崇むるなり此社頭の事實は筆端に顯はし難きなり。

汐呼鐘　此社地にあり昔龍宮より山上の六社へ献ずといふ實に此土の鑄造とは見へがたし周圍に六軀の形像あり菩薩の如く天神の如し傳へ云此山上六社の本地六觀音の形像なるべしと往古此鐘に應じ鹿島浦より海水逆上り多くの入物を溺らすことありて其後禁じて撞くことを許さずと、風土記に所謂汲上の浦とは此の時海水上れる所なりと。

此鐘當山の名物となり曉の鐘の響きも筑波山とも、鐘は筑波の根に立ちてとも詠めるなり。

龍燈　此社地の奇事なり毎年五月晦日の夜七箇の龍燈鹿島浦より起り霞ヶ浦を經て此山に飛來る若し是を見んと思ふ者は五月晦日此山に通夜するなり。

閼伽井之嶽尊星水　當山佛閣の開祖德一大士北斗供の法を行ずる時、北辰妙見菩薩影向し給ふ、又影向の岩山列て清水湧出る、妙見菩薩を或は尊星王ともいふ。仍て此水を尊星水と稱す、若し惡星に當る人、此の水を服すれば必ず其の年の殃災を祓ふなり。此辰の五行は、精神なれば、常に降つて人の五臟に入り、又五穀草木の中に入り能く衛り能く養ひ能く育つ、南方の天に現はしては南斗と號し北天に現しては北辰とも北斗とも號す、遍く南洲の衆生を利益し給ふ。

吉田云、德一大士北辰五行の理を創作した如く傳ふるも、神道に於ける五行神の神德を採り解説したものであるが、その全貌を表現するを得ず。

五行の神德は世界の宗敎の根源となり、地上人類の崇敬の的となつたものである、詳細は別項に解説するも、五行の理は、德一大士や、弘法大師の考案になるものに非ざる點を明確にして置く。

龍穴　此の岩穴鹿島浦に通じ龍神往來の所なりと、開山德一大士の以後は入る者なし今は山崩れにて洞の半を塞ぐ然れども常に汐風吹出し腥《ナマクサ》き氣あり。

陰爻華表　是より登るを女體掛けといふ。爻は字書に交るなり。華表は陰陽和合を表する故に爻門ともいふ。今は二神の鳥居を分る。故に男神の方を陽爻と號し、女神の鳥居を陰爻と稱す、銘に曰く。右レ剛左レ柔印爛《キラメキ》二一天一　矛凝二八洲一北極星共壽長、東海波靜福優《ユタカ》。

求聞持堂《グモンジドウ》　開山徳一大士　弘法大師　聞持修行の舊跡寂靜無比の禪定窟なり。

經塚　開山徳一大士　法華經千部書寫し經を納めて塚を築き、松を植ゑて盟約して曰く、千年榮へて千枝を垂れよと、盟の如く周圍二丈餘の大木となる、土人是を經掛松と云ふ、大士此の岩洞に入定の後、數十年を經て廟戸を開け容貌在世の如く變らず、不轉肉身の正定を示すと云々。

護摩壇石　高五六丈、廣十餘、中に弘法大師護摩修業の壇といふあり、其嶮岨奇異なること禿筆の記する所にあらず、是又禪定の一個所なり。

黑尊佛　菩薩形の黑岩にて男體西の峰の半腹にあり、土人其の仔細は知らざるも、唯黑尊佛と稱して信ず、按ずるに山上六社の總本地石ならん、六字經も六觀音の名字にして六字の言卽ち觀音合體の靈石なれば、宜なるかな黑尊佛と言ふことや。是れ當山肝心の靈石なり、等閑の看を爲すべからずと。（終）

稿を終りて

以上述ぶる所は、北支より送附された支那古文書にヒントを得て、皇國の神代文化、並に惟神の大道と、古への儒並に耶蘇教の天主に關する一部を對照し、太古研究の資料を羅列したに過ぎぬ。例へば金山の鑛石の露頭を發見し、之を如何に採掘經營するかの問題を各位に提供したに過ぎないのである。

惟ふに、明治天皇が明治三年に下された祭政一致の詔勅は、明治維新は治教を宣明するにありとの仰せである。即ち中世以降外來文化に壓縮された神代文化、及び惟神の大道の宣揚にあると信ずる。然るに、日本臣民中にも此聖旨を無視し、神代文化を抹殺し、國體の尊嚴を傷くる如き非國民の續出するのを悲む。

第一次伊藤内閣の時、文部大臣森有禮は、軀國民の儀表たるべきに拘らず、輕率にも

〇〇〇〇の〇〇に刻まれてある文字は、ヘブライ文字である。

と公言し、國體の尊嚴を傷け、國民の思想を動搖せしむるが如き事を敢てした、彼はその舌禍に依り暗殺されたとも傳へられるが、之れ誠に神罰であると思ふ。

また、最近、きよめ教會出版部發行の、中田重治著『聖書より見たる日本』第七版に、日本人は猶太人の後胤なりとの推定の下に、各方面よりの資料を網羅して縷述し、小谷部善一郎氏の說までも引用して

一、日本の皇帝即位の大嘗會等の儀式は、舊約聖書の利未記《レビキ》や申命記《シンメイキ》を見なければ解るまい

二、〇〇〇〇の〇〇は小谷部氏はマナを入れた金の壺であると說かれ、又、近松門左衛門の淨瑠璃には、石の鼎《カナヘ》であると記されてゐる。そしてその石の上に「カルデヤ」の文字が書かれてゐる。

と述べ、今より二千五百年前、ユダヤ王國瓦解に際し、契約の櫃の中の石の板が、〇〇〇〇の〇〇であるが如く主張し、イスラエル十二支族の支派が日本に渡來して建國の基を開いたとの想像を公然發表してゐるのである。森有禮や、中田重治、小谷部善一郎等の諸氏は、皇國の神代文化、及び日本の肇國以來の歴史、惟神の大道を識らない爲め、かゝる錯覺に陷つてゐるが、竹内家に傳はる神代文字中に

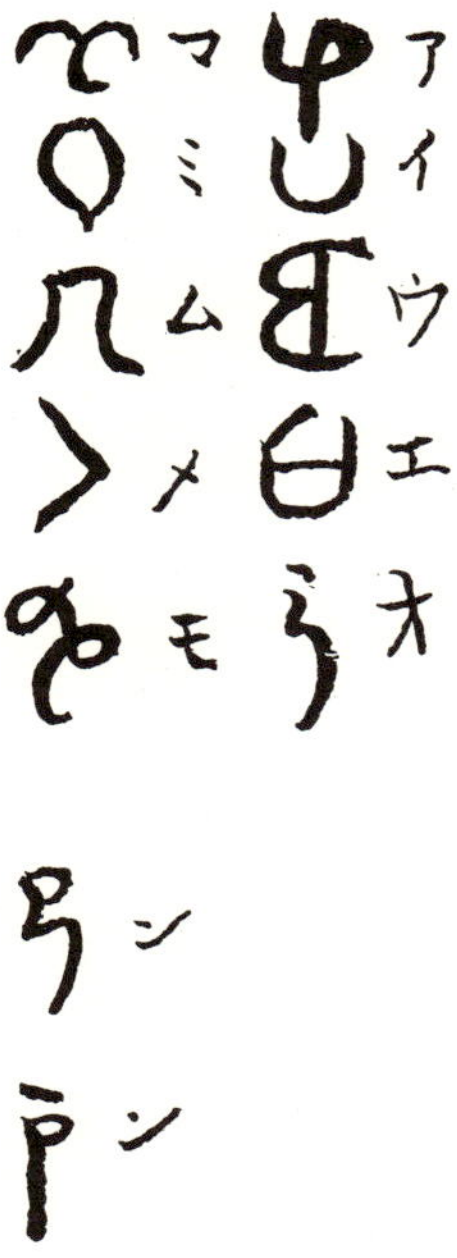

右の種類に屬する五十一字があり、皇統第十代高皇產靈天皇御親作の「ヒフ文字」として傳へられてゐる。ヘブライ文字、又は、カルデヤの文字とは此の皇國の神字を誤つて唱へてゐる妄說であるまいか。玆にはンの二字

のみを掲げたが、此の種の神字にンが三體あり、五十三字《イソツミジ》ともいつてゐる。

ンの三字の内容は、天地、神と人、元無極《ムトフミクライ》を全部一つのンとした意が含まれてゐる由である。此の種以外に於ても、ンの意義は五十字を一括してン、五行を一括してン、といふ場合もあり、極めて深遠であると傳へられてゐる。

此「ヒフ文字」を字源としたものが、ヘブライ文字及びギリシャ文字であると思はれる。ヘブライといふ音はヒフがヘブと轉訛したものであるまいか、歴史の年代から打算し、清音の多い日本と、濁音の多い外國との關係から左様に思はれるのである。

竹内文献の眞僞は卽斷し難きも、日本に右の整つた五十音神字が現存する事は爭はれぬ事實である。將來研究するに從つて、日本の神宮神祠に傳はる各種の神字が現はるゝものと期待してゐる。その神字は日本の神字が世界の文字の字源となつたものであり、世界の文化の泉源となつたものである事と信ずるのである。繰り返していふ、日本の神宮神祠の神寶中にある、カルデヤの文字、又は、ヘブライ文字と誤認された文字は、天國日本の固有の文字である事を、予は生命を堵して斷言する者である。各位に於かれても確乎たる信念の上に、御進みを御願する次第である。

終りに一言したい事は、かゝる重大問題の取扱に對し、本稿を僅かに二ケ月間に所理した爲め、字句整はず、解說も不充分で、編輯の上からも不備であり、全く未定稿であるが、一日も速に各位の御研究を煩はし、予も此資料を基礎とし研究を進める積りで、此れは「研究材題」として提供する次第である。依て之をこの儘公表するが如き事のないやう、切に御願する次第である。

稿を終りて

解題

武田　崇元

本書は、『竹内文献』の研究家、吉田兼吉の『皇道と興亜の規矩』の復刻版である。

吉田の著述は、これ以外に、

『竹内家所蔵の皇統譜と古史籍との比較検討』

『神宝事件の回顧』

『鹿島神宮の神歌祝詞と聖徳太子の憲法十七条』

『神武天皇の神字研究』

がある。いずれも奥付がないが、自序等から昭和十四年から十五年にかけて集中的にかつ並行して執筆刊行されたものと思われる。

本書『皇道と興亜の規矩』には、昭和十四年九月五日付の自序、昭和十四年十二月付の田多井四郎治の序文があるが、一方で昭和十五年二月十一日付の自序のある『神武天皇の神字研究』の本文中に「予が支那古文書の現実に就て一々説明した『皇道と興亜の規矩』と題し編輯すべく目下研究中である」とあり、実際には昭和十五年以降に脱稿したものと思われる。

なお、以上の著述のうち、『神宝事件の回顧』は『竹内文献資料集成』人之巻に収録され、他の三著は本書とあわせ昭和六十二年に『竹内文献考証』として弊社より刊行された。今回の再刊にあたっては、もっとも重要な『皇道と興亜の規矩』をまず復刻することにした。

『北茨城名士録』等によれば、吉田兼吉は、明治十年、茨城県南中郷村松井の雨宮入蔵の二男として生まれた。雨宮家は旧家で実父入蔵は同村の村長を勤めた。兼吉は幼少の頃、同郷の吉田家の養子となり、明治二十六年上京、同三十一年郁文館中学卒業後、早稲田東京専門学校（後の早稲田大学）政治経済科に学ぶが、政友会院外団に入り活躍、大正四年、多賀郡会議員に挙げられたのを皮切りに、地方政界に一定の地歩を築き、大正十二年から昭和二年まで県会議員を勤め、その後も地方政友会の有力者として活躍する。この間、福島県石城郡山田村で炭鉱事業を起こすが失敗し経済的苦境に陥るも、昭和八年、磯原海岸の名勝地・天妃山に鉱泉が湧出するや在地の政友会同志の助力を得て、同地に旅館を開業している。

吉田が『竹内文献』に出会ったのは、昭和五年十二月末のことである。その奇妙な顚末は『神宝事件の回顧』（『竹内文献資料集成』人之巻所収）に詳しい。

「内務省警保局保安課資料」（『竹内文献資料集成』人之巻所収）、長峯波山『明治奇人今義経鞍馬修行実歴譚』（『竹内巨麿伝』として弊社より復刻）等によれば、竹内巨麿は明治二十六年に神田錦町の御嶽教会に入信し、爾来その行者となり諸国を遍歴、明治三十二年五月に茨城県多賀郡磯原町に来住土着し、翌三十三年十月頃から自宅に御嶽教天都教会を開設、漸次近隣諸県に信者を増やし、明治四十三年には磯原天津山に神殿を造営、昭和四、五年頃には信徒一万を擁するに至っているが、おそらく当時、地元でも、天津教はよくある教派神道の教会というイメージしかなく、実際、大半の信者は巨麿の加持祈祷に吸引せられたもので、けっして耳目を集めるような教団ではなかったと推定される。

ところが、昭和五年十二月七日、「東京日々新聞」は突然「謎の人物跳躍する怪奇な天津教庁」という見出しで、竹内巨麿所蔵の「神宝」を偽物とするキャンペーンを開始、地元でも大騒ぎとなる。『神宝事件の回顧』によれば、この大騒動のさなか、吉田はたまたま取調べにあたった松原警察署長の海老沢と磯原駅前のキング食堂で会食する。神宝事件の真相を尋ねると海老沢署長は、警視庁からの命令で捜査したが、新聞に報道されているところとは異なり、どこにでもあるような器物ではない、もし真物であるとすれば町起こしにもなるので、地元の有力者である貴君らが黙って見ている手はあるまいといって、わざわざ吉田を竹内巨麿に紹介したという。

その後、吉田は昭和十一年二月に内務省警保局による天津教神宮神祠不敬事件に連座し、一ヶ月にわたり拘留されるが、昭和十二年五月に起訴猶予となる。

吉田の一連の著述はすべてこれ以降に記されたものであるが、私家版とはいえ、堂々と『竹内文献』の神統譜を収録擁護し、各方面に配布しえたのは、上述のような事情、また地方名士なればこそ可能であったと思われる。昭和十一年以降、『竹内文献』に言及する大半の著述においては、あるいは『竹内文献』を『上記大奥』と言い換え、あるいはそのソースを韜晦するなど、極度の自主規制が見られるのとは対照的である。

もっとも、吉田の『竹内文献』に対する態度は、大方の『竹内文献』擁護者にみられる異常なまでの熱狂性はない。

「竹内文献に就て半端の研究者は、『竹内文献世に出なば、世界の歴史を覆すべし』とする者あるも、予は断じて左様に思わないのである」と述べ、あるいは「文献の真偽を速断し能はざるも」（本書）というように、一定の留保を示している点で、他の竹内文献の信奉者たちと際立った対象をなし、かなり広範囲の資料・伝承を渉猟し考証するという立場に立っていた。

本書は、漢字、周易、五行説などの古代中国文化の淵源が太古の日本にあったことを考証する目的で書かれたものであるが、とくに力点が置かれるのは弾圧に際して押収散逸したとされる奥伝書『神秘術伝』の所伝等に依拠する太古の五行神祭祀の問題である。これに関連して吉田は、五行の初神とされる天八下王天皇（『定本竹内文献』の神統譜には「土神」と添え書きあり）が「日田地都来波峯より神帰ります」とあることから、筑波山に注目し、太古の皇祖皇太神宮があったとされる越中の御皇城山と筑波山には地勢的共通点があり、いずれにも五龍神が祭祀されていた痕跡があるとする。実際、本書引用の『常陸式内鎮座本記』『筑波山御鎮座伝記』等からは、筑波山には稲村神社、安座神社、子原神社、渡利神社の四所明神あり、それぞれ火徳、水徳、土徳、金徳を司り、これに加え横雲嶽に在す「稚日女《わかひるめの》尊《みこと》」が木徳を司るとする五行神信仰があったことが窺える。これは、『竹内文献』中の上古天皇の昇天地伝承が、ある一定の根拠をもって記述されたことを示唆する。ちなみに天八下尊の名は旧事紀、藤原氏系図、各地の神楽祭文に見え、これを五行神の最初に配当するのは物部系の所伝とも一致する。五行神祭祀を核心とする『神秘術伝』の存在については、他の『竹内文献』関係の資料には見えないが、天津教独自の神法道術を記したものとすれば興味深い。

なお、吉田の著述は全体に、昭和十一年の天津教事件に呼応するかの如く発表された狩野亨吉『天津教古文書の批判』を多分に意識して執筆されているが、ここでも五行神祭祀がクローズアップされている。

竹内文献研究家の狩野に対する反論は、「三千点もある宝物の中から五点や六点見て批評する奴があるか」と酒井勝軍が反駁文を出したという話（『日本評論』昭和十一年九月号所収座談会「狩野博士に物を訊く会」における出席者和辻哲郎の言）に象徴されるように、もっぱら狩野の利用した資料の数に向けられていた。

この点は、吉田も「竹内文献の全般に亙った内容を調査研究せず、其一部に依拠して約三千点にも及ぶ神代文字文献全部を抹殺せんとするが如きは、国体無視の思想に出発したものと解する」と一見したところ同一であるが、吉田によれば、そもそも狩野が対象とした文書は「蒙古の大将と偽称せる大山師前田吉成の偽造物を竹内文献なりと誤認」（本書七七頁）したものに過ぎないというのである。これが事実であったとすれば、たしかに狩野の論拠は根底的に崩壊する。「而して此の事状を知れる鱸正蔵、村井二郎氏は博士の暴状に憤慨し大いに難詰して謝罪せしめ、終に詫証文を取った由である」と吉田は述べる。

しかし、吉田の反論でもっとも注目すべきは、「五色人」に関する問題である。狩野は、竹内文献中に執拗に記される「五色人」の記述は、この文献が近代起源であることの明らかな証拠であるとした。なぜならば、「皮膚の色を以て人種を五種に大別したのはブルーメンバッハの説より始まる」ものだからである。これに対して吉田は、「五色人とは、その依拠する『神秘術伝之巻』にあらわれる竹内家所伝の奉斎神である五行神の神徳に因んだ名である」と反論する。吉田にすれば、狩野の一見もっともらしい所説は、「竹内文献の全般に亙った内容を調査研究」していないことから生じた根本的な誤解なのである。

いまなお、竹内文献に関しては、無批判的な肯定論と素朴な偽書論という通俗的な論理のみが横行しているが、五行神祭祀をめぐる吉田の所論は、「竹内文献」というテクストの内在的構造、さらにその生成過程に対して、新たな視座を提供するものとして再評価されるべきであろう。

定価　三八〇〇円+税

竹内文献考証
第一巻 皇道と興亜の規矩

平成十七年九月九日　復刻版発行

著者　吉田兼吉

発行　八幡書店
東京都品川区上大崎二―十三―三十五
ニューフジビル二階
電話　〇三（三四四二）八一二九
振替　〇〇一八〇―一―九五一七四

印刷／互恵印刷
製本・製函／難波製本